U0132386

通向奴役之路

弗里德里希·海耶克　著

滕維藻 朱宗風 譯

張楚勇 審訂

商務印書館

通向奴役之路 *The Road to Serfdom*

作　　者：弗里德里希·海耶克

譯　　者：滕維藻　朱宗風

譯文審訂：張楚勇

責任編輯：黃振威

封面設計：涂　慧

出　　版：商務印書館 (香港) 有限公司

　　　　　香港筲箕灣耀興道 3 號東滙廣場 8 樓

　　　　　http://www.commercialpress.com.hk

發　　行：香港聯合書刊物流有限公司

　　　　　香港新界荃灣德士古道 220-248 號荃灣工業中心 16 樓

印　　刷：美雅印刷製本有限公司

　　　　　九龍觀塘榮業街 6 號海濱工業大廈 4 樓 A 室

版　　次：2024 年 5 月第 1 版第 14 次印刷 (平裝)

　　　　　2024 年 5 月第 1 版第 2 次印刷 (精裝)

　　　　　2024 年 5 月第 1 版第 1 次印刷 (精裝毛邊本)

　　　　　© 2017 商務印書館 (香港) 有限公司

　　　　　ISBN 978 962 07 6584 1 (平裝)

　　　　　ISBN 978 962 07 6725 8 (精裝)

　　　　　ISBN 978 962 07 6742 5 (精裝毛邊本)

　　　　　Printed in Hong Kong

　　　　　版權所有　不得翻印

目　錄

代　序

林毓生

　　海耶克先生在思想和人格上最顯著的特徵是：知識貴族的精神。他的身教與言教給我一個重要的啟示：在追求知識的過程中，不存在**應該**或**不應該**追求的問題；**只能**盡最大的努力。（在尚未進入這個過程之前，當然有應該或不應該追求的問題。）追求知識（或曰追求真理）是艱難的。在這個過程中，你如不認真，不努力，那你是在追求知識嗎？追求知識有其獨立性與自主性，用英文來講，可以 intellectual autonomy 來表達。這種知性活動不受外界（政治、社會、經濟、文化等）勢力的干擾，也不會為了趕時髦而從事這種活動。在這個過程中，一旦有所發現，即使不被外界所了解，甚至被外界誤解、曲解，也**只能**堅持下去。這裏也不存在應該或不應該堅持下去的問題。

　　這種在知識領域之內追求知識的人，如果獲得了重大的、原創的發現，他當然深感知性的喜悅，卻不會產生恃才傲物、自鳴得意的心態。因為他是在追求知識，不是在追求虛榮；何況知識邊疆的擴展，使他面對的是知識邊疆以外的無知領域。他深切知道，他的成就是建築在別人的努力所積累的知識之上，即使他的最具原創性的發現 —— 例如，他發現（在法治之下的）市場經濟是產生、保存、協調、流通與增益知識的最佳機制 —— 也間接與他的師承有關，與奧國學派經濟學和蘇格蘭啟蒙傳統有關；所以，他在知性生活中有所歸屬。1999 年芝加哥大學社會思想委員會舉辦的紀念海耶克先生誕辰一百周年系列演講會上，另一位諾貝爾經濟學獎獲獎者 Gary Becker 先生曾說：僅就哈氏在經濟學領域之內的貢獻而言，如果他一生只寫過那一篇發表此一重大發現的論文，就足以稱謂二十世紀偉大的經濟學家之一。（那篇論文是於 1945 年 9 月發表在 *American Economic Review* 上的 "The Use of Knowledge in Society"。夏道平先生譯作"散在社會的知識之利用"。此文已收入哈氏著 *Individualism and Economic Order* [Chicago, 1948]。）

　　另外，他永遠是以開放的心靈、知性的好奇心，面對別人的意見，樂意接受別人對他的啟發（如上世紀 50 年代，他的思想頗受博蘭尼 [Michael Polanyi] 的知識論的影響，便是顯例）。對於別人的批評，他當作是刺激他反思他的思想的材料。對於別人的誤解，甚至惡意的曲解和侮蔑，他也只看作那是別人在知識上的盲點，所以無從產生怨恨之情。他的成就感只能帶給他知性的喜悅，卻不會產生知性的傲慢，當然也與孤芳自賞之類的偏狹心態無涉。海耶克先生一方面堅持自己的發現，另一方面卻又以開放的心靈面對別人的不同意見；此種"堅持"與"開放"，看似相反，實則相成，因為一切是以忠於知性的追尋為準。

　　這種遵循理知的召喚與指引的人格素質，展示着——用韋伯的話來説——知識貴族的精神。知識貴族，不是甚麼社會貴族，也不是經濟貴族。知識貴族的精神乃是——不是多數人做得到的——在“諸神戰爭”的現代性文化中，始終堅持忠於知性神明而無懼於其他神祇的精神。

　　海耶克先生是一位“言行有度、自律有節，和蕭穆莊嚴的偉大學人”（殷海光先生語）。不過，凡是跟他長期接觸過的人都會感覺到，他實際上是一個內心熾熱，具有強烈道德感的人。當他談到自由的意義，以及自由被誤解的時候，雖然語調仍然嚴謹，但常常會血脈賁張，臉龐通紅。然而，他卻那樣習於自律，而且做得那樣自然，那樣毫不矯揉造作。根據我個人的觀察，他這樣的風格，主要不是源自刻意的道德修養，雖然在道德上他確是一位謙謙君子，而是強烈的知性生活的結果。知識是他的終極價值，追求知識賦予他生命的意義。這樣發自內心的知性追尋，把作為一種志業的學術活動提升到具有高貴和尊嚴的生命層次。

　　由於西方現代社會和文化已經出現了深刻的危機，產生了種種價值的混淆，這種精神在許多西方學者和知識分子身上已經很難見到了。

　　殷海光先生的身教與言教的最顯著的特徵則是：經過西方自由主義轉化的中國知識分子的道德精神。典型的中國知識分子看到同胞的苦難與政治上和社會上的不公平、不合理的現象，必然感同身受，不能自已。他會盡一己之力以言論介入公共事務，希望能夠指出在公共領域之內的諸多問題的解救之道。這種入世的使命感使他不消極、不氣餒、不自怨自艾、不上山靜思，也不玩世不恭（那樣的表現當然也有；不過，那不是中國知識分子的典型）。另外一個殷先生的精神特徵是：在政治權力與社會及經濟勢力之前，保持着人格的獨立與真誠。這種公共領域之內的道德完整性，乃是中國知識分子最主要的精神資源。

不過，在他的心靈中，傳統中國知識分子的道德精神產生了轉化，因為他畢竟清醒地接受了西方自由主義的洗禮。所以，他的道德精神更能超越一切藩籬（家族、地方、學校、黨派、種族、國家）的限制，更能接受理性的指引，以及更具有個人主義的特質。（這裏所指謂的個人主義是相對於集體主義而言。它是自由主義的個人主義，與"安那其"〔anarchistic，無政府〕個人主義不同。自由主義的個人主義並不反對國家的存在，毋寧主張國家需要存在與發展，國家的目的是在法治之下，如陳獨秀在 1914 年所說，"保障權利，共謀幸福"。）

殷海光先生是一位偉大的愛國者，但他卻反對"本能的愛國主義"。他的早年性格中確有狂飆的一面，但卻歸宗於真正具有獨立性的自律。正因為他的關懷具有超越性，所以他更能使它落實到具有普遍意義的，不可取代、不可化約的個人價值（the worth of the individual）與個人（每個人）的尊嚴與發展之上。（這裏所說的個人價值，不是英文中的"value"，而是"worth"。中文在這方面，不夠細緻，不夠分殊，所以"worth"和"value"都只能用"價值"兩字譯出。因此,我在這裏談到殷先生所堅持的個人價值時,需要用"不可取代、不可化約"來說明它的特殊意義。)[1]

1　　本文取材於林毓生著《政治秩序的觀念》(香港:商務印書館,2015),頁 236-240。

導　讀

張楚勇

一紙風行

　　1944 年 3 月和 9 月先後在英、美兩國出版的《通向奴役之路》(*The Road to Serfdom*) 既令海耶克 (Friedrich A. Hayek) 聲名大噪，也同時令他聲名狼藉。

　　這本書讓海耶克聲名大噪，是因為這本討論政治社會理論的嚴肅讀本，竟然成了當時暢銷一時的書籍。

　　據第三任英文版海耶克全集的總編輯 Bruce Caldwell 說，芝加哥大學出版社估計他們的英文版《通向奴役之路》一書自出版以來，銷售量已在 35 萬冊以上。這本書能夠成為暢銷書，一大原因是此書美國版出版後不久，美國的《讀者文摘》即決定把它的摘要轉載，並且替其書會出版和發行摘要的單行本。Caldwell 表示，《讀者文摘》當時的發行量約在 875 萬冊左右，因此據估計《通向奴役之路》的摘要單行本最終印行了超過 100 萬份。[1]

　　《通向奴役之路》出版後不久，第二次世界大戰結束，國際政治秩序進入以美國為首的資本主義世界，和以蘇聯為首的社會主義陣營對峙的冷戰格局。把納粹主義和社會主義同樣批評為是侵犯個人自由的極權制度的《通向奴役之路》，其立論雖然很具爭議，但它的主張在意識形態爭持不下的冷戰年代，卻同時受到敵對的兩個陣營一致的重視，致使海耶克的這本書洛陽紙貴，甚至被翻譯成多國文字，成為海耶克最為人所熟悉，和最多人閱讀的著作。

　　就華語世界而言，戰後台灣，在海耶克的首位華人學生周德偉的推介下，殷海光早在 1953 年便在《自由中國》雜誌上發表了他選譯的《到奴役之路》。中國大陸對海耶克的著作也很重視。本書譯者滕維藻和朱宗風兩位在 1958 年便翻譯了海耶克早期的純經濟學著作《物價與生產》（*Prices and Production*）。北京商務印書館在 1962 年也出版了滕維藻和朱宗風兩位為內部發行而翻譯的這本《通向奴役的道路》。

　　到了今天，我在香港城市大學的圖書館的書架上隨意瀏覽一下，便找到八個不同版本的中英文版《通向奴役之路》。說這本書使海耶克聲名大噪，我想是絕不為過。畢竟，知道海耶克是《通向奴役之路》的作者的人，恐怕要比知道海耶克為甚麼獲頒諾貝爾經濟學獎的人多得多。

1　見 *The Collected Works of F. A. Hayek, Volume II, The Road to Serfdom*: *Text and Documents, the Definitive Edition*, Bruce Caldwell (ed.), The University of Chicago Press, 2007, 第 1 和第 19 頁。

不過，這本書同時也使海耶克在一些學術圈子內變得聲名狼藉。

海耶克在撰寫這本書時，大概也有類似的顧慮。在原書的前言中，海耶克一開始便說他有責任解釋清楚，為何作為一個專業經濟學者的他，要寫這本很具爭議的政治書。海耶克的解釋在當時的經濟學界似乎作用不大，因為不少經濟學家認為這本書代表了海耶克放棄了嚴謹的經濟科學的研究，不務正業地去當政治評論員。一些經濟學者甚至認為，海耶克由於在 1930 年代跟主導經濟學的凱恩斯在相關的經濟理論辯論中敗陣，因此轉而投身到經濟學領域以外的地方去。不管如何，在戰後當海耶克希望離開他任教多年的倫敦政經學院，轉投到美國芝加哥大學時，即使在弗里德曼（Milton Friedman）多方努力下，芝大的經濟系都不聘用海耶克。最終他只能加入芝大的社會思想委員會任教。

在經濟學界以外，一些重要的學者對海耶克這部書也不以為然。思想史家柏林（Isaiah Berlin）1945 年在閱讀《通向奴役之路》時，以"可怕"（awful）來形容海耶克。哲學家卡爾納普（Rudolf Carnap）當時寫信給海耶克的好友波普爾（Karl Popper）時，引用左派人士所說的"反動"（reactionary）來形容海耶克的觀點。政治學者 Herman Finer 更撰寫了一本《通向反動的道路》（*The Road to Reaction*）來反駁海耶克。[2]

不過，今天離《通向奴役之路》首次出版已 70 多年了，人們看來還在繼續閱讀和出版這本書，繼續研究海耶克的思想。究竟

2　*Ibid.*, 第 2 和第 21 頁。

為甚麼會這樣的呢？

劃時代的意義

讀者如果單是細讀《通向奴役之路》的文本，可能得到最深刻的印象，就是海耶克對極權政治鞭辟入裏的批評。海耶克在這本書中，很希望澄清當時他認為的兩大流行的誤解。首先就是西方知識界普遍以為納粹主義是資本主義走向末落時的極端反撲，其政治性質被認為是與社會主義南轅北轍的。其次，不少西歐的社會民主派政治力量相信，政治自由和經濟平等是共容的，在民主政體下，政府通過理性規劃來節制自由市場的"盲動"以達致社會公義的結果是既可取又可行的。海耶克的《通向奴役之路》，在它剛發表的那個時代，其直接的現實意義就是試圖糾正上述這兩大流行的誤解。

海耶克對當時這兩個流行的"誤解"有強烈的看法，是和他在 20 世紀頭四十年前後在歐洲的德語社會和英語社會長期生活和研究比較有關的。1931 年以前，年輕的海耶克主要在說德語的維也納生活、讀書和工作，並曾經參與第一次世界大戰的戰役，學術上則主要承繼了奧地利經濟學派的自由市場和主觀價值理論。他在成長時有一段時間曾經受到激進的社會主義思潮所吸引，但他看到不少原先是服膺社會主義思想的德國知識分子和政治人物，在一戰敗戰後逐步走上擁抱納粹主義及其極權手段的道路。他們開始醒覺到，儘管在納粹德國興起前社會主義黨人和納粹黨人之間的政治鬥爭不斷，但他們背後的意識形態和政治邏輯如果推到其根本處，是極其相似的會走上極權政治的道路。

因此，當他在 1931 年移居英國到倫敦政經學院任教後，對英國溫和社會主義者普遍認為納粹主義的興起，是經濟大蕭條下所代表的資本主義窮途末路式的極端反撲這一類觀點大不以為然。海耶克認為，西歐的溫和社會主義者如果頭腦清醒地作出反省的話，理應認識到社會主義對政府管控市場和進行中央規劃的主張，如果要有效而徹底推行的話，免不了要在政治上實施種種侵害個人自由的舉措，最終和納粹德國一樣走上全權統治的道路。海耶克相信，英國的工黨和社會民主派缺乏這種認識和體會，一方面是因為他們沒有像自己年青時在德語世界的經歷，另一方面也因為英國的自由和法治傳統很強大，使這些左傾思想的人士誤以為就是加強政府管控也不礙事。加上二戰期間，戰爭的動員需要已使大家對政府集中規劃習以為常，海耶克因此覺得更有必要對此"誤解"進行批判。

把社會主義和納粹主義背後的意識形態和政治邏輯連結起來，海耶克的用意其實是很清楚的，那就是納粹德國所犯下的罪行和所推行的暴政，如果簡單地把責任完全歸結到德國人的民族性或納粹主義身上，那便是無視了德國文化同屬是歐洲的共同文化的一部分這一事實，也忽視了納粹主義和社會主義同樣會產生極權的可能。海耶克在撰寫《通向奴役之路》時，已預期盟軍最終將會在第二次世界大戰中取得勝利。因此，如何在戰後的秩序重建中，面對根本而真正造成極權暴政的因由，更好地認識、重塑和維護自由文明所賴以茁壯的思想資源和相關的制度傳統等，便是頭等重要的事。釐清社會主義和納粹主義的關係和澄清上述

的 "誤解"，正是《通向奴役之路》的一大任務。

　　在學理上論說清楚為何維護個人自由跟維護自發的社會秩序是分不開的，以及為何不應該盲目迷信理性萬能，以為理性規劃的制度必然可以取代，或優於社會上自發的調協制度（如市場、普通法、道德習俗等），正是海耶克澄清上述 "誤解" 的依據。他認為依靠政府干預市場以達致某種通過一些抽象推理預先假定的平等或公義結果，不但會破壞人類長期自發互動中累積下來的社會協調機制，更會直接干犯個人自由。在現代複雜的社會中，由於對社會互動協調的知識是散落分佈在社會不同角落的個人身上的，因此在缺乏例如自由價格這類自發形成的機制的情況下，中央式的理性規劃根本不可能盡知相關而瞬息萬變的資訊，至使干預往往不能帶來預期的結果，反而使當權者為求目的，不斷加強干預的力度和範圍，一步步迫近全權的暴政。[3] 這便是海耶克為甚麼不同意經濟平等可以和政治自由共容，並在《通向奴役之路》對英國工黨及其理論領袖拉斯基（Harold Laski）當時提出的工業國有化主張不斷作出批評的理由。

　　換言之，《通向奴役之路》之所以受到重視和引起廣泛的爭議，在當時是因為海耶克尖銳地對進步知識界達成的一些重大共識提出了異議。而這本書和海耶克的思想至今仍舊在學界和知識界備受關注，是因為海耶克的立論根據，其實是針對西方文明自啟蒙運動以來對理性的高度推崇的唯理主義（rationalism）作根

3　見〈散在社會的知識之利用〉，夏道平譯，《個人主義與經濟秩序》，Friedrich A. Hayek 著，修訂版，遠流，1993，第四章。

本性的批評，認為唯理主義錯誤的以為自然科學的方法，可以應用到所有人類的認知範疇之上，盲目相信理性設計本身在方方面面都優於傳統智慧或實踐經驗的累積，任何不合理性標準或理性不及的東西都是比理性低劣的事物，理應被理性淘汰。海耶克相信，現代的唯理主義是對理性的濫用。[4] 這種濫用並不單局限在例如納粹主義和社會主義這些政治意識形態上，而是廣泛地存在於近現代歐洲文明的某些強大的思想資源之中，不斷地挑戰着歐洲文明中的自由傳統。因此，對海耶克思想的關注超越了上世紀四、五十年代的時空，也超越了冷戰的年代，因為他的理論、批判和對理性、自由等根本問題的反省，對歐洲文明和現代性到了今天還是有相關的意義，其立場觀點仍舊有啟發性，這就是為甚麼人們現在還在閱讀和討論他的著作。

《通向奴役之路》是海耶克第一本非專業經濟學的著作。我們與其說他從此放棄了嚴謹的經濟學分析，不務正業地從事政治評論，不如說《通向奴役之路》標誌着海耶克突破經濟學的局限，認識到要充分、深入而全面了解社會的種種秩序和現代人的處境，稱職的思想家必須同時要進入政治學、法理學、思想史、哲學心理學、方法學、自然科學等領域作出跨學科的研究。在此以後，海耶克在這些方面先後發表的一流著作，確立了他成為其中一位 20 世紀西方思想大家的地位。從今天這個角度看來，《通向

4　參考 F. A. Hayek, *The Counter-Revolution of Science: Studies on the Abuse of Reason*, Liberty Press, 1952, 2nd edition 1979。

奴役之路》使海耶克聲名大噪，遠多於聲名狼藉了。[5]

海耶克與中國自由主義[6]

　　海耶克的思想，對中國自由主義的發展，在一些方面發揮着關鍵的影響。近年這一點愈來愈受到華文學界的關注。周德偉、夏道平、殷海光都是在上世紀 50–80 年代的台灣，通過譯作和著作，有力地推介海耶克思想的中國自由主義者。林毓生同時是殷海光和海耶克的學生，在周、夏、殷這一代中國自由主義者的基礎上，於 70 年代、80 年代，以至現在，進一步深化和推動海耶克服膺的古典自由主義如何與中國傳統開展對話，希望通過"創造性轉化"的方式，把中國傳統中可以和值得改造或重組的東西，變成有利的文化資源，使自由、民主、法治等現代價值和制度，可以在中華文化的環境下生根成長。

　　自從清末嚴復等開始引進西方的自由思想到中國來之後，中國自由主義雖然一直受到來自傳統的衛道思想和來自社會主

5　海耶克在發表了《通向奴役之路》之後，在不同學術領域發表的代表作，除了上面注 4 的 *The Counter-Revolution of Science* 之外，還先後有 *John Stuart Mill and Harriet Taylor: Their Correspondence [i.e. friendship] and Subsequent Marriage* (1951), *The Sensory Order: An Inquiry into the Foundations of Theoretical Psychology* (1952), *The Constitution of Liberty* (1960), *Law, Legislation and Liberty, Volumes 1-3* (1973, 1976, 1979), 以及 *The Fatal Conceit: The Errors of Socialism* (1988)。這篇導言篇幅所限，我不能較全面的討論海耶克的整體思想。有興趣的讀者可參考計劃在 2017 年由台灣聯經出版社出版的拙作《政治思想家：海耶克》。

6　此一節的論述改寫自拙著《政治思想家：海耶克》第十章。

義式的革命思想的雙重夾擊，但通過新文化運動旗手之一的胡適等人的努力，一直以來還算得上是五四運動之後，在中國思想界中一股重要的思潮。但到了 1949 年之後，中國自由主義者在大陸有三十年可以説是踟躕不前。在這段期間，通過海耶克思想對台灣自由主義者的影響，一定程度上使中國大陸的思想界在到了改革開放政策出現之後，從台灣的自由主義者那裏再次有機會承傳了中國自由主義的命脈。

我看到最早以一整篇的篇幅來討論海耶克對中國自由主義影響的論文，是 1992 年熊自健發表的〈戰後台灣的自由主義者與海耶克思想 —— 以殷海光、夏道平、周德偉為例〉。[7] 觀熊自健這篇文章認為，海耶克對殷、夏、周幾位台灣自由主義者在思想方面的影響，主要集中在以下方面：

第一，海耶克的自由經濟思想從根本上改變了台灣自由主義者以為 "政治自由" 和 "經濟平等" 是可以同時並存的看法。第二，通過海耶克在《自由的憲章》等鉅著的分析，台灣自由主義者大大加強了對自由的價值、自由條件的保持、自由與法治的關係等認識。第三，通過海耶克對真偽個人主義的辨識和對自由主義倫理基礎的探索，台灣自由主義者開始毫不含糊地提出 "把人當人" 這種 "康正的個人主義"，作為自由主義的根據。

張世保在〈"拉斯基" 還是 "海耶克"？ —— 中國自由主義思潮中的激進與保守〉，以及林建剛在〈從拉斯基到海耶克：胡適

7　熊自健，《當代中國思潮述評》，文津，1992，第 1-42 頁。

思想變遷中的西學〉[8]中以一些具體的例子，進一步闡述了中國自由主義者如何從戰前服膺同樣是在倫敦政經學院任教的拉斯基的社會民主派的“經濟平等”主張，轉而到在戰後接受了與拉斯基針鋒相對的海耶克的“經濟平等”與“政治自由”是不能並立的論述。張世保的文章也指出了因為受了海耶克的文明演化思想的感染，中國自由主義者從反中國文化的激進立場，轉而開始重視中國傳統本身，為中國自由主義在這方面促成了一大轉向。

　　海耶克的理論除了影響到 50 年代台灣的自由主義者作出思想上的改變之外，到了 80–90 年代經歷過文化大革命的大陸知識分子身上，海耶克這本《通向奴役之路》，帶來的卻是印證了預言般的震撼。

　　目前在中國大陸思想界很活躍的秋風進一步提到在這方面海耶克理論的雙重意義。首先，海耶克基於有限理性的英式自由思想，開展出對文明演化的解釋，指出了在文明內的制度和傳統做法往往並非是個人理性或設計意圖所造成的結果；人類文明中的大多數實踐知識也是體現在那些不能以理論知識或語言完全闡明的理性不及的制度和習慣做法之中。這些制度和做法雖然行之有效，卻不一定能為人所意識到或以理性語言完全演繹出來。這些做法多是包含着長時間累積下來但卻不能明言的豐富經驗和判斷。而我們去跟從這些制度和做法賴以構成的規則，正是文明得以運作之道。要創新改變，依這樣的思路推演，也只得在邊

8　前者見高瑞泉編，《自由主義諸問題》，上海古籍出版社，2012，第 3-33 頁，後者見《理論視野》，2013.10，第 61-63 頁。

際上進行和採用內在的批評，靠同一文明內被廣為接受的做法作為標準，修正文明內在當下產生爭議的做法。如果我們以為可以有一外在於相關文明的理性標準全面地建構全盤的改革，來取代這些傳統做法，那就犯上了理性致命的自負。

秋風認為，有了對有限理性的認識，自由主義者便應放下全盤改革的虛妄，轉而於局部制度性改革的努力，尤其應在憲政制度上尋求一漸進的改變。他說："在周德偉的思想典範刺激下，過去幾年中，我一直尋找現代中國思想和政治的中道傳統。在清末立憲者、張君勱、陳寅恪、周德偉、現代新儒家等等看似相互沒有關係的人物和思潮之間，存在着內在而深刻的關聯。我將他們概括為"現代中國的保守─憲政主義思想與政治傳統"。他稱這是中道的自由主義，因為"與之相比，激進革命傳統固然是'歧出'，因其在政治上傾向於專制，在文化上趨向於單純的破壞。現代自由主義傳統也存在重大缺陷：一方面是文化上的偏激，這一點與革命傳統相同；另一方面是政治上的軟弱無力，這一點又讓它敗給革命。保守─憲政主義傳統則保持了自由的革命的中道。"[9] 如果我們把眼光從憲政改革的範疇伸延到政府的公共和財經政策的檢討和芻議，我相信夏道平在 1950 年代開始在台灣輿論界中在這方面依據海耶克式的自由主義提出的觀點和建議，和秋風論及的中道自由主義是有共通點的。[10] 夏道平之後的吳惠

9　秋風，〈經過哈耶克重新發現和轉化的傳統〉，見周德偉《自由哲學與中國聖學》，中國社會科學出版社，2004，第 1-29 頁。

10　夏道平，《我在〈自由中國〉》，台北：遠流，1989 和《自由經濟的思路》，遠流，1989。

林和謝宗林在台灣這方面的努力，正是這傳統的延續。[11]

　　要全面充分地檢視海耶克對戰後中國自由主義的影響，是一項當代中國政治思想和理論研究中很值得去做的計劃。除了上述提到 1950–80 年代海耶克對戰後台灣的自由主義者的影響之外，海耶克的思想對 90 年代以來中國大陸在市場改革方面，和對大陸的自由思想的去激進化的保守轉向上也發揮很大作用。一些大陸知識分子，例如英年早逝的鄧正來曾經為了譯介海耶克的論說而閉關八年，翻譯和著述了幾百萬相關的文字，更是值得重視的努力。[12] 我希望日後有機會在這方面作進一步的研究。

《通向奴役之路》

　　滕維藻和朱宗風兩位前輩學人這本 1962 年《通向奴役的道路》的譯本，大致而言，可說是高水平和準確之作。難怪後來中國大陸的一些譯本，也依據滕、朱兩位的翻譯而出版。[13] 比起殷海光 1950 年代在台灣的選譯本 [14] 來說，這本 1962 年的譯本的水平和準確性我認為都是較優秀的。

　　這次我協助香港商務印書館編審滕維藻和朱宗風的《通向奴役之路》的譯本，基本上把原譯文保留了下來。其中我決定對譯文作出修正的內容，主要有三類。第一類是原翻譯明顯的

11　吳惠林，《台灣自由經濟之路》，華泰，2002。

12　請參考鄧正來，《規則・秩序・無知》，生活・讀書・新知三聯書店，2004。

13　例如中國社會科學出版社 1997 年版的《通往奴役之路》和京華出版社 2000 年署名譚爽譯的《通往奴役之路》。

14　見 F. A. Hayek 著，殷海光譯，《殷海光全集 4：到奴役之路》，台大出版社，2009。

錯譯。例如"第二卷"錯譯成"第 2 章","博士"錯譯成"教授"等。第二類修正是一些學術上的專門修辭。如果滕、朱兩位當時的翻譯與現在的標準用法不合，而我認為現在的標準用法較準確的話，我也作出了修正。明顯的例如原譯文把海耶克原本的 nationalism 翻成"國家主義"，現在修正為"民族主義"。原譯文把 democracy 譯成"民主主義"，現在基本上修正為"民主"。第三類則是原譯文的翻譯對理解海耶克的思想會產生誤導，所以須把譯文修正過來或作出改善，以避免在理論上錯解了海耶克的思想。一個明顯的例子是海耶克在談到英式法治下的規則所具備的 Formal 的特質這一點。由於海耶克認為英式法治下相關的法和規則，主要是用來規範程序上的公正或個人受到保障的領域，而不是實質地為達到任何共同或具體目的而服務，因此，這類的法和規則相對於有實質指向性（substantive）的規則而言，其特質是形式性（formal）的。滕維藻和朱宗風的譯文在這方面通常都把海耶克原文中的 formal rules 或 formal law 譯成是"正式的規則"或"正式的法律"。但依照海耶克的思路，英國國會依照法治精神制定和通過的法規自然是"正式"的，但就其性質而言，這些法規應是"形式性"的而非具"實質指向性"的，因此我認為有必要把滕、朱兩位的譯文從"正式"改為"形式"，以免對海耶克的理論產生誤讀。

上述三類的修正，我直接在原譯文中作出了修改，並沒有保留原譯文。另一類修改，則是海耶克的原文本身出錯的，滕、朱兩位的譯文因此也把原文的錯誤直譯了出來。在此，我在本書保留了原譯文，但在錯誤之處加上 [編審按：] 這括號，把正確的資料在括號中寫出來。這方面的修正，我主要得益於在此導言文首提及的 Caldwell 教授。他 2007 年為英文海耶克全集編輯 *The Road to Serfdom* 時，花了不少工夫把海耶克原文在資料上的一些錯誤改正了過來，我也趁這個機會在此譯文版本中把原文的錯誤指出來。

最後，原文和原譯文在此版本都採用了同頁註腳的方式紀錄了海耶克或譯者的註解，這一點我在本書保留了下來。這篇導言我也採用了同頁註腳的方式記錄我的註解。但在本書的原內文和翻譯本中，我作出編審註解時，則採用了文末註腳的方式，以資識別。

多謝香港商務印書館給我機會編審滕維藻和朱宗風兩位翻譯的這本海耶克的小經典。這個版本餘下來的任何不足和錯漏，責任自然在我，望各位高明指正。

2016 年 9 月 3 日

原書序言

　　形形色色的用語表達了我們時代的口頭禪："充分就業"，"計劃"，"社會安全"，"不虞匱乏"。當代的事實所顯示的，卻是這些事情一旦成為政府政策的有意識的目標，就沒有一件能夠獲得成功。這些漂亮話只有傻瓜才會相信。它們在意大利把一個民族誘入歧途，使他們暴骨在非洲的烈日之下。在俄國，有第一個五年計劃；也有三百萬富農被清洗。在德國，1935–1939 年之間曾達到充分就業；但是六十萬猶太人被剝奪了財產，四散在天涯海角，或長眠於波蘭森林中的萬人塚內。而在美國，儘管一次又一次的抽水，可是唧筒也從來沒有灌得很滿；只有戰爭才解救了那些"充分就業"的政治家們。

　　迄今為止，只有屈指可數的著作家敢於探索上述口頭禪和現代世界中屢次出現的那種恐怖之間的聯繫。現在卜居英國的奧國經濟學家海耶克是這些著作家之一。在目睹了德國、意大利及多瑙河國家的社會和經濟制度的僵化以後，又眼見英國人所受的統制經濟的思想之毒愈來愈深，不禁憂心忡忡。這種思想直接來自德國的華爾特・臘特瑙（Walter Rathenou）、意大利的工團主義者——而且還來自敢於從前人沒有明説的國家控制論得出結論的希特勒。海耶克此書——《通向奴役之路》——是在這徘徊躑躅的時刻中的一個警告、一聲呼號。他對英國人，不言而喻的也是對美國人説：停住，看看，仔細聽聽。

《通向奴役之路》是審慎的、不苟的、邏輯性很強的。它不是譁眾取寵之作。但是，"充分就業"、"社會安全"、"不虞匱乏"這些目標只有在作為一個解放個人自由活力的制度的副產品時，才有可能達到，這個邏輯是無可爭辯的。當"社會"、"全體的利益"、"最大多數人的最大利益"成為國家行動的壓倒一切的標準時，沒有一個人能夠給他自己的生計作出計劃。因為，如果"社會"的利益或"普遍的福利"高於一切，國家"計劃者"必然要竊據能夠佔領經濟體系的任何領域的大權。如果個人的權利成為阻礙，個人的權利就必須去掉。

國家"力本論"的威脅，在那些仍然保持着有條件的行動自由的一切產業界中，引起了巨大的、常常是不自覺的恐懼。而這種恐懼影響了行動的原動力。正如過去人們致力於跟市場鬥智一樣，他們現在必須致力於跟政府鬥智。不過這裏有一點不同：市場因素至少是相對地服從於客觀的規律，而政府則不免受許多一時的念頭的支配。一個人可以把前途寄託在根據存貨數量、市場飽和點、利率、購買者需要趨勢曲線而作出的判斷上。但是對於一個旨在排除市場客觀規律的作用而且在"計劃"的名義下只要願意就可以隨時隨地這樣做的政府，個人又怎能跟它鬥智呢？彼得‧德魯克爾（Peter Drucker）曾經挖苦過"計劃者"，説他們全是沒有樂譜的即興演奏家。他們給個人造成的是不穩定，而不是穩定。正如海耶克明白指出的，這種不穩定的最終結果不是內戰就是防止內戰的獨裁制度。

"計劃"以外的可行之道就是"法治"。海耶克並不是放任政策的崇奉者；他相信一種有利於企業制度的規劃。規劃並不排斥最低工資標準、衛生標準、最底額的強制性社會保險。它甚至於也不排斥某些類型的政府投資。但重要的是，個人必須事前知道法規章程將如何起作用。如果有一個中央計劃當局的"力本論"罩在頭上，個人是無法計劃他的企業、他自己的前途，甚至他自己的家務的。

在有些方面，海耶克比現代英國人更加是一個"英國人"。他在一定限度內屬於偉大的曼徹斯特傳統，而不是屬於韋伯夫婦學派。可能他也比現代美國人更加是一個"美國人"。如果這樣的話，我期望《通向奴役之路》一書能在美國在可能範圍內有最廣泛的讀者。

約翰 • 張伯倫（John Chamberlain）
紐約州，紐約市，1944 年 7 月

前　言

　　當一個社會問題的專業研究者寫了一本政治性的書的時候，把這一點說清楚是他的首要責任。這是一本政治性的書。我不想用社會哲學論文之類的更高雅虛矯的名稱來遮掩這一點，雖然我未嘗不可以那樣做。但是不管名稱如何，根本之點還是在於我所要說的一切全都肇源於某些終極的價值。我希望在這本書中還恰如其分地履行了另一個同樣重要的職責，就是毫不含糊地徹底闡明，整個論證所依據的那些終極的價值究竟是甚麼。

　　但是有一件事我想在這裏補充說明。雖然這是一本政治性的書，我可以極其肯定地說，本書中所申述的信念，並非決定於我個人的利害。我想不出有甚麼理由能夠證明，我所認為合意的那種社會，對於我個人會比對我國大多數人民提供更大的利益。其實，我的社會主義的同事們常常告訴我，作為一個經濟學者，我在我所反對的那種社會裏，一定會居於遠為重要的地位——當然，如果我能夠使自己接受他們的觀點的話。我覺得同樣肯定的是，我所以反對那些觀點，並不是由於它們和我在成長時期所持的觀點不同，因為它們正是我年輕時所持的觀點，而且這些觀點使我把研究經濟學作為我的職業。容我對那些依照當前的時尚，要在每一個政治見解的申述中，找尋利害動機的人們附帶說一聲，我本來是大可不必寫作或出版這本書的。這本書必定要得罪許多我盼望與之友好相處的人們；它也使我不得不放下那些我覺得更能勝任，而且從長遠看來我認為是更重要的工作；尤其是，它肯定會有害於對那些更嚴格的學術工作的結果的接受，這種學術工作是我全部心願所嚮往的。

如果說我不顧這些而把寫作這本書視為我不可逃避的任務，這主要是因為在當前的關於未來經濟政策問題的討論中，存在着一種不正常的和嚴重的現象，這種現象還沒有充分地被大家覺察到。實際情況是，幾年以來大多數經濟學家都被吸收到戰爭機器中去了，他們都因為官職在身而不能開口，結果關於這些問題的輿論，在驚人程度上為一批外行和異想天開的人、一些別有用心或賣狗皮膏藥的傢伙所左右。在這種情況下，一個尚有著述餘暇的人，很難對這些憂慮保持緘默 —— 當前的種種趨勢必然在許多人心目中引起這種憂慮，只是他們無法公開表達它們 —— 雖然在另一種情境下，我一定是樂於把對國家政策問題的討論，讓給那些對這項任務更有權威、更能勝任的人去做的。

本書的中心論點，曾在 1938 年 4 月《現代評論》（*Contemporary Review*）雜誌上〈自由與經濟制度〉（"Freedom and the Economic System"）一篇論文中初次簡單提出，這篇論文後來增訂重印作為吉迪恩斯（H. D. Gideonse）教授為芝加哥大學

出版社編輯的《公共政策叢刊》之一（1939 年）。上述兩種書刊
的編輯和出版人允許我引用原作的若干段落，我在此謹致謝忱。

F. A. 海耶克

引　論

很少有甚麼發現比揭露思想根源的發現更惹人憤怒了。

—— 阿克頓勳爵（Lord Acton）

　　當代的種種事件和歷史的不同，在於我們不知道它們會產生甚麼結果。回溯既往，我們能夠評價過去事件的意義並探索其相繼引起的後果。但當歷史正在進行的時候，對我們來說，它還不是歷史。它引導我們進入未知之境，而我們又絕少機會瞥見前途的景象。假使我們真的能夠把同樣的事件重新經歷一番而不失去我們先前的聞見的記憶，情況就會兩樣。在我們看來，事情將顯得多麼不同啊；我們目前很不注意的一些變化將會顯得多麼重要，並且往往是多麼令人吃驚啊！人類永遠不會具有這種經驗，也認識不到任何規律是歷史必須遵循的，這也許是一件幸事。

　　然而，雖則歷史從來不會完全重演，並且正因為任何事態發展都不是不可避免的，我們才能在某種程度上汲取過去的教訓以避免同樣過程的重複發生，人並不需要成為先知者才能曉得臨頭的大難。經驗和興趣的一種巧合，也往往會把人們還很少注意的事件的某些方面展示在某一個人的眼前。

　　以下各章是一種經驗的產物，這種經驗和重新經歷一段時期是很近似的 —— 或者最低限度也是對於一種非常相似的思想演變的重複觀察。雖然這種經驗是一個人在一個國家內不易取得的，但在某種情況下長期地在不同的國家輪流居住的人是可能取得這種經驗的。儘管大多數文明國家的思潮所受的各種影響在很大程度上是相似的，但它們未必在同一時間或以同樣的速度發生作用。因此，一個人從一國遷居到另一個國家，有時就會重複地看見類似的思想發展階段。這時他的感覺就會變得特別敏銳。當他又一次聽到他在二十年或二十五年以前就已經接觸過的主張和方策時，這些主張和方策就具有新的意義，成為一定的趨勢的徵兆。它們顯示出事物的發展即使不是必然地、至少也是可能經過類似的過程。

　　現在必須說出這樣一句逆耳的真話：我們有重蹈德國的覆轍的危險。誠然，這種危險並非迫在眉睫，英國和美國的情形和近年來在德國所發生的情況還相距很遠，很難使人相信我們是在朝着同樣的方向前進。不過，路程雖很遙遠，但它卻是一條愈往前走就愈難回頭的道路。如果說，從長遠來看我們是自己命運的創造者，但是在眼前我們卻受自己所創造的觀念的束縛。我們只有及時認清危險，才有希望化險為夷。

　　英國和美國並不是和這次戰爭中的德國即希特勒德國有甚麼相似之處。但是研究思潮的人不會看不見，第一次大戰期間及戰後的德國思想趨勢和目前各民主國家的思潮之間，不僅僅存在着表面的雷同。在民主國家中，目前確實存在着一種同樣的決斷，要把為國防的目的而建立的國家組織保持下去作為建設之用。在這些國家裏也有着同樣的對十九世紀自由主義的鄙視，同樣的偽裝的“現實主義”甚至犬儒主義，同樣的對於“不可避免的趨勢”的宿命論的接受。並且我們大多數咄咄逼人的革新家竭力要我們從這次戰爭吸取的教訓中，至少十有八九是德國人從上次戰爭中取得的教訓，助長了納粹制度的產生的也正是這些教訓。在這本書中我們將有機會表明，我們還在一大批其他的問題上在十五到二十五年之內似乎要步德國的後塵。雖然誰也不歡喜人家提醒他這一點，可是，正如近年來瑞典成為進步派目光所注的典型的國家一樣，德國的社會主義政策開始被進步派普遍地奉為仿效的楷模，到現在並沒有經歷多少年。那些記性更好的人誰都知道在上次大戰以前至少有一個世代之久，德國的思想與德國的實踐曾經多麼深刻地影響了英國的以及在某種程度上美國的理想和政策。

作者自成年以後大約有一半的歲月是在故鄉奧地利度過的，與德國的精神生活有着密切的接觸，另一半則是在美國和英國。在後一時期中，作者越來越相信，至少有某些曾經在德國毀滅了自由的勢力，現在也在這裏作祟，而這種危險的性質和根源，可能還比在德國更少為人所了解。現在仍然沒有被人認清的最大的悲劇是，在德國，大都是那些好心人，也就是那些在民主國家裏受人尊敬和奉為楷模的人，給現在代表了他們所深惡痛絕的一切的勢力鋪平了道路，如果這些勢力不是實際由他們創造出來的話。我們能否避開類似的命運，全要看我們能否正視危險並且有否決心修正哪怕是我們最珍惜的希望與抱負，如果它們被證明是危險的根源的話。不過現在還很難看得出來，我們有向自己承認可能已經犯了錯誤的精神勇氣。還很少有人願意承認，法西斯主義和納粹主義的興起並不是對於前一時期的社會主義趨勢的一種反動，而是那些趨勢的必然結果。甚至當共產主義俄國和國社主義德國內部制度的許多令人憎惡的特點的相似性已經為人廣泛承認的時候，大多數人還不願意看到這個真理。結果，自以為與納粹主義的荒謬絕倫有天壤之別並真心誠意地憎恨其一切表現的人們，卻同時在為一些實現起來就要直接導致可憎的暴政的理想服務。

　　對不同國家中的各種發展所作的一切平行線式的對比，當然是不可置信的；但是我的論證主要不是根據這些對比。我也並不認為這些發展趨勢是無法避免的。如果真是無法避免的話，就不必寫這本書了。如果人們及時了解自己的努力可能引起的結果，這些發展是可以防止的。不過，直到最近，使他們正視危險的嘗試還很少有希望獲得成功。但是，對整個問題進行比較充分討論的時機現在似乎已經成熟了。這不僅是因為現在問題已經更廣泛地為人所認識，而且更有許多特殊的理由，使我們在目前這個關頭，非直接正視這些問題不可。

　　有人也許會說，現在不是提出這種大家的意見針鋒相對的問題的時候。但是我們所談的社會主義並不是一個黨派問題，我們所討論的問題，也與各政黨之間爭執的問題無關。某些集團可能比其他集團希望較少的社會主義，或某些集團之所以希望社會主義是出於某一集團的利益，另一集團又是為了另一集團的利益，這些都並不影響我們所要討論的問題。重點在於，如果我們要找出一些其見解能影響今後的發展的人來，那麼在今日的民主國家中這些人在某種程度上全都是社會主義者。如果說強調"我們現在是社會主義者"這一點已經不再時髦了的話，這僅僅是由於事實已是再明顯不過了。幾乎沒有任何人還對我們必需繼續走向社會主義有所懷疑，而多數人也只是為了某一個階級或集團的利益，才企圖轉移這個運動的方向。

因為幾乎每個人都希望它，我們才向這個方向前進。並沒有甚麼客觀的事實使它成為不可避免的。我們在後面會有必要談談所謂"計劃"的不可避免性。主要的問題是這個運動會把我們引向何處。那些現在由於他們的深信不疑而賦予這個運動以一種不可抗禦的衝力的人們，如果開始明白那些迄今還只有少數人了解憂慮的事情，他們不會因恐懼而退縮，放棄半世紀來吸引了這麼多好心人去進行的那種追求嗎？我們這個世代的共同信念將把我們引向何處，並不是哪一黨的問題，而是有關我們每一個人的問題，一個具有最重大意義的問題。我們根據一些崇高的理想自覺地為締造我們的未來而努力，而實際上竟會不知不覺地創造出與我們的奮鬥目標正好相反的結果，還能有比這更大的悲劇嗎？

我們現在所以應當認真努力去了解那些已經建立的國家社會主義的力量，還有一個更為迫切的理由，就是這將使我們能夠了解我們的敵人和我們之間有關的問題。不可否認的是，迄今對於我們為之而奮鬥的崇高理想還很少認識。我們知道我們是在爭取那種根據我們自己的理想來塑造我們生活的自由。這很有份量，但還不夠。敵人使用宣傳作為其主要武器之一，這種宣傳不僅是空前的喧囂，而且還是空前的狡猾，僅僅認識這一點還不能使我們具有抵抗這樣一種敵人所必需的堅強信念。當我們必須在這種宣傳不會隨着軸心國家的失敗而消失的敵人所控制的國家，或其他地方的人民中擊退這種宣傳時，僅僅認識更顯得不夠。假使我們要去向別人證明，我們所要爭取的理想值得他們予以支持，那麼僅僅認識這一點也還是不夠的，要它引導我們去建立一個不會遭受舊世界所遭受到的那種危險的新世界，也顯得不夠。

　　民主國家戰前和獨裁者打交道時，也同在宣傳的努力和關於戰爭目的的討論中一樣，表現出一種內在的不穩定和目標的不明確（這種情況只能用他們對自己的理想，以及他們和敵人之間的各種不同之處的性質的認識上的混亂來解釋），這是一種可悲的事實。我們之所以被迷惑，是因為我們不相信敵人在公開宣佈某些我們所共有的信仰時，是真心誠意的，也同樣因為我們相信敵人的某些其他主張是真心誠意的。左翼各政黨不是和右翼各政黨一樣，由於相信國社黨是為資本家服務並反對一切形式的社會主義而受騙了嗎？希特勒制度中有多少特點，不曾由那些最出人意料的方面來向我們推薦模仿，而不了解那是希特勒制度中不可分割的部分並和我們希望保持的自由社會不相容呢？在戰前和戰爭爆發以來，由於我們不了解我們所面臨的敵人而鑄成大錯的次數是驚人的。情況居然好像是我們不要去了解產生了極權主義的那種發展趨勢，因為那樣一來就要毀壞某些我們決心抱住不放的最心愛的幻想。

　　在沒有了解現在支配着德國人的那些觀點的性質和成長過程以前，我們和德國人打交道是不會成功的。一再提出的認為德國人本身生來就是邪惡的那個理論是很難站得住腳的，就是那些抱有這種主張的人也未必相信它是很正確的。它沾辱了為數眾多的一系列益格魯—薩克遜思想家，他們在過去一百年中心悅誠服地吸取了德國思想中最好的，而且不只是最好的東西。這個論調忽視了這一事實，即八十年前穆勒（John Stuart Mill）撰寫他的偉大論著《論自由》（*On Liberty*）時，兩個德國人 —— 哥德（Gothe）和洪保德（Wilhelm von Humboldt）[1] —— 給他的影響比任何都大。它也忘記了這一事實，即國家社會主義的兩個最有影響的思想前驅，卡萊爾（Thomas Carlyle）和張伯倫（Houston Stewart Chamberlain），一個是蘇格蘭人，一個是英格蘭人。對於那些不惜採用德國種族理論中最惡劣的手法來給自己的觀點辯護的人們，這種觀點的淺薄粗陋實在是一種恥辱。

問題不在於德國人本身何以是邪惡的，從先天方面來說，他們也許並不比別的民族壞，問題在於弄清究竟是甚麼環境使過去七十年中某一特別思潮得到逐步發展並取得最後勝利，並研究何以這種勝利終於使其中最壞的成分支配一切。僅僅仇恨德國人的一切而不是仇恨現在支配德國人的那些特殊的觀念是十分危險的，因為那些滿足於這種仇恨的人會看不見真正的威脅。我擔心這種態度常常就是一種逃避主義，其根源是不願意認識那些並不只限於德國才有的傾向，以及不敢重新考查，並且必要的話放棄掉那些我們德國接受過來的信念，即我們現在仍然和德國人過去那樣沉迷於其中的那些信念。有人認為只是由於德國人特有的邪

1　由於有些人可能認為這樣說法未免誇張，因此值得引用摩爾勒勳爵（Lord Morley）的陳述。他在《回憶錄》，（Recollections）中談到所謂 "公認之點"（acknowledged point）時，認為《論自由》一文的主要論點 "並不是始創的而是而源於德國"。

惡才產生了納粹制度，這種主張容易成為一種口實，把正是產生那種邪惡的制度強加於我們頭上，因此是加倍危險的。

本書所提出的對於德國和意大利發展過程的解釋，和大多數外國觀察家以及從這些國家逃亡出來的大部分人所作的解釋，有很大的不同。但是如果本書的解釋是正確的話，它也就會説明，一個像大多數流亡者和英美報紙的國外通訊員那樣持有現時流行的社會主義觀點的人，為甚麼幾乎不可能從正確的角度來觀察各種事件。把國家社會主義僅僅看作是在社會主義進展下其特權和私利受到威脅的人們所推動的一種反動，這個膚淺而使人誤解的看法，很自然地受到所有這樣一些人的支持。他們雖然曾在那導致國家社會主義的思想運動中活躍一時，但在發展過程的某一階段卻中止了活動，並且因此他們和納粹發生衝突，被迫離開了本國。但是，就人數而論他們是僅有的重要的納粹反對派這一事實，只不過説明了：從廣義上講，所有德國人幾乎都已成為社會主義者，而舊有涵義所指的自由主義已為社會主義所排斥。像我們希望加以説明的那樣，德國國家社會黨"右翼"和"左翼"的現存的衝突，是敵對的社會主義派別之間常常發生的那種衝突。但是，如果這個解釋是正確的，那就意味着許多仍然堅持他們的信念的流亡社會主義者，現在雖然懷有最善良的願望，卻正在幫助其寄居國家走上德國所走過的道路。

我知道，許多英美朋友對於他們偶然聽到的由德國流亡者（這些人的真正社會主義的信仰是無可懷疑的）流露出來的半法西斯觀點，有時深為震驚。但是，雖然這些觀察家把這一點歸咎於他們是德國人的緣故，真正的解釋則是他們是社會主義者，不過他們的經驗已經把他們帶到遠遠超出英國和美國的社會主義所已經達到的境界。自然,德國社會主義者在本國曾從普魯士傳統的某些特殊方面得到極大的支持;而在德國雙方都引以為榮的普魯士主義與社會主義之間的這種淵源,使我們的主要論點更增加了根據。[2] 但如相信產生極權主義的是一種德國的特種因素而不是社會主義因素,那就錯了。國家社會主義之所以興起,是由於社會主義觀點的流行,而不是由於德國與意大利和俄國所共有的普魯士主義。同時,國家社會主義是從群眾中興起,而不是從深受普魯士傳統的薰陶並深受其惠的各階級中興起的。

2 　在社會主義和普魯士國家組織(有意識地自上而下起來,為其他所無)之間確實存在某種淵源,這是不可否認的,法國早期社會主義者就已坦白地承了一點。遠在用管理一個單獨工廠的同樣原則去治理全國這理想鼓舞了十九世紀社會主義以前,普魯士詩人諾伐里斯(Novalis)就曾嘆息過:"從來沒有一個別的國家,像威廉(Frederick William)逝世以後的德國那樣像一個工廠那樣被治理過"(參看諾伐里斯〔哈登堡 Friedrich von Hardenberg〕:《信仰與愛情或國王與王后《〔*Glauben und Liebs, oder der Konig die Konigin*〕,1798 年出版)。 年出版)。

第一章　被委棄了的道路

　　一個綱領，其基本命題並非認為追求利潤的自由企業制度已經在這一代失敗，而是還未經嘗試。

—— 羅斯福（F. D. Roosevelt）

　　當文明的進程發生一個出乎意料的轉折時 —— 即當我們發現我們不像預期的那樣繼續前進，而是受到了我們認為和以往世代的蒙昧無知相關聯的諸般邪惡的威脅時 —— 我們自然要怨天尤人而不會歸咎於我們自己。我們不是都已經根據自己最高明的見解而努力，我們中的許多最優秀的人不是已經為了建立更美滿的世界而不停息地工作嗎？我們所有的努力和希望不是已經都用來尋求更多的自由、正義和繁榮嗎？如果結果和我們的目標相距甚遠 —— 如果與我們迎面相對的不是自由和繁榮，而是奴役和苦難 —— 那必定是由於邪魔的勢力顛倒了我們的心願，我們成了某種邪惡的力量的犧牲品，在繼續走向美好未來的道路以前，必須征服那些邪惡勢力，這不是很清楚嗎？不管我們在斷定究竟誰是罪魁禍首這一點上差別有多大 —— 是不義的資本家，還是某一民族的邪惡精神，是我們的前輩的愚蠢，還是那個我們雖曾對之戰鬥了半個世紀之久但尚未完全推翻的社會制度 —— 我們大家，至少在最近以前，都肯定這樣一點：在上一世代中成為大多數善意的人所共有的、決定我們社會生活主要變化的指導思想，不可能是錯誤的。我們幾乎願意接受對於我們文明的當前危機的任何解釋，但除開這一點，即：世界的目前狀態可能是我們自己這方面的真正錯誤的結果；對於某些我們所最珍惜的理想的追求，明顯地產生了與我們所預期完全不同的結果。

當我們把全副精力用於爭取這次戰爭的勝利結束時，有時難以憶及：即使在戰爭發生以前，我們現時為之而戰的價值，在我們這裏已受威脅，在別處則已毀滅。雖然現時為生存而戰的敵對各國代表着各種不同的理想，但是我們不能忘記，這種衝突是從不久以前還是共同的歐洲文化中的各種思想的鬥爭中產生出來的，而那些終於形成極權主義制度的趨勢，並不限於那些已經深陷於這種制度之中的國家。雖然我們目前首要的任務是必須贏得這場戰爭，但是戰爭勝利只不過是給我們另一個機會，使我們得以面對根本問題，並尋求途徑以防止類似的文明所曾遭遇到的命運。

現在不把德國和意大利或者俄國看作不同的世界，而把它們視作是我們也曾共有的思想的發展結果，似乎是有點困難的。至少就我們的敵人而論，認為他們是完全和我們不同的，他們那裏發生的事情我們這裏絕對不會發生，這樣做當然是比較容易和更令人安心一些。但是這些國家在極權主義制度興起以前那些年代的歷史所表現的特點中，很少是我們所不熟悉的。外部所以發生衝突，是因為歐洲的思想正處於一個轉化期中，別的國家在這轉化期中進展得如此迅速，以致於使它們與我們的理想形成了不可調和的衝突，但這並不是說我們自己就置身於這個轉化之外了。

思想的改變和人類意志的力量使世界形成目前的狀況，雖則人們並沒有預見到這種結果，而客觀事實中又沒有甚麼自發的變化迫使我們的思想與之相適應，這一點要盎格魯—薩克遜民族了解清楚，也許是特別困難的，正因為在這方面的發展中，他們比多數歐洲民族落後，雖然對他們說來這未嘗不是一件好事。我們仍然把現在引導着我們和過去一個世代曾經引導過我們的理想，認作是只能有待於將來才會實現的理想，而不了解過去二十五年中它們在多大程度上不僅已經改變了世界，而且也改變了我們的國家。我們依然相信，直到最近我們仍受着那種被含糊地稱為十九世紀的觀念或放任原則的支配。和某些其他國家比較起來，並從那些急於加速變革的人們的觀點來看，這種信念可能有某些根據。不過，雖然直到 1931 年為止，英國和美國只不過是遵循着別人已經走過的道路前進，但是即使在那個時候，它們的變動已經達到這種程度，以致只有回憶到上一次世界大戰以前年代的人，才能了解一個自由世界究竟是甚麼樣的。[1]

1　即在那一年，《麥克米倫報告書》(*Macmillan Report*) 就已經談到 "英國政府近年來注意力之改變，以及政府 (不管哪一黨) 越來越注意對人民的管理"，並進而談到 "國會發覺自己越來越多地致力於那種目的在於管制社會日常事務的立法，現在並干預那些以前被認為完全是在國會職責範圍以外的事情"。而且，在以下事實發生以前，這一段話就應用得着：在同一年後期，英國終於採取了不顧一切的措施，而在短短的不光彩的 1931－1939 年這段時間裏，把經濟制度改變得面目全非。

　　但是，我們的人民至今尚很少覺察的關鍵問題，不僅是上一世代發生的變化之大，而是它們意味着我們的觀念和社會秩序演變方向的完全改變這一事實。至少在極權主義的魔影變成真正威脅以前二十五年期間，我們已經逐漸離開了作為西方文明基礎的根本觀點。我們帶着如此崇高的希望和雄心開始的這個運動，居然使我們直接面對極權主義的恐怖，這一點對於迄今仍然不願將這兩件事聯繫起來的當前一代人來說，乃是一個強烈的震動。但是這一發展只不過證實了我們仍然信奉的自由主義哲學的先輩們的警告。我們逐漸放棄了經濟事務中的自由，而沒有這種經濟自由，就不會產生以往時期的個人自由和政治自由。雖然十九世紀的一些最偉大政治思想家，如托克維爾（De Tocqueville）和阿克頓勳爵曾對我們提出過警告，說社會主義意味着奴隸制度，但我們仍然堅定不移地向社會主義的方向前進。而現在我們已經看見了一種新形式的奴隸制度在我們眼前興起，我們竟已完全忘記了這個警告，以致我們很少想到這兩件事情可能有聯繫。[2]

　　現代趨向社會主義的趨勢，不僅對不久的過去、而且對西方文明的整個演進過程意味着何等鮮明的決裂這一點，如果我們不僅對照十九世紀的背景而且從更長遠的歷史眼光來研究它的話，就顯得很清楚了。我們正在迅速地放棄的不僅是科布登（Cobden）和布賴特（Bright）、亞當・斯密和休謨或者甚至洛

---

[2]　即使是已經證明為非常正確的為時很近的一些警告，幾乎也完全被人忘卻。還不到三十年以前，貝洛克（Hilaire Belloc）在一本比大多數在事變後所寫的著作更多地解釋了德國所發生的情況的書裏，說明"社會主義原理對資本主義社會的影響，是產生和兩者都不同的第三種東西 —— 即奴隸國家"（《奴隸國家》，1913 年出版，1927年第三版，第 xiv 頁）。

克和密爾頓（Milton）的觀點，而且是在基督教，希臘人和羅馬人奠定的基礎上逐漸成長起來的西方文明的顯著特點之一。不僅是十九和十八世紀的自由主義，而且是我們繼承自伊拉斯莫斯（Erasmus）、蒙泰尼（Montaigne）、西塞羅（Cicero）、塔西佗（Tacitus）、伯里克利斯（Pericles）、修昔的底斯（Thucydides）的基本的個人主義，都在逐漸被放棄掉。

　　把國家社會主義革命說成是一次反文藝復興運動的納粹領袖，可能是不自覺地說了真話。它是毀滅現代人從文藝復興時代開始建立的文明尤其是個人主義文明的一個決定性步驟。個人主義今天名氣不好，這名詞常常被人和利己主義、自私自利聯繫起來。但是我們所說的與社會主義及一切其他形式的集體主義相對立的個人主義，是和這些東西沒有必然的聯繫的。只有在本書的逐步進程中，我們才能說清楚這兩個相反的主義的對立之處。由基督教與古典哲學提供基本原則的個人主義，在文藝復興時代第一次得到充分的發展，此後逐漸成長和發展成為我們所了解的西方文明。這種個人主義的基本特點，就是把個人“當作”人來尊重，也就是承認在他自己的範圍內，縱然這個範圍可能被限制得很狹小，他的觀點和愛好是至高無上的，也就是相信人應能發展自己個人的天賦和愛好。“自由”一詞現在因經常被使用和濫用，以致我們在使用它來表明它當時所代表的理想時，也頗感躊躇。“寬容”（tolerance）一詞也許是唯一的還能保存這種原則的完整意義的用語，這項原則在那個歷史時期的整個過程中都是處於上升的狀態，只是在近來才又趨於低落，且當隨極權主義國家的興起而完全消失。

　　從一種嚴格組織起來的等級制度逐漸演變成另一種制度，在這種制度下，人至少能夠嘗試去塑造自己的生活，有機會了解和選擇不同的生活方式，這種演變是和商業的興起密切相關的。新的人生觀隨着商業從意大利北部的商業城市向西北方傳播，經過法國和德國西南部傳佈到荷蘭和不列顛諸島，在沒有受到專制勢力阻抑的任何地方立足生根。在荷蘭和不列顛，它長期得到充分的發展，並且第一次有機會自由生長，成為這些國家社會政治生活的基礎。正是從那裏，在十七世紀後期和十八世紀，它才重新以充分發展了的形式開始傳播到西方和東方，傳播到美洲，傳播到歐洲大陸中部 —— 在那裏，毀滅性的戰爭和政治上的暴虐曾經嚴重地壓制了較早時期的類似發展的開端。[3]

　　在近代歐洲歷史的整個時期中，社會發展的總方向，是使個人從他從事日常活動時束縛他的那些習慣的和成規的羈絆中解放出來。至於自覺地認識到個人的自發的和不受拘束的努力能夠產生一種經濟活動的複雜秩序，則只有在這種發展已經有了某些進展之後才有可能。隨後到來的擁護經濟自由的有系統的論證，乃是經濟活動的自由發展的結果，而這又是政治自由的一種無意識的沒有預料到的副產品。

　　個人活力的解放的最大結果，也許是科學的驚人的發展，它隨着個人自由由意大利移向英國和更遠的地方。人類早期發明創造的能力並不較差這一點的證明，就是當工業技術還停留在靜止

3　這些發展中最為重要的而且帶有尚未消失的後果的，就是十五世紀和十六世紀時德國資產階級被領地侯王所征服並被部分地毀滅了。

狀態時，已經製成許多高度機巧的玩具和其他機械裝置，以及那些沒有受到限制性管制的某些工業，例如礦業和鐘錶製造業的發展。但是，只要佔支配地位的觀點被認為對全體社會有拘束力，即大多數人關於是非曲直的信念能夠阻礙個別發明家的道路，少數企圖把機械發明更廣泛地應用於工業的嘗試，其中有些是十分先進的，就很快地被壓制了，並且尋求知識的願望也被窒息了。只是在工業自由打開了自由使用新知識的道路以後，只是在凡是能找到人支持和負擔風險的每件事都可嘗試以後，並且這種支持還必須是來自官方指定的提倡學習的當局以外的地方，科學才得以邁步前進，並在過去一百五十年中改變了世界的面貌。

像常有的情況那樣，對我們文化的性質，敵人往往比多數朋友看得更清楚。像十九世紀的極權主義者孔德（Auguste Comte）所敍述的那種"西方的長年痼疾，個體對種屬的反抗"實際是建成我們文化的力量。十九世紀所增益於上一世紀的個人主義的，僅僅是使一切階級都意識到自由，把偶然地和雜湊地成長起來的東西加以系統的和連續的發展，並把它從英國和荷蘭傳播到大部分歐洲大陸。

這種發展的結果超出一切預料。無論何處，阻抑自由運用人類智能的障礙被除去了，人很快地能夠滿足不斷擴大的慾望。雖則由於標準提高而不久即導致社會取陰暗點（人們不再願意容忍的缺點）的發現，但是也許沒有一個階級未曾從普遍進步中獲得顯著的利益。對於這種驚人的進步，如果我們拿目前的標準去衡量的話，那就不是持平之論，這種標準本身就是這個進步的結果，而現在又使許多缺點顯得突出了。要評價這種進步對那些參與其事的人究竟意味着甚麼，我們必須用它開始時人們所抱的希望和心願去衡量。毫無疑問，它的成就超過了人們最奔放的夢想；二十世紀之初西方世界工人所達到的物質舒適、安全和個人獨立的程度，在百年以前看來是幾乎不可能的。

這一成就在將來可能出現的最重要和最深遠的影響，是對掌握他們自己命運的新的力量的信心、對於改善自己命運的無限可能性的信念，這些都是已經取得的成就在人們當中樹立的。隨着成就也發展了雄心 —— 而人們是具有一切權利懷有勃勃雄心的。從前曾經是激勵人心的希望似乎顯得不夠了，進展的速度已嫌過於遲緩；過去曾使這一進展成為可能的原則，現在被看做是阻抑更快進步的障礙，急於加以掃除，而不是把它視作保持和發展已經取得的成就的條件了。

在自由主義的基本原則中沒有甚麼東西使它成為一個靜止的教條，並沒有一成不變的一勞永逸的規則。在安排我們的各項事務時，應該儘量運用社會的自發的力量，而盡可能少地借助於強調這一根本原理，是能夠作千變萬化的應用的，深思熟慮地創造這種使競爭可以儘可能有益地起作用的制度，和被動地接受既定的法規制度，這兩者之間的差別尤其懸殊。也許對自由主義事業為害最大的，莫過於某些自由主義者單純從某種經驗出發的頑固態度，尤以放任主義的原則為最。不過，就某種意義言，這是必然的和無可避免的。無數的利害關係都能指出某種特殊措施會給某些人以直接的明顯的利益，而其所引起的損害則是遠為間接的，而且是難以看到的，對於這些利害關係，正就是某種一成不變的規則才能起對抗的作用。而且由於有利於工業自由的有力假定已經毫無疑問地建立起來了，要把它當作毫無例外的規則的強大誘惑力，常常使人難以抗拒。

但是許多自由主義原理的普及者既然採取了這種態度，那就幾乎不可避免：一旦他們的陣地在某些點被突破，立刻就會全線崩潰。一個目的在於逐漸改進自由社會制度結構的政策，其不可避免的緩慢進展也進一步削弱了這個陣地。這種進展有賴於我們逐步增進對社會力量，和對最有利於這種力量以適宜的方式起作用的條件的理解。由於我們的任務是在促進這些力量並在必要時補充這些力量的作用，首要的前提是先要了解它們。自由主義者對社會的態度，像一個照顧植物的園丁，為了創造最適宜於它生長的條件，必須儘可能了解它的結構以及這種結構是如何起作用的。

任何有見識的人都不應該對這一點有懷疑，即表現了十九世紀經濟政策的原則的那些粗陋的規則只不過是一個開端，我們還有許多東西要熟習，在我們已經前進的道路上，仍然存在着無限的進步的可能性。但是只有我們越來越能夠對我們所需利用的力量從精神上加以掌握，這種進步才得以實現。有許多明顯的任務，例如我們對貨幣制度的管理，壟斷的防止和控制，以及其他方面更為大量的雖不如此顯著但也同樣重要的任務有待着手，在這些方面各國的政府無疑都掌握着為善為惡的莫大的權力；完全有理由這樣希望：只要我們更好地了解這些問題，我們終將能夠成功地使用這些權力。

雖則導向普通稱為"積極"行動的進展必然是緩慢的，並且雖則為了即時的改進，自由主義必得主要憑藉自由所帶來的財富的逐漸增長，但是它仍須經常抵抗威脅這個進展的種種建議。由於自由主義對於某一個人，不可能提供多於共同進步中的一份，結果它便被看成是一種"消極"的信條。這種進步越來越被視為當然之事，而不再被認為是自由政策的結果。甚至可以這樣說，自由主義的衰退，正是它的成功所造成的。由於已經取得的成功，人們已越來越不能容忍還存在着的缺點，這些缺點現在似乎是不可忍受的和不必要的了。

由於對自由主義政策的進展遲緩越來越不能忍耐，由於對那些假自由主義之名為反社會的特權作辯護的人的正當的憤懣，以及由於已經取得的物質進步而被認為似乎是有根據的無限的雄心，結果到本世紀時，對自由主義根本原則的信念，愈來愈被人放棄。已經取得的成就，被認為是永保無虞，萬無一失的財產。人們的眼光專注於那些新的需求，對於這些新的需求的迅速的滿足，似乎由於墨守舊的原則而受到阻礙。人們越來越廣泛地認為，要希望能夠繼續前進，不能再沿着那個使往日的進步成為可能的總的社會體制中的老路走，而是要完全地重新改造社會。問題已不再是補充和改善現存的機構，而是要完全打碎它並換掉它。並且由於新的一代的希望，越來越集中到一些完全新鮮的事情上去了，對於現存社會如何發揮職能的關懷和了解就迅速下降；隨着對自由制度工作方法的了解的日趨低落，我們對於那些依存於自由制度的事物的理解也因之降低了。

這裏不擬討論這種看法的改變如何受到下述因素的促進：即把由於專注於技術問題所產生的思想習慣，自然科學家和工程師的思想習慣不加批判地轉移到社會問題上去，以及這些思想習慣又是怎樣企圖把不合於它們的偏見的過去的社會研究的成就加以否定，而把一些組織的理想強加到一個不適宜的領域中去。[4]此地所談的只在證明我們對於社會的態度，已經如何完全地（雖然是逐漸地並且幾乎是無法覺察地一步跟着一步）改變了。在這個變化過程的每一階段，那種看來僅僅是程度之差的東西，已經以其累積性的影響，形成了觀察社會的舊的自由主義態度與目前研究社會問題的方法兩者之間的根本分歧。這種變化對於我們敍述過的趨勢形成了一個完全的逆轉，完全放棄了曾經創造西方文明的個人主義傳統。

根據目前流行的見解，問題已經不再是如何最好地運用存在於自由社會之內的自發力量。我們實際上已在着手取消那些產生難以預見的結果的力量，並以對一切社會力量加以集體的和"有意識的"指導，借以達到預定目標的辦法來替代市場這個非個人的和不知名的機制。説明這種分歧的最好的例子莫過於一本受到廣泛讚揚的著作所採取的極端的立場，關於這本書中的所謂"為自由而計劃"的綱領我們還要不止一次地加以評論。曼海姆博士（Dr. Karl Mannheim）寫道："我們從來沒有建立和指導整個自然體系的必要，像今天不得不對社會所做的這樣，⋯⋯人類越來越趨於調節其全部社會生活，雖然從來沒有人企圖去創造第二個自然界"。[5]

4　著者曾努力探索這一發展的開端，見發表於 1941–1944 年《經濟學》（*Economica*）雜誌的兩篇連續的論文：《科學主義和社會研究》（Seientism and the Study of Society）和《科學的反革命》（The Counter-Revolution of Science）。

5　《復興時代的人和社會》（*Man and Society in an Age of Reconstruction*）1940 年出版，第 175 頁。

　　這種思想傾向的變化和思想在地域間傳播的改向兩者間的一致，是很有意義的事。兩百多年來英國的思想是向東傳播的。曾經是在英國建成的自由制度似乎注定要傳佈到全世界。到了1870年左右這些思想的流行可能已擴展到東方的最遠邊界。從此以後它開始退卻，一套不同的、並不真正是新的而是很舊的思想，開始從東方西進。英國喪失了在政治和社會領域內的思想領導權，而成為思想輸入國。在以後六十年中德國成為一個中心，從那裏，注定要統治二十世紀世界的思想向東西傳佈。無論是黑格爾或馬克思，李斯特（List）或希摩勒（Schmoller），桑巴特（Sombart）或曼海姆，無論是比較激進形式的社會主義或僅僅倡導"組織""設計"的不那麼激進的社會主義，德國思想到處通行，德國的制度也到處被模仿。

　　雖然大部分新思想，尤其是社會主義，並非起源於德國，但是它們是在德國完成的，並且在十九世紀的最後二十五年和二十世紀的最初二十五年，得到了最充分的發展。德國在這一時期中曾經在社會主義的理論和實際的發展中起了多麼可觀的領導作用；社會主義在英國成為一個嚴重問題以前一個世代，德國國會中已經有一個很大的社會主義政黨，並且直到不久以前，社會主義的理論發展，幾乎完全是在德國和奧國進行的，因此，即使今天俄國人的討論，也大都是從德國人中止的地方繼續進行的，這一切現在常常都被人們忘記了。大部分英國和美國的社會主義者還不知道，他們現在才開始發現的大部分問題，德國的社會主義者老早已經徹底討論過了。

　　德國思想家之所以能夠在這一時期中對整個世界在精神上

起了如此重大的影響，不僅得力於德國所取得的偉大物質進步，而更得力於這一百年來，德國再度成為共同的歐洲文明的主要的甚至領導的成員時，德國思想家和科學家所贏得的非凡聲譽。但是它不久就轉而支持那些從德國向外傳播的與歐洲文明的基礎相對立的思想了。而德國人自己 ── 至少是他們中間那些傳播這種思想的人 ── 是充分了解這個衝突的：這在納粹時代以前，對他們來說，從前是歐洲文明的共同遺產的東西現在成為所謂"西方的"文明，這裏"西方的"一詞已不再像以前那樣指整個"西方"而言，而是指萊茵河以西而言。這種意義的"西方"就是自由主義與民主主義，資本主義與個人主義，自由貿易與任何形式的國際主義或對和平的熱愛。

　　但是儘管數目越來越多的德國人，對於"淺薄的"西方思想懷抱着掩蓋不住的輕蔑，或者也許正是因為這一點，西方的人民卻仍繼續輸入德國思想，甚至被欺騙得相信他們自己以前的信念，不過是把自私的利益加以合理化，自由貿易不過是為了促進英國利益而捏造出來的理論，並且英國和美國的政治思想已經陳舊不堪，成為可恥的東西了。

第二章　偉大的烏托邦

常常使一個國家變成人間地獄的，正好是人試圖把國家變成他的天堂。

—— 何德林（F. Hoelderlin）

社會主義已代替自由主義成為絕大多數進步派所擁護的原理這一事實，並不僅意味着：人們已經忘記了早先偉大的自由主義思想家們關於集體主義後果的警告。事情之所以發生，是由於他們確信和這些思想家所預言的正好相反的東西。令人感覺奇怪的是：同一個社會主義，不僅很早就已被認為是對自由的嚴重威脅，而且開始時就十分公開地是對法國大革命的自由主義的反動，然而卻在自由的旗幟下，得到了廣泛的擁護。現在很少有人還記得：社會主義在始創時就很明顯地具有獨裁主義性質。奠定現代社會主義基礎的法國作家們並不曾懷疑，他們的理想只有通過強有力的獨裁政府才可能付諸實現。對於他們來說，社會主義就意味着，通過按照等級制度的路線有計劃地改組社會，並通過強加一種強制性的“精神力量”，來“永遠結束革命”的一種嘗試。在任何談到自由的地方，社會主義奠基人都是毫不含糊地表示他們的意圖的。他們把思想自由看成十九世紀社會罪惡之源，而現代第一個計劃者聖西門（Saint-Simon）甚至預告説：對於不服從他所擬議的計劃局的人，要"像牲口一樣來對付"。

只是由於 1848 年革命前強烈的民主主義潮流的影響，社會主義才開始把它自己和自由的力量聯繫起來。但是新的"民主社會主義"花了很長一個時期才消除了由其先輩所引起的疑慮。沒有人比托克維爾看得更清楚，在本質上是個人主義制度的民主主義，和社會主義之間有着不可調和的衝突：

"民主主義擴展個人自由的範圍，"他在 1848 年這樣説，"而社會主義則對它加以限制。民主主義賦與每一個人以儘可能多的價值，而社會主義則把每一個人弄成僅僅是一個工具，一個數字。民主主義和社會主義除了'平等'一個詞以外，沒有共同語言。但請注意這個差別：民主主義從自由中尋求平等，而社會主義則從抑制和奴役中尋求平等。"[1]

社會主義為了減輕這些疑慮，和使一切政治動因中最強烈的、渴望自由的動因作為己用，開始越來越利用一種"新的自由"的諾言。他們説，社會主義的到來是從必然的王國到自由的王國的飛躍。它將帶來"經濟自由"，沒有它，已經取得的政治自由就"不值得具有"。只有社會主義才能完成多年來為爭取自由而作的戰鬥，在這種戰鬥中政治自由的取得僅僅是第一步。

1　《1848 年 9 月 12 日在制憲會議上關於勞動權利問題的演説》，見《托克維爾全集》（1866 年）第 9 卷，第 546 頁。

　　將"自由"一詞的涵義加以微妙的改變以便使這種論證聽起來更能取信於人，這一點是很重要的。對於政治自由的偉大的先驅者來說，"自由"一詞指的是免於強制的自由，是擺脫他人的專斷的自由，是從束縛個人的羈絆中獲得解放，這種束縛使他除了對於上級唯命是從以外沒有絲毫選擇的餘地。但是，新的自由諾言，卻是不虞貧困，是從必然會限制我們大家抉擇範圍（雖則對於有些人要比對另外一些人要多得多）的環境的強迫中獲得解放。必須首先打破"物質缺乏的專制"，解除"經濟制度的束縛"，人們才能真正獲得自由。

　　當然，這種意義的自由，只能是權力[2]或財富的另一個名詞。但是，雖則這種新的自由的諾言，常常和社會主義社會將大大增加物質財富的不負責任的諾言相配合，但並不是從這樣一種對於自然慳吝的完全征服中就可望取得經濟自由。這項諾言實際所指的，是消滅存在於各個不同的人的抉擇範圍中的現有的巨大懸殊。因此，對於新的自由的要求，只不過是對平均分配財富的舊的要求的另一名稱而已。但是這一新的名稱卻給社會主義者一個和自由主義者共有的詞語，於是他們對此作了最大的利用。並且雖則這個詞語在兩個集團使用時各有不同的涵義，卻很少有人注

2　自由和權力的顯著的混淆，我們在這一討論中將會一再遇到這個問題，但是這個題目太大，此地無法加以徹底考察。它和社會主義本身的歷史一樣悠久，兩者緊密相連，以致大約七十年前，一位法國學者在討論到它在聖西門學說中的來源時，曾說這一自由的理論"本身是徹頭徹尾地社會主義的"（詹內（Paul Janet）《聖西門與聖西門主義》，1878 年，第 26 頁，附註）。意味深長的是，這種混淆的最明顯的辯護者是美國的左翼理論的主要哲學家杜威（John Dewey），據他說，"自由就是用來做特定事項的有效權力，"因此"要求自由就是要求權力"（〈自由與社會控制〉（Liberty & Social Control）見《社會邊際》（*Social Frontier*）雜誌 1935 年 11 月號，第 41 頁）。

意這一點，更少有人問他們自己，是否這兩種自由諾言真正可以結合起來。

　　毫無疑問，預言將有更多的自由的這種諾言成為社會主義宣傳的最有力工具之一；並且人們對社會主義會帶來自由的信念也是真誠和純潔的。但是如果通向自由的道路的諾言在事實上竟成為通向奴役制度的大道，悲劇豈不更加悲慘。無疑地，更多自由的諾言是引誘越來越多的自由主義者走上社會主義道路的原因，是使他們受蒙蔽而看不到社會主義和自由主義基本原則之間存在着衝突的原因，是使社會主義者時常能夠把舊有的自由黨派的名字都竊取去的原因。大部分知識分子把社會主義崇奉為自由主義傳統的當然繼承人，因此，難怪他們認為社會主義會導向自由主義的反面的意見是不可思議的。

　　但是，近年以來，對社會主義難以預料的結果的舊有的恐懼，再一次由最意想不到的方面強烈地提了出來。一個一個的觀察家，儘管在研究他們的題目時抱着相反的希望，卻發現在"法西斯主義"與"共產主義"下許多方面的情況非常相似。雖然英國和各處的"進步派"仍在欺騙自己，認為共產主義和法西斯主義代表正相反對的兩極，但是越來越多的人開始問他們自己：這些新的暴政是不是同一種趨勢的結果。就連共產主義者也免不了要對像伊斯特曼（Max Eastman）所作的那種證言有所震動；伊斯特曼是列寧的老朋友，他也不得不自己承認："史太林主義不是比法西斯更好，而是比它更壞，更殘酷無情，野蠻，不公正，不道德，反民主主義，無可救藥，"並且還說"最好把它稱為超法西斯"；我們發現同一作者還承認"在這樣一種意義上，史太林主義就是社會主義，它是國有化和集體化的雖然是不可預料的、然而卻是不可避免的政治附屬物，而這兩者都是史太林賴以建立一個沒有階級的社會的計劃中的一部分"[3]，他的結論顯然具有更廣泛的意義。

伊斯特曼先生也許是最突出的，但是他絕不是第一個或唯一的對俄國的實驗具有同情而作出同樣結論的觀察家。早在數年之前，在俄國住了十二年的美國記者張伯林（W. H. Chamberlin）眼見他的全部理想已成泡影，把他在俄國和德國、意大利所做的研究的結論歸納成這樣幾句話："社會主義肯定會證實，至少在其開始階段，不是通向自由的道路，而是通向獨裁和反獨裁、通向最殘酷的內戰的道路。用民主手段來實現和維持的社會主義，似乎只是烏托邦裏才有的東西。"[4] 與此相似的是一位英國作者伏伊特（F. A. Voigt），他以國外通訊員的身份，對歐洲的發展經過多年的周密觀察以後，得出結論說："馬克思主義已經導致了法西斯主義和國家社會主義。因為，在一切本質的因素上，它就是法西斯主義和國家社會主義。[5]" 李普曼（Walter Lippmann）也獲得了這樣的信念："我們這一代的人，現在從經驗中懂得了，當

3　《史太林的俄國與社會主義的危機》（*Stalin's Russia and the Crisis of Socialism*）1940 年出版，第 82 頁。[編審按：據 Bruce Caldwell 2007 年在哈耶克全集第二卷 *The Road to Serfdom: Text and Documents, The Definitive Edition* 一書的編定版本，哈耶克在此引用 Eastman 此書的三段原文，分別見於該書的第 82、82 和 154 頁。換言之，原文和原譯文錯誤地在此遺留了第 154 頁。哈氏在本書引述他人的著作時，不時會有錯引的問題，本書原譯者對此並不覺察，故此原文照實。當原文出錯時，編審者在下文會根據 Caldwell 2007 年編的版本以加按的形式修正。]

4　《假烏托邦》（*A False Utopia*）1937 年出版，第 202 – 203 頁。

5　《歸於凱撒》（*unto Caesar*）1939 年出版，第 95 頁。

人們從自由退卻，到了強制地組織他們的事務的地步的時候，出現的將是甚麼局面。雖然他們自己期望的是一種更加富裕的生活，但是他們在實踐中一定要放棄這種期望；當有組織的管理增加時，多種多樣的目標就必得讓位於統一性。這是有計劃的社會的天罰和人類事務中的獨裁主義原則。"[6]

還有許多其他有資格判斷的人所作的類似敍述，可以從近年的出版物中選擇出來，特別是那一種人的敍述，他們作為現在的極權主義國家的公民，親身經歷了這種變革，他們的經驗迫使他們把許多珍貴的信念予以修正。我要再引一位德國作家的話作例子，他所發表的同樣的結論也許比上面引證過的幾位都更公正。

"通過馬克思主義可以達到自由與平等這信念的完全崩潰"，德魯克爾寫道，"迫使俄國走上德國所走的同一條道路，即通向極權主義的、純粹消極的、非經濟的不自由不平等的社會的道路。這並不是說共產主義和法西斯主義在本質上就是一個東西。法西斯主義是在共產主義已經證實是一種幻想以後達到的階段，在史太林主義的蘇聯也和在希特勒以前的德國一樣，共產主義已經證實是一種幻想。"[7]

許多納粹領袖和法西斯領袖的思想歷史也有同樣的重要意

6　《大西洋月刊》(*Atlantic Monthly*) 1936 年 11 月號，第 552 頁。
7　《經濟人的末日》(*The End of Economic Man*)，1939 年出版，第 230 頁。[編審按：應是第 245-246 頁。]

義。[8] 每一個曾經注意過這些運動在意大利和德國的發展的人都會對這種現象感覺驚奇：有為數眾多的領袖人物，從墨索里尼起往下數（拉瓦爾〔Laval〕和奎斯林〔Quisling〕也不在外），他們起初都是社會主義者而都以法西斯或納粹黨人告終。這個運動的領袖們是這樣，下層的徒眾就更加是這樣了。在德國，一個年輕的共產黨人能夠比較容易地轉變為納粹黨人，或者相反的情形，都是屢見不鮮的，尤其是兩黨宣傳家最了解這一點。二十世紀三十年代許多大學教師看到從歐洲大陸回來的英國的和美國的學生，不能肯定他們究竟是不是共產黨人或納粹黨人，只有一點是肯定的，他們都仇視西方的自由主義文明。

在 1933 年以前的德國和 1922 年以前的意大利，共產黨人和納粹黨人或法西斯黨人之間的衝突，比他們和其他黨派之間的衝突更為頻繁，這自然是真實的。他們競相爭取同一類型的思想的支持，而相互保留對異端的仇恨。他們的實踐證明了彼此的關聯是何等密切。對兩方面說來，真正的敵人是舊式的自由主義者，這種人和他們沒有絲毫共同之處，他們也無法使之信服。納粹黨人之於共產黨人，共產黨人之於納粹黨人，以及社會主義者之於雙方，都是潛在的徵募對象，他們都是合適的材料；雖則他們聽信了虛妄的預言家，但雙方都知道他們和那些確信個人自由的人們之間是沒有調和餘地的。

為了使這一點不致被那些受到雙方官方宣傳的迷惑的人們

8 　對於許多法西斯領袖思想歷史的啟發性的說明，可參看密歇爾斯（Robert Michels）（他本人以前是馬克思主義的法西斯主義者）的《社會主義與法西斯主義》，慕尼黑，1925 年版，第 2 卷 264－266 頁，第 311－312 頁。

所懷疑，讓我再來引用一個不應受到猜疑的權威人士的敍述。海曼教授（Eduard Heimann）是德國的宗教社會主義領袖之一，在一篇以《自由主義的再發現》（The Rediscovery of Liberalism）這一有意義的標題為題的文章裏寫道：“希特勒主義揚言自己既是真正的民主主義又是真正的社會主義，而可怕的真相則是這種吹噓之中有一小點真實——當然，這是小得無可再小的，但無論如何它足夠成為這種狂妄的歪曲的基礎。希特勒主義者甚至於還自封為基督教的保護人，而可怕的真相則是，連這種荒謬的曲解也能夠給人留下一個印象。但是有一件事實卻在彌天的大霧中顯得十分清晰：希特勒從來不曾宣稱代表真正的自由主義。可見自由主義具有其成為希特勒所最痛恨的理論之特點。”[9] 須要加以補充的是，這種仇恨之所以沒有機會在實際行動上顯示出來，只是由於當希特勒上台時，自由主義在德國實際上已經無聲無嗅。而消滅它的正是社會主義。

對於許多就近觀察過從社會主義到法西斯主義的轉變的人來說，兩種制度的聯繫是越來越顯得明白的了，但在民主國家，大多數人民仍然相信社會主義和自由是能夠結合的。沒有疑問，這裏的大多數社會主義者仍然深信自由主義關於自由的各種理想，如果他們真正了解他們的綱領的實現將意味着自由的毀滅的話，他們是會回頭的。問題還是這樣的不為人所了解，最不能調

9　《社會研究》（Social Research）雜誌，第 8 卷，第 4 期（1941 年 11 月號）。此處值得回憶的是，不管他是出於甚麼理由，希特勒在一次遲至 1941 年 2 月的公開演説中，還覺得這樣宣告是得策的：“從根本上説，國家社會主義和馬克思主義是一樣東西”（參看《國際新聞公報》（Bulletin of International News），皇家國際關係研究所出版，第 18 卷，第 5 期，第 269 頁。

和的理想還是這樣的共聚一堂相安無事，以致我們還可以聽到像"個人主義的社會主義"這樣矛盾的名詞被認真地討論着。如果這就是把我們漂流到一個新世界去的思想狀況，那麼當務之急莫過於認真嚴肅地考察一下在別的地方發生的這種演變的真實意義。雖然我們的結論只會證實他人已經表明的恐懼，但是如果不對社會生活的這種轉變的主要方面進行比較充分的研究，那麼何以不能把這種發展視為偶然的理由就不會明白了。民主的社會主義，最近幾世代以來的偉大的烏托邦，不僅是不能達到的，並且為了它的實現而作的奮鬥會產生完全不同的東西，使現在盼望社會主義的人沒有一個會願意接受這種後果。除非把這種關聯面面俱到地赤裸裸地攤開，許多人是不會相信這一點的。

第三章　個人主義與集體主義

社會主義者信仰兩個絕對不同甚至也許是互相矛盾的東西：自由和組織。

——哈勒維（Elie Haievy）

為了把我們的主要問題繼續討論下去，還有一個障礙先要加以克服。有一種混亂必須予以澄清，使我們不知不覺地陷入誰都不願意遭遇的光景的，正是這種混亂。這就是指關於社會主義概念本身的混亂。這一概念可能只是意味着並常常被用來説明社會主義的最終目標，如社會正義、更大程度的平等、安全等理想。但是它也意味着大多數社會主義者希望達到上述目標所採取的特殊方法，以及許多有資格人士認為為了充分地和迅速地達到這些目標的僅有的方法。在這種意義上，社會主義意味着廢除私有企業、廢除生產資料私有制、創造一種"計劃經濟"制度，在這種制度中，由中央計劃機構代替為利潤而工作的企業家。

有許多人都自稱為社會主義者，雖則他們所關心的只是上面的第一種意義，他們熱情洋溢地信仰社會主義的最終目標，但既不關心也不理解這些目標怎樣才能夠實現，他們只是堅信那些目標必須實現，不管代價如何。但是對於幾乎所有那些把社會主義不僅僅當作是一個希望而且也當作是實際政治的一個目的的人們說來，現代社會主義的特有的方法，和社會主義的目標本身是同等的重要。另一方面，許多重視社會主義的最終目標不下於社會主義者的一些人，卻由於看到社會主義者所提倡的方法對其他價值的危害，因而拒絕支持社會主義。因此，關於社會主義的爭論，主要是成為關於方法而不是關於目的的爭論 —— 雖然關於社會主義的各個不同的目標是否可以同時實現這一點，也是一個爭論之點。

這一點就足夠造成混亂了。這種混亂，又由於一般的習慣否認反對它的手段的人會重視它的目標而有增無已。使這種情況更顯得複雜的是同一種手段 ——"經濟計劃"，它是社會主義改造的首要工具 —— 也可以用來為許多其他目的服務。如果我們想使收入的分配符合於社會主義的流行觀念，我們必須對經濟活動加以集中的管理。因此，一切要求以"為使用而生產"去代替為利潤而生產的人，都需要"計劃"。但是，如果收入的分配是在用一種照我們看來似乎是違反正義的方法來加以調節的話，這種計劃也同樣是不可缺少的。不管我們願意讓這個世界上的好東西的大部分歸於哪一種人，是某一個高貴的種族，如北歐人呢，還是某一黨派的成員，或一個貴族階段，我們所必須採用的方法，是和那些能夠保證一種平均的分配的方法相同的。

把"社會主義"一詞用來說明它的方法而不是說明它的目的，把一個對於許多人說來是代表一種最終理想的名詞用來代表某一特種方法，也許是沒有道理的。更好的辦法也許是把可以用來代表多種多樣的目標的方法稱作集體主義，而把社會主義視作那個類之下的一個種。不過，雖然對大多數社會主義者來說，只有集體主義之下的一個種才能代表真正的社會主義，但是必須常常記住，社會主義是集體主義的一個種，因此凡是對於集體主義本身來說是正確的東西，也同樣可以適用於社會主義。在社會主義者和自由主義者之間引起爭論的所有各點，幾乎都是牽涉到一切類型的集體主義所共有的方法，而不涉及社會主義者想用這些方法來達到的某種目標；我們在本書中將要加以討論的一切後果，都是由集體主義的方法產生出來的，不管使用這些方法所要達到的目的為何。我們也決不能忘記：社會主義不僅是屬於集體主義或"計劃"的最重要的一個種，而且正是社會主義，才說服了具有自由主義思想的人們，使他們再一次順從那種經濟生活的組織化，這種組織化他們從前曾經加以推翻，因為照亞當·斯密說來，它使政府處於這樣一種地位："為了維持本身的存在，就必須採取壓制和專制的手段"。[1]

　　如果我們同意把"集體主義"一詞用以包括一切類型的計劃經濟，而不管計劃的目標如何的話，那麼由於共同的政治名詞含義不清而引起的困難，依然沒有解決。如果我們說清楚，我們所指的是為了實現任何一種分配的理想所必需的那種計劃的話，集體主義這個名詞的含義就會變得確定一些。不過，集中的經濟計

1　斯圖爾特（Dubald Stewart）在其《亞當·斯密回憶錄》中引自斯密在 1755 年所寫的備忘錄。

劃這一觀念之所以能打動人主要是由於這種涵義的模糊，因此在討論它所引起的後果以前，要緊的是我們必須對於它的精確的意義有一致的看法。

"計劃"之所以得人心，主要是由於每一個人當然都希望我們應當儘可能合乎理性地處理我們共同的問題，並在這樣做時，應該儘量運用我們所能掌握的預見。在這一意義上，每一個人只要不是一個完全的宿命論者，就是一個計劃者，每一個政治行動都是（或應當是）一個有計劃的行動，差別只在於是好的和壞的計劃，聰明有遠見的和愚蠢短視的計劃。一個以研究人們如何實際進行和如何計劃他們的事情為全部任務的經濟學家，是最不會反對這種一般意義上的計劃的人。但是我們的熱中於一個有計劃的社會的人們，現在並不是在這意義上使用這個名詞的，並且也不僅僅在這樣一個意義上，使用這個名詞的，即：我們必須計劃，如果我們希望收入或財富的分配符合於某種特定的標準的話。在現代計劃者看來為了達到他們的目的，僅僅設計出一個最合理的、永久的社會結構，在這種結構之內，各人根據個人計劃進行各種活動，是不夠的。在他們看來，這種自由主義的計劃就是沒有計劃 —— 並且實際上它算不上是一個可以用來滿足關於誰應當有甚麼的各別觀點的計劃。我們的計劃者所要求的，是根據一個單一的計劃對一切經濟活動加以集中的管理，規定社會資源應當如何"有意識地加以管理"以便按照一定方法，去為特定的目的服務。

因此現代計劃者們和他們的反對者之間的爭論，並不是關於我們是否應當在各種可能的社會組織之間善為抉擇的爭論，它不是關於我們是否應當運用預見和有系統的思考以計劃我們的共同事務的爭論。它所爭論的乃是這樣做的最好的方法是甚麼。問題在於：為了達到這個目的，強制權力的掌握者是否最好一般地把自己只限於創造條件，使各人的智慧和進取心有最好的活動餘地，以便他們能夠作出最好的計劃；或是要合理利用我們的資源是否就得根據某種有意識地想出來的"藍圖"對一切活動加以集中的管理和組織。各派社會主義者已經把"計劃"一詞專用於第二種類型的計劃，而現在大家普遍理解的也正是這種意義的計劃。不過雖則這意味着說這是處理我們的事務的唯一合理的方法，但當然這並沒有證明真的是這樣。這仍然是計劃者和自由主義者意見分歧之點。

　　重要的是，不要把對這樣一種計劃的反對意見和那種教條的放任主義態度混淆起來。自由主義者的論點，是贊成儘可能地運用競爭力量作為協調人類行動的工具，而不是主張聽任事物自生自滅。自由主義者的論點是基於這種信念，即只要能夠創造有效的競爭，就是再好不過的引導個人行動的方法。它並不否認，甚至還要強調，為了使競爭能夠有效地進行，一種周密考慮出來的法律制度是必要的，而無論現在的和過去的法律條文都不是沒有嚴重缺點的。它也不否認：在不可能創造出使競爭有效的必要條件的時候，我們就必須採取其他的引導經濟活動的方法。但是，經濟上的自由主義反對用協調個人行動的低級方法去代替競爭。自由主義者之所以把競爭看成是優越的，不僅是因為它在大多數情況下是已知的最有效率的方法，而且更由於它是使我們的活動得以相互調節適應，而用不着當局的強制的和專斷的干涉的

唯一方法。其實，贊成競爭的主要論點之一，就是它免除了所謂
"有意識的社會控制"的需要，並且使個人有機會來判斷某一職
業的前景是否足以補償該項職業所帶來的不利和風險。

　　成功地運用競爭作為社會組織的原則，不容許對經濟生活
的某些形式的強制性干預，但它容許那些有時能大大有助於它的
作用，甚至還需要政府的某種行動的其他形式的強制性干預。但
是它何以要這樣強調那些消極的規定，即在有些問題上絕對不能
行使強制手段，其理由是很有力的。首先需要的是，人們在市場
上應當能夠自由地按照能找到交易對手的價格進行買賣，任何人
都應該能夠自由生產、出售和買進任何有可能生產或出售的東
西。重要的是，從事各種行業的機會應當在平等的條件上向一切
的人開放，任何個人或集團企圖通過公開或隱蔽的力量對此加以
限制，均為法律所不許可。任何控制某一商品的價格或數量的企
圖，都會使競爭失去它對各人的努力作有效的協調的力量，因為
這時價格變動就不再反映客觀條件的全部有關變化，不再對各個
人的行動提供可靠的指南。

　　但是，對於那些僅僅限制已經得到許可的生產方法的措施，
上述的原則就不一定適用了，只要這些限制對於所有的潛在的生
產者同等地發生影響，而且不被用來作為一種間接控制價格和數
量的方法。雖則所有這種對生產方法或產量的控制將使成本增加
（就是說，使生產一定的產品必須使用更多的資源），它們仍然是
很值得的。例如禁止使用毒性物質或規定在使用時採取特別預防
措施、限制工作時間、規定某種衛生設施，這些與競爭的保持都
是完全相容的。這裏的問題，只是在某一特定情況下，所得利益

是否大於其所增之社會損失。競爭的保持也並不是和廣泛的社會服務制度不相容的 —— 只要這種服務的組織所採取的方法，不致於在很大範圍內使競爭失效。

很遺憾的，但不難說明其理由的是，過去對於使競爭制度得以成功地進行的各種積極條件，較之對於上述消極方面，注意得太少了。要使競爭發揮作用，不僅需要適當地組織某些制度，例如貨幣、市場、傳遞消息的渠道 —— 其中有些是私人企業所決不可能充分提供的，而且它尤其有賴於一種適合的法律制度的存在，這種法律制度的目的，在於既要保存競爭，又要使競爭盡可能有利地發揮作用。法律僅僅承認私有財產和契約自由的原則是絕對不夠的；更重要的還是對於不同財產的財產權的明確解釋。關於使競爭制度有效進行的各種形式的法律制度的系統研究，遭到了令人痛心的忽視。我們可以提出強有力的理由來說明這方面的嚴重缺點，尤其是在公司法和專利法方面，不僅已經使競爭進行的效率遠較可能有的為小，而且甚至已經導致許多領域內的競爭的消滅。

最後，無疑的在有些領域內，沒有甚麼法律的措施足以創造一種為有效的競爭制度和私有財產制度所必需的主要條件；這就是，財產所有者從自己財產所提供的一切有用的勞務得到好處，而負擔由於使用財產而對他人所造成的損害。例如，在不可能倚靠支付代價的方法享用某種勞務的情況下，競爭就不會產生這種勞務；而當因使用財產對別人所造成的損害，不能有效地使該項財產所有者負擔時，價格制度也就同樣也變得沒有效用了。在所有這些事例中，在個人計慮的項目和影響社會福利的項目之間，都存在着一定的分歧。當這種分歧顯得重要的時候，可能必須尋求某些競爭以外的方法來供應這種勞務。因之，在路上設置的路標，或在大多數情況下，路的本身的費用，都不可能由每一個使用它的個人來負擔。砍伐森林、某種耕作方法，或工廠的煙塵和喧囂等某些有害的影響，也不能僅限於財產所有者，或者僅限於那取得議定的補償而甘受損害的那些人。在這種情況下，我們必須尋求不用物價機構來進行調節的辦法。但是在不可能創造使競爭適當進行的條件時必得求助於當局直接管理的代替辦法這一事實，並不能證明在可以使競爭起作用的時候，我們仍應當抑制競爭。

　　創造條件使競爭盡可能有效；在不能使其有效的場合則加以補充；提供那些——用亞當‧斯密的話來説——"雖則能夠在最高的程度上有利於一個偉大的社會、但卻具有這一性質、即對任何個人或少數人來説，利潤不足以補償耗費"的勞務——以上這些任務，實際上都為國家提供了廣闊的和無可置疑的活動領域。對於可能合理地加以維護的制度，國家絕不會袖手旁觀。一個有效的競爭制度和其他制度一樣，需要一種聰敏地規劃出來的並不斷加以調節的法制系統。甚至它適當發揮作用所必需的最根本的前提，即防止欺詐和詭騙（包括利用別人的無知以取利），都給立法活動提供一個重大的但遠未充分完成的努力目標。

　　但是，當創造一個合適的制度使競爭得以有利地發揮作用這一任務還沒有進行得很徹底時，各國的政府卻已放棄了這個任務而改用另一種不可調和的原則來代替競爭。問題不再是使競爭發生作用和加以補充的問題，而是完全用別的東西來代替它的問題了。要緊的是要弄清現代提倡計劃的運動是一種反對競爭本身的運動，是一個新的旗幟，在它之下，競爭制度的一切舊敵人都集結在一起。雖然各種利害有關的方面，現在都試圖在這個旗幟下重新確立在自由主義時代已被掃除的特權，但正是提倡計劃的社會主義宣傳，才在具有自由主義思想的人們中重整了反對競爭的聲勢，才有效地平息了任何要消滅競爭的企圖時常常引起的健全的懷疑。[2] 實際上使左、右翼社會主義聯合起來的東西，就是對競爭的共同敵視，以及用一種管理經濟來代替它的共同希望。雖然一般仍用"資本主義""社會主義"這兩個名詞來說明過去的和將來的社會形態，但這些名詞隱蔽了、而不是闡明了我們正在經歷着的過渡的性質。

　　不過，雖則我們正在觀察的所有這些變化，趨向於對經濟活動進行廣泛的集中的管理，但是普遍性的反對競爭的鬥爭，勢將首先產生某種從各方面看來甚至是更壞的東西，一種既不能滿足計劃者也不能滿足自由主義者的狀況：即一種工團主義的或"法團的"產業組織，其中競爭多少是被抑制了，但計劃的工作則委之於各個產業中的獨立壟斷者之手。這是一種局面 ── 人

2　　的確，近來某些學術界的社會主義者，在批評的推動之下，並為集中計劃的社會中自由將被消滅的這種恐懼所鼓動，想出一種新的所謂"競爭性的社會主義"，他們希望借此可以避免由集中計劃所引起的困難和危險，並把廢除私有財產和充分保留個人自由兩者結合起來。雖然在某些學術雜誌上對這種新的社會主義進行過某些討論，但它似乎不會得到實際政治家的重視。如果真的得到重視，則也不難證明（如著者在別處所嘗試的那樣，見《經濟學》雜誌，1940 年）這些計劃是建立在一種幻想上，並有着內在的矛盾。控制所有生產資源而不同時決定這些資源將為誰和由誰來使用，那是不可想像的。雖然在這種所謂"競爭性社會主義"下，中央當局的計劃將採取某種較為迂迴的形式，但它的結果不會有甚麼根本性的不同，而競爭的因素只不過是一種欺騙而已。

們因憎恨競爭而聯合起來，但對別的東西並沒有甚麼一致的意見
—— 的不可避免的首先出現的結果。在一個接一個的產業中破
壞了競爭，這種政策使消費者只有聽任那些組織得很好的產業中
資本家和工人的聯合壟斷行動的擺佈。不過，雖則這種情況早已
在廣闊的領域裏存在了一個時期，並且雖則許多頭腦混亂的（以
及大多數有利害關係的）宣揚計劃的人也希望達到這種情況，它
究竟不是一種易於持久和能夠在理性上認為正當的情況。事實
上，產業壟斷組織的這種獨立計劃，將會產生和提倡計劃的人所
要達到的相反的結果。一旦到了這種階段，除了回復到競爭以
外，唯一的途徑是由國家來控制壟斷 —— 這種控制，如果要使它
見效，必須變得越來越完整越詳細。我們正在迅速接近的正是這
樣的一個階段。在戰爭爆發以前不久，有一家週刊曾經指出，有
許多跡象說明至少英國的領袖們是越來越習慣於用受控制的壟斷
組織去進行全國的發展的想法，這也許是對當時存在的形勢的正
確估計。從那個時期以來，這個過程因戰爭而大大加速了，並且
隨着時間的進展，它的嚴重的缺點和危險將會越來越趨於明顯。

　　經濟活動的完全集中的管理這一觀念，仍然使大多數人感
到膽寒，這不僅是由於這項任務存在着極大困難，而更多地是由
於每一件事都要由一個唯一中心來加以指導的觀念所引起的恐
懼。但是，如果我們是在迅速地向這種狀態前進，那主要是因為
大多數人仍然相信：一定有可能在"完全的"的競爭和集中管理
之間找到某種中間道路。誠然，初看起來，似乎沒有比這種觀念
—— 即認為我們的目標，必須既不是像自由競爭那樣的極端分
散，也不是完全集中於一個唯一的計劃，而是這兩種方法的適當

結合 —— 更使人覺得似乎有理或更容易打動明理的人們了。但是在這方面僅憑常識來指導是要壞事的。雖然競爭制度可以容許摻入一定程度的管理，但是它不能和計劃結合到任何我們喜歡的程度而仍能不失其作為生產的可靠指南的作用。"計劃"也不是這樣一種藥劑，只要施以小量即可產生在其徹底應用時可望產生的那些結果。競爭和集中管理二者如果是不完全的，都將成為拙劣的和無效率的工具，它們是用來解決同一問題的只能任擇其一的原則，把兩者混合起來就意味着哪一個也不能真正起作用，其結果反比始終只憑藉二者之一的情況還要糟些。或者換一種說法：計劃與競爭只有在為競爭而計劃而不是運用計劃反對競爭的時候，才能夠結合起來。

　　對於本書中的論證來說，最重要的是，讀者要記着：我們一切批判所針對的計劃只是指那種反對競爭的計劃 —— 用以代替競爭的計劃。這一點之所以更為重要，是因為在本書範圍內，不能討論那種用來使競爭盡可能有效和有益的非常必要的計劃。但是由於在流行的用法上，"計劃"幾乎變成前一種計劃的同義語，因此為了簡便的原故，有時不可避免地在提到它時，便簡單地叫做計劃 —— 縱使這樣做意味着留給反對我們的人一個非常好的字眼，而這個字眼理應獲得更好的命運。

第四章　計劃的"不可避免性"

是我們首先主張，文明所採取的形態愈複雜，個人自由就一定會變得愈受限制。

—— 墨索里尼

很少計劃者甘願說，集中計劃是他們所心甘情願的。這是一個富於啟發性的事實。他們中的大多數人聲稱：我們只是由於我們所不能控制的環境的逼迫，才不得不用計劃代替競爭。人們深思熟慮地提出了這種神話：我們正在從事的新事業不是出於自願，而是因為競爭被技術變化自然地消除了，對於這種技術變化，我們既不能使其倒轉，也不應該希望加以阻遏。這個論點還沒有經過多少闡發，它是從這一個作者傳到另一個作者的一種主張，僅僅由於多次重述，它變成了公認的事實為大家接受。但是這種論點缺乏根據。趨向壟斷和計劃的趨勢，並不是任何不能控制的"客觀事實"引起的結果，而是一種看法的產物，這種看法的醞釀和傳佈已有半個世紀之久，直到它成為支配我們一切政策的因素。

　　用來證明計劃的不可避免性的各種論據中，最常聽到的一種説法，是技術的改變已經在愈來愈多的部門中使競爭成為不可能，而對我們來説，唯一的選擇是由私人壟斷組織控制生產還是由政府管理生產。這種信念主要來自馬克思主義關於“產業集中化”的原理，雖則和其他許多馬克思主義觀點一樣，各界人士都在經過幾次的轉手之後接受了它，而不知其源出何處。

　　過去五十年中，壟斷組織不斷發展，競爭所能支配的範圍則越來越受限制，這個歷史事實自然是無可爭辯的，雖則這種現象所波及的廣度常被大大地誇張了 [1]。重要的問題是，這一發展是技術進步的必然結果呢，還只是大多數國家所採取的政策的結果呢？我們不久就會看到：實際歷史強有力地使人想到這項發展是屬於後一種情況。不過我們必須首先來考慮一下，究竟在多大程度上現代技術的發展促使廣大領域內壟斷組織的成長成為不可避免的事。

　　人們所説的壟斷發展的技術原因，是指由於現代大規模生產的效率較大而引起的大企業對於小企業的優越性。他們認為，現代生產方法在大多數產業裏創造了一些條件，使這些產業中的大工廠能夠以遞減的單位成本增加生產，其結果，大企業到處以低價擠垮和排斥掉小企業；這個過程必定繼續進行，直到每一個產業中只留下一個或至多不過幾個巨型企業為止。這個説法只是孤立地看待有時隨着技術進步而產生的一種影響；而無視相反方

1　對這些問題的較充分的討論，參看羅賓斯教授（Prof. Lionel Robbins）的論文《壟斷的不可避免性》（“The Inevitability of Monopoly”），見《階級衝突的經濟基礎》（*The Economic Basis of Class Conflict*）1939 年版，第 45 – 80 頁。

向起作用的其他影響；它也很難從對事實的認真研究的結果中得
到證明。我們不能在這裏詳細討論這個問題，而只好把現有的最
好的證明接受下來就滿足了。近年來對實際事實進行的最廣泛而
縝密的研究，就是臨時全國經濟委員會對"經濟權力的集中問題"
的研究。這個委員會的最後報告書（它肯定地不能被指責為具有
過分自由主義的偏向）得出的結論是，這種觀點，即認為大規模
生產效率較大是使競爭消失的原因，"從現有的任何證明材料中
都很難得到支持"[2]。為該委員會準備的關於這個問題的詳細的專
門論文，用下面一段話概括了對這一問題的解答：

> "大企業的高效率並未得到證明。被認為是破壞競爭
> 的那種有利條件，在許多領域內並沒有顯示出來。大規
> 模的經濟，在它們存在的地方也並不一定產生壟斷……
> 對效率來說最合適的一種或幾種規模，可能大部分供給
> 量受這種控制的支配以前好久就達到了。大規模生產的
> 有利條件必定不可避免地導致競爭的消減這個結論是不
> 能接受的。並且，應當注意，壟斷的形成，常常是規模
> 大成本低以外的種種因素的結果。它通過互相串通的協
> 定而形成並為公開的政策所促進。當這些協定失效和當

2　《臨時全國委員會的最後報告和建議》（*Final Report & Recommendations of the Temporary National Economic Committee*）（77 屆國會第一次會議：參議院文獻第 35 號［1941年］），第 89 頁。

這些政策扭轉過來時，競爭的條件是能夠恢復的。"[3]

　　對英國情況進行一次調查將會得出非常近似的結果。任何一個曾經注意過壟斷者如何熱心地經常尋求並常常獲得國家權力的援助使他們的控制生效的人，絕不會懷疑這種發展是沒有甚麼不可避免的。

　　競爭的沒落和壟斷的興起在各國出現的歷史順序，有力地證明了這個結論。如果這些現象是技術發展的結果或"資本主義"演化的必然產物的話，我們理應預期它們會在那些具有最先進的經濟制度的國家裏首先出現。事實上，在十九世紀的最後三分之一的年代裏，它們卻首先出現在當時還是比較年輕的工業國家——美國和德國。特別是在被視為代表資本主義的必經的演進過程的典型國家德國，自從 1878 年以來，卡特爾和辛迪加的發展，受到周密的政策的有系統的扶植。政府不僅使用了保護手段，而且用直接誘導最後並使用強制的方法，推動管制價格和銷售的壟斷組織的產生。在這裏，在政府的幫助下，對"科學的計劃"、"工業的自覺的組織"的首次偉大的實驗，導致了巨型壟斷組織的產生。這些發展在英國出現同樣情況以前 50 年的時候，已被認為是不可避免的。主要是由於德國的概括該國經驗的社會主義理論家，特別是桑巴特的影響，競爭制度不可避免地會發展為"壟斷資本主義"的理論才廣泛地為人們所接受。在美國，一種高度的

3　　威耳科克斯（C. Wilcox）:《美國工業中之競爭與壟斷》（Competition & Monopoly in American Industry）臨時全國經濟委員會專門論文，第 21 號（1940 年）第 314 頁。[編審按：出版年份應是 1941 年。]

保護性政策才使某種類似的發展成為可能，這似乎證實了這個概括的結論。但是德國的發展比美國的發展更多地被視為一種普遍趨勢的代表；引用一篇近來廣泛地被人們閱讀的政治論文中的一句話來說，"在德國，現代文明中一切社會的和政治的力量，已經達到了它們的最先進的形態。"[4] 已成為司空見慣的事了。

　　所有這一切的不可避免性何其少，而為深思熟慮的政策的結果又何其多，當我們考慮到英國在 1931 年以前的情勢以及從該年起英國也實行了普遍保護政策以後的發展情況時，就會明白。除了少數已在較早時期獲得保護的工業以外，這只不過是十多年以來的事，英國工業就整個來說，也許和它歷史上任何時期一樣是競爭性的。雖然在二十世紀二十年代由於在工資和貨幣方面所採取的不相容的政策使英國工業受到了嚴重的損害，但是至少 1929 年以前的各年，從就業和一般經濟活動方面來看，還是比 1930 年以後各年的情況好。只是在過渡到保護政策並隨之而使英國經濟政策普遍改變之後，壟斷組織的增長才以驚人的速度進行，並使英國工業變化到一種大家還幾乎不了解的程度。說這種發展和這一時期中的技術發展有任何關聯，說在十九世紀八十年代和九十年代曾在德國起過作用的技術上的必然性現在又在二十世紀三十年代的英國出現，這種說法的荒謬程度，並不多讓於墨索里尼下面的說話裏暗含的這種主張，即他認為，意大利必須先於其他歐洲民族廢除個人自由，因為意大利的文明比其他國

4　內布爾（Reinhold Neibuhr）:《道德的人和不道德的社會》(*Moral man & Imnroral Society*)，1932 年版。

家先進得多！

就英國而論，認為看法和政策的改變僅僅是實際情況的無情的改變的結果，看來有一定道理，因為英國總是遠遠地跟隨着其他國家的思想發展。因此，可以這樣認為，儘管公眾輿論仍然擁護競爭，但是外部的事件使他們的希望落空，因而工業的壟斷組織仍不斷成長。但是，當我們一考察這種發展的典型即德國的情況時，理論和實際的真正關係就變得更清楚了。在德國，遏制競爭是一項深謀遠慮的方針大計，它是為了實現我們現在叫做計劃的那種理想而採取的，這是沒有疑問的。在繼續走向完全有計劃的社會的進程中，德國人以及一切模仿他們的榜樣的人們，只不過是遵循十九世紀思想家們，特別是德國的思想家，為他們設計出來的方針而已。其實，過去六十年代或八十年代的思想發展史就是一個最好的例證，說明這個真理：在社會演進中，沒有甚麼東西是不可避免的，使它成為不可避免的是思想。

認為現代技術進展使計劃成為不可避免的這一主張，也能用另一種不同的方法來加以解釋。它可能是指我們現代工業文明的複雜性產生了一些新的問題，除了集中的計劃以外，我們不能希望有效地加以處理。在一定的意義上這是對的 —— 但在他們所主張的那種廣泛的意義上則不然。例如，大家知道，現代都市所產生的許多問題，像由於空間密切相鄰而產生的許多其他問題一樣，並沒有通過競爭而得到適當的解決。但是在把現代文明的複雜性作為要求集中計劃的論點的那些人的心目中，最重要的並不是像 "公用事業" 等這些問題。他們通常提出的是，由於對整個經濟過程獲得條理分明的了解有越來越多的困難，如果要不使社會生活因混亂而解體的話，就有必要用某種集中的機構來對事物進行調節。

這種論點完全是從一種對競爭作用的誤解上產生的。使競爭成為適當的實現這種調節的唯一方法的，正是在現代條件下勞動分工的這種複雜性，而絕不是競爭只適用於比較簡單的條件。如果條件是如此簡單，以致只要一個或一個機關就足以有效地觀察到所有有關事實的話，那麼要實行有效的控制或計劃就根本不會有甚麼困難。只有在必需考慮的因素如此複雜、以致不可能對此得到一個概括的印象的時候，才使分散權力成為不可避免。但是，一旦分權成為必要，協調的問題就發生了──這種協調就是讓各個企業單位調節自己的活動去適應只有他們才能夠知道的事實，進而促成他們各自計劃的相互調整。由於沒有一個人能夠有意識地權衡所有必須顧及的因素，它們關係到如此眾多的個人的決定，因而使分權成為必要，很顯然，要完成這種協調，不是通過"有意識的控制"，而只有通過具體安排，向每個企業單位傳佈它必須獲悉的消息，以便使他能夠有效的調整自己的決定以適應其他的人的決定。並且因為經常影響着各種商品供求條件的變化的細節，決不可能由任何一個中心對它加以充分了解，或很快地把它收集起來和傳播出去，這時候需要的是某種記錄工具，自然地記錄所有的個人活動的有關結果，於是它所表現的徵象便同時既是一切個人決定的結果，又是一個個人決定的指南。

在競爭制度下，物價體系所提供的正是這種記錄，而且這種任務沒有任何其他東西可望完成。物價體系使企業家只要像工程師注視少數儀表的指針那樣，注視比較少數的價格變動，就可調整他們的活動以適應他們同行的行動。此處的重要之點在於：只有在競爭普遍發生時，也就是説只有在個別生產者必得調整自己的活動以適應於價格的變化但並不能控制價格變化時，價格體系才能完成這種職能。整體越複雜，我們就越得憑藉知識在個人之間的分散，這些人的各別行動，是由我們叫做價格體系的那種用以傳播有關消息的非個人機制來加以協調的。

可以毫不誇張的説，如果我們曾經必須憑藉有意識的集中計劃以發展我們的工業體系的話，我們就絕不會達到它現在所達到的這樣高度的多樣性、複雜性和靈活性。和分權加上自動調節這種解決經濟問題的方法相比，集中管理這種方法便更顯得是令人難以置信的笨拙、原始和範圍狹小的方法。分工之所以能達到使現代文明成為可能的程度，是由於這樣一個事實，就是它並不是被有意識地創造出來的，而是人們無意中摸索到的一種方法，它使分工能夠遠遠超過計劃所能達到的限度。因之，它的複雜性的任何進一步的增長，並沒有使集中管理成為更加必要，而是使我們應當使用一種並不倚靠有意識的控制的技術這一點比以往更顯得重要。

還有另一個把壟斷組織的發展和技術進步聯繫起來的理論，它所使用的論據幾乎正好和我們適才討論過的相反。雖則這種理論不常被清楚地説明，但它也具有相當的影響。它認為並不是現代技術破壞了競爭，而是正相反，除非給與保護使它免受競爭的影響，就是説除非給予壟斷權，否則便不可能利用許多新的技術的潛力。這樣的論證不一定像有些有鑒別力的讀者可能猜疑的那樣，是欺騙人的論證，因為明顯的答辯——即如果一項用以滿足我們需要的新技術確是比較好的話，它就應該能夠經得起一切競爭 —— 並不能抹煞這個論證所涉及的一切事例。無疑地在許多情況下，這種論證僅僅被有關方面用作一種辯護的形式。甚至更為常見的是，它也許是基於一種混淆 —— 即從狹隘的工程觀點看的技術上的優越性和從整個社會觀點看的值得想望性兩者之間的混淆。

但是在某一類情況下，這種論證有某些說服力。例如，至少我們可以想像，如果我們能夠使每一個在英國的人使用同一種汽車的話，英國的汽車工業也許可能供應一種比美國常見的更便宜和更好的汽車；或者如果能夠使每一個人都僅僅用電而不用煤和煤氣的話，就能令使用各種用途的電比使用煤或煤氣便宜。在像這樣的事例中，至少是有可能這樣：如果我們有這種選擇的話，我們大家都有可能更富裕些，並寧願選擇這種新的處境。但是從來沒有人具有這種選擇自由，因為可供選擇的途徑是：或者我們都使用同一種便宜的汽車（或者所有的人都只使用電），或者我們必得在價格都很高的許多東西中進行選擇。我不知道這在上述兩種事例中是否真確，但是我們必須承認：通過強制的標準化或者禁止超出某種程度的多樣性，在某些領域中供應充裕的程度可能會增加到足以補償對消費者的選擇的限制而有餘。甚至可以想像得到，將來總有一天會有一項新的發明出現，如果採用它的話，毫無疑問是有利的，但只有在使許多人或所有的人都同時利用它的情況下才能夠採用。

不管這些例子是否具有任何重大的或長遠的重要性，但肯定地說它們並不足以成為可以合理地主張技術進步使集中管理成為不可避免的例證。這些事例僅僅説明，有必要在下列兩者之間有所選擇，通過強制方法獲得一種特殊利益，或者是無法獲得這種利益——或者，在大多數情況下，是遲一點得到，等到技術的進一步發展克服了特殊的困難時。誠然在這種情況下，我們也許不得不犧牲可能的當前利益作為我們自由的代價，但在另一方面，我們避免了使將來的發展必得依靠某些人現在具有的知識這種必要性。犧牲這種可能的現時利益，我們保存了推動進一步進展的重要刺激力。雖然在短期內我們為多樣化和選擇的自由所必需付出的代價有時可能是很高的，但在長期內即使是物質福利的進展也將有賴於這種多樣性，因為我們不能預見從那些可以提供商品或勞務的許多形態中，究竟哪一種可能發展出較好的東西來。自然，不能推定，為了保存自由而犧牲眼前的物質福利上的某些增加，在所有情況下，都會這樣地得到報償。但是為自由而辯護的理由，正是我們應該替難以預見的自由發展保留餘地。因此，根據我們現在的了解，當強制似乎只會帶來利益，並且即使在某一特定情況下它實際上可能並無害處時，這種論證也同樣適用。

在目前許多關於技術進步的影響的討論中，把這種進步當成好像是某種我們身外的、能夠迫使我們非按一種特殊的方法使用這種新知識不可的東西。發明給了我們巨大的力量，這誠然是對的，但如認為我們必需使用這種力量來破壞我們最寶貴的遺產——即自由，那就是荒謬的了。不過，它的確意味着，如果我們希望保全自由，我們就必須比任何時候都更為珍惜地保衛它，並且我們必須準備為它作出犧牲。雖然在現代技術發展中並沒有甚麼東西迫使我們趨向全面的經濟計劃，但其中確有很多因素，使計劃當局將會擁有的權力具有無窮的更大的危險性。

毫無疑問，趨向計劃的運動是一種刻意的行動的結果，並且沒有甚麼外在的必然性迫使我們非走向計劃不可。但是值得研究一下的是，為甚麼這麼多的技術專門家竟會居於計劃者的前列。這個現象的闡釋，是和計劃者的批評家們應當經常牢記在心的一個重要事實有密切關聯的。這個重要事實就是，如果我們使那些專門家的技術理想成為人類的唯一目標的話，則幾乎每一個理想都能夠在比較短的時間內實現，這是沒有問題的。我們都同意，既有可能又非常適意的好事是多得無比的，但是在我們的一生中只能希望完成其中很少一部分，或者我們只能希望很不充分地去完成它們。正是由於這些專門家在自己領域之內的雄心受到阻礙，才使得他們反抗現存的秩序。眼看着那些人人都會認為是既有需要又有可能的事情無法完成我們大家都覺得無法忍受。至於這些事並不能同時都做，和要完成這一件事就得犧牲其他的事，這些只有在考慮到屬於任何專門業務範圍之外的因素時才能看到。這一點只有通過艱苦的思想上的努力才能體會得到 —— 這思想上的努力所以格外艱苦是因為我們必須面對着更廣闊的背景去了解我們大部分勞動所指向的目標，並且必須把它們和在我們眼前利益範圍之外因而我們不怎麼關心的那些目標相權衡。

孤立地看，許多事情的每一件，都可能在一個有計劃的社會中完成，這個事實使許多人熱中於計劃，他們相信能夠把他們對某一特定目標的價值的感觀灌輸到這個社會的指揮者的心裏去；而他們當中的某些人的希望無疑是能夠得到滿足的，因為一個有計劃的社會肯定地會比現在的情形更能促成某些目標。我們所了解的有計劃的或半計劃的社會確實提供了恰好的例證，說明這些國家的人民所享有的那些好事完全是由計劃產生出來的。否認這種情況是不智的。德國和意大利的那些壯麗的公路是常常被引用的例子 —— 雖然它們並不能代表一種在自由主義社會裏不是同樣可能的計劃。但是引用這種某一方面技術上的高超的事例來證明計劃的普遍優越性也同樣是不智的。這樣説也許更為正確：這種和一般條件不相適應的非凡的技術上的卓越成就，是資源被誤用的證明。任何曾在有名的德國公路上驅車而過，發現路上的運輸量比較英國次等的公路還要少的人，他們不會懷疑，就和平的目的而論，它們是沒有甚麼合理根據的。至於這是否屬於這樣一種情況，即計劃者決定以"大炮"代替"牛油"的情況，則是另一問題 [5]。不過，以我們的標準來衡量，實在沒有甚麼熱中於此的理由。

專家們幻想在一個有計劃的社會中，他所最關心的目標將會受到更多的注意，有這種幻想的並不限於專家們。在我們所偏愛和關心的事情中，在某種程度上我們都是專家。我們都認為我們個人排列各種價值的順序不僅是個人的排列順序，而是在有理性的人們的自由討論中，我們會使別人相信我們的順序是正確的。喜歡鄉村田舍的人，他最希望的就是應當保存它的傳統的風貌，工業在它的美麗面貌上已經造成的污點則應當予以清除；正

5　但是當我校訂此書時，消息傳來，德國公路的養護工作已經停止了！

如熱心於衛生的人，希望所有風景如畫的但不衛生的古老茅屋都要去除一樣；或者驅車遊覽的人之希望全國都有縱橫交錯的公路，迷信效率的人之希望最大可能的專業化和機械化，不亞於理想家為了發展個性而希望盡可能保存獨立的手藝人。所有的人都知道他們的目的只有通過計劃才能充分實現 —— 並且他們都是為了那個理由而希望訂計劃。不過，採用他們所叫嚷強求的社會計劃，當然只能把他們的目標之間的潛伏的衝突暴露出來。

倡導計劃的運動現在之所以強而有力，主要是由於這一事實：雖則計劃現在主要還是一種雄心，但它卻結合了幾乎所有鑽牛角尖的理想家和獻身於一種單一任務的男女。可是，他們寄託於計劃的希望並不是對社會的全面觀察的結果，而是一種非常有局限性的觀察的結果，並且常常是大大誇張了他們所最重視的目標的結果。這倒並不是低估像我們這樣的自由社會裏的這種類型的人的重大的實際價值。相反的這種價值使他們成為合理的崇敬的主體。但是這些最渴望對社會進行計劃的人們，如果允許他們這樣做的話，將使他們成為最危險的人 —— 和最不能容忍別人的計劃的人。從神聖的並且一心一意的理想家到狂熱者往往只不過一步之差。雖然失望的專門家的憤激強有力地推動了對計劃的要求，但如果讓世界上每一方面最有名的專門家毫無阻礙地去實現他們的理想的話，那將再沒有比這個更難忍和更不合理的世界了。"協調"工作也不能像某些計劃者所想像的那樣可以成為一項新的專門業務。經濟學家最會自命是具有協調者所需的知識的人。他要求的是一種既能實現這種調節而又並不需要一個無所不知的獨裁者的方法。但這就意味着要把某些加在個人行動上的但

為一切專門家所憤慨的非個人的而且往往是不明所以的限制保留
下來。

第五章　計劃與民主主義

　　試圖去指導私人應當如何運用其資本的政治家，不僅是自己在瞎操心，而且是在僭取一種不能安全地託付給任何樞密院和參議院的權力，把這種權力放在一個愚蠢和專斷到幻想自己是適於操持這種權力的人之手，是最危險不過的。

　　　　　　　　　　　　　　　　　　　　—— 亞當・斯密

　　一切集體主義制度的共同特點，可以用各派社會主義者常常愛用的詞句來說明，即為了一個明確的社會目標而對社會的勞動者加以刻意的組織。認為我們目前的社會缺乏這種"有意識"的指導使其趨向某個單一的目標，並且它的活動受着許多不負責任的個人的怪念頭和幻想的指導，一向就是目前社會的社會主義批評家們的主要指責之一。

　　這就從許多方面使基本爭論點擺得很清楚，並且立刻就把我們引到個人自由和集體主義之間發生衝突的關鍵之處。各式各樣的集體主義，如共產主義、法西斯主義等等相互之間的差異，在於它們企圖引導社會的努力所要達到的目標在性質上有所不同。而它們與自由主義和個人主義的不同之處，則在於它們都希望組織整個社會和所有資源，以求達到一個單一的目標，而不承認那種個人目標高於一切的自主的活動領域。總之，他們是極權主義者，這個新詞的真正意義上的極權主義者；我們採用這個新詞是為了說明在理論上我們叫做集體主義的那些雖則是不期然發生的，但卻是不可分的種種表現。

把社會組織起來所要達到的"社會目標"或"共同目的"常常被含糊不清的叫做"共同幸福""全體福利"或"全體利益"。不必經過多少思索就可以看出，這些詞句並不具備充分明確的涵義足以決定特殊的行動方針。千百萬人的福利和幸福，並不能憑一支說明多寡的唯一的標尺去衡量它們。一個民族的福利，和一個個人的幸福一樣，決定於許多事物，這些事物的供應可能出之以無數不同的組合。它不能適當地表示為一個單一的目標，而只能表示為各種等級的一系列目標，一種每個人的每種需要都在其中佔一定地位的、全面的價值尺度。認為可以根據單一的目標去指導我們的一切活動，就等於預先假定我們的每一個需要都在一種價值的序列中佔着一個等級，這種價值序列必須十分完整，足以使計劃者在必須加以選擇的各種不同的方針中有可能作出決定。簡單說來，它假定存在着一種完整的道德規條，在這種法規中所有各種人類的價值標準都被安置在適當的地位上。

一個完整的道德規條這個概念是一個生疏的概念，需要運用某種想像才能了解其含意。我們不大習慣於把道德規條想像為或多或少是完整的東西。我們經常在各種價值之間有所選擇而用不着有規定我們應當如何選擇的社會規條，這一事實並不使我們感到奇怪，也並不意味着我們的道德規條是不完整的。在我們的社會中，既沒有必要也沒有理由使人們要在這種情況下，對應當做甚麼這一點形成共同的觀點。但是，當所有供人使用的手段都是社會的財產，並且是根據一個單一的計劃以社會的名義被使用的時候，一切的決定就得由關於應當做甚麼的一種"社會的"觀點來指導。在這樣一個世界裏，我們會立即發現，我們的道德規條是充滿了缺陷的。

我們此處且不考慮是否宜於有這樣一種完整的道德規條的問題。這裏只須指出一點，即直到現在為止，隨着文化的發展，個人行動受一成不變的成規束縛的範圍，是在不斷地縮小。我們共同的道德規條中所包含的成規為數已越來越少，且越來越具有普通的性質。原始人幾乎在每一件日常活動中都受一種繁縟的儀式的束縛，受無數禁忌的限制，幾乎想像不到可按與眾不同的方法做事。從原始人類以後，道德已經越來越陷於成為只是限制個人自由行動範圍的界限。採用一種共同的道德規條，其廣泛的程度足以決定一種單一的經濟計劃，將意味着和這種趨勢背道而馳。

對我們來說，根本之點就是這種完整的道德規條並不存在。試圖按照一個單一計劃來指導一切經濟活動，將會引起無數問題，對於這些問題只有通過一種道德法則才能提供解答，而現存的道德觀念對此卻不能提供答案，對於應當做甚麼也沒有一致的看法。由於在我們所生活的自由社會中沒有必要想到這些問題，更沒有必要去對它們形成共同的意見，因此，人們對於這些問題，要就是沒有明確的看法，要就是看法互相矛盾。

我們不僅沒有這種無所不包的價值的尺度，而且任何人都沒有那種才力去了解為了取得可供利用的資源而競爭的不同的人們的沒有止境的不同需要，並且給每種需要定出一個高下。對我們的問題來說，任何一個人關心的目標是否僅只包括他自己個人的需要，或者是否包括他鄰近的甚至較遠的同伴們的需要，──也就是說，他是利己主義者或是利他主義者（用這些字的通常意義來說）──都是無關重要的。重要的是這樣一個基本事實，即任何人不可能去考察超過一定範圍以外的領域，去了解一定數目以外的需要的迫切性。不管他的關心是否以他自己的物質需要為中心，或者他是否熱情地關懷他所知道的每一個人的福利，他所能關懷的目標永遠只能是所有人們的需要中無限小的一部分。

這就是全部個人主義哲學所根據的基本事實。它並不像人們通常斷定的那樣，假定人總是利己主義的或自私自利的或應當是如此的。它僅僅從一個無可爭辯的事實出發，即由於我們想像能力的限制，我們的價值尺度所能包括的只是全社會需要的一部分，嚴格地說，由於價值尺度只能存在於個人頭腦中，因此只能有局部的價值尺度──即人們相互之間不可避免的不同的並且常常互相矛盾的那些尺度。個人主義者由此得出結論說，在限定的範圍內，應當讓個人遵循他們自己的（而不是別人的）價值和偏愛；並且在這個領域內，個人的目標體系應當高於一切，不受他人任何命令的約束。就是這種承認個人作為其目標的最後判斷者，以及對個人行動應當盡量受他自己意志的支配的這種信念，形成了個人主義立場的本質。

當然，這種看法並不排斥對於社會目標的承認，或者說得更確切些，承認個人的目標有時是匯聚一致的，因而使人們為了他們所追求的一致目標而聯合起來成為可取的事。但是這一看法把此種共同行動局限於那些個人看法符合一致的事例上。從這種觀點看來，所謂"社會目標"只不過是許多個人的相同的目標——或者說個人為了報答他們在滿足自身慾望時所得到的幫助而願意為其實現貢獻力量的那種目標。因而共同行動的範圍，就只限於人們一致同意的目標。最通常的情況是，這些共同目標不會是個人終極的目標，而是不同的人可以把它用於不同目的的手段。實際上，當共同目標對他們來說並不是一個終極目標而是一種可以用於多種多樣意圖的工具時，人們才最容易洽定共同行動。

當人們聯合起來共同致力於實現他們共同的目標時，為此而形成的組織，例如國家，就得接受他們自己的一套目標和他們自己的手段。但是這樣形成的任何組織仍然是許多組織中"一分子"，誠然，即使這種組織是國家的話，它比任何其他的組織都更具權力，但是它還是有着獨特的、有限度的領域，只是在這領域之內，它的目標才是至高無上的。這個領域的界限，則決定於個人對於特定的目標同意的程度；而他們同意採取某一行動方針的可能性，必然隨着這種行動範圍的擴大而減少。在行使國家的某些職權時，將會在人民中間得到實際上的完全一致；在行使另外一些職權時則會得到大體上多數人的同意；由此推演，一直到那種情況，即雖則每個人都可能希望國家有所行動，但對政府應當做甚麼這一點，則幾乎每個人都有不同的看法。

只有在把行動限制在存在着一致意見的範圍內的時候，我們才能依靠自願的同意來指導國家的行動。但不光是政府在沒有這種同意的範圍內施以直接控制的時候，才必須抑制個人自由。不幸的是我們不能無限制地擴大共同行動的範圍而仍讓個人在自己的範圍內自由自在。一旦政府在其中控制了一切手段的公共部分超過了對整體的一定比例，政府行動的影響就會支配整個體系。雖然政府所直接控制的僅僅是大部分可用資源的使用，但它的決策對經濟體系中其餘部分的影響是如此重大，以致它幾乎間接地控制了一切。例如，像德國早在 1928 年的實際情形那樣，中央和地方當局直接控制了一半以上國民收入的使用時（根據當時德國官方的估計是 53%），他們便幾乎直接控制了全國整個經濟生活。因而，很少有個人的目標能夠不依靠國家的行動而實現，而指導國家行動的"社會的價值尺度"實際上必定包括了一切個人的目標。

　　當民主採取一種計劃的方針，在其執行時要求比實際存在的更多的一致時，不難看出其必將產生的後果如何。人民可能已經同意採取一種指導性的經濟制度，因為他們已經確信它會產生巨大的繁榮。在導致決定的討論中，計劃的目標將被加以"共同福利"之類的名稱，這只不過是對於計劃目標缺乏真正的一致的一種掩蓋。事實上存在的只是關於將要運用的機能的一致意見。但這是一種只能用於共同目標的機能；而一旦當執行當局必得把對於一個單一計劃的要求變成一個特定計劃的時候，一切活動的明確目標的問題就會立即產生。於是將會看到，對於需要有計劃這一點有一致意見，而對計劃所服務的目標卻沒有一致的意見。人們一致認為必須有集中的計劃而並沒有一致同意的目標，其結果頗似一群人決意一起作一次旅行，但沒有一致同意他們所願去的地點，結果他們可能不得不進行一次大多數人根本不願意的旅行。計劃產生了一種情勢，使我們必得去同意許多事情，其數目遠遠超過我們平常習慣於同意的事情，而且在一個有計劃的社會中，我們並不能把集體行動只限於我們能夠同意的事情，而是必須同意每一件事情，否則任何行動都不可能。這是最有助於決定計劃制度本質的特點之一。

人民可能一致表示願意讓國會擬訂一個全面的經濟計劃，然而人民或其代表們未必就會因此能夠同意任何一個具體計劃。民主的議會沒有能力實現看來是人民的明顯的委託，不可避免的會引起對民主制度的不滿。國會漸漸被看成是無用的"空談的機關"，不能或無力執行他們被選來擔負的任務。人們越來越相信，如果要進行有效的計劃，管理權必須"與政治分家"而置於專門家 —— 常設的官員或獨立的自主的機構之手。

社會主義者是很了解這種困難的。自從韋伯夫婦開始埋怨"下院越來越無能應付它的工作"[1]以來已經快到半個世紀了。更近一些，還有拉斯基（Laski）教授作出了深文周納的論辯：

> "現行的國會機構十分不適於迅速通過大批的複雜的法律已是公認的事實。全民政府在採取經濟和關稅措施時，不通過在下院進行詳盡的辯論，而通過授權有關政府部門制定某整套法律，就已經在實質

1　韋伯夫婦（Sidney and Beatrice Webb）：《工業的民主》（*Industrial Democracy*），1897 年，第 800 頁附註。

上承認了這一點。我想，工黨政府將會把這種先例
推而廣之。它將把下院限制在它能夠順利完成的兩
個職能之內：發洩不滿和討論政府措施的一般原則。
它的法案將採取賦予有關政府部門以廣泛權力的一
般定則的形式；這種權力通過樞密院勅令的形式來
運用，而由下院在它認為需要時用不信任投票的方法
來駁回。近來道努摩爾委員會強而有力地重新肯定
了授權制定法律的必要性和價值；並且假如要使社
會化過程不致於被現行國會程序許可的阻礙議事的
方法所破壞的話，這種制度的擴充是無可避免的。"

為了把一個社會主義的政府一定不讓自己太受民主程序的
束縛這一點表達清楚，拉斯基教授在同一篇文章的末尾提出"在
一個過渡到社會主義的時期，一個工黨政府是否能夠冒着它所推
行的措施由於下一次大選的結果而被推翻的風險"這個問題，並
饒有意味地未予置答。[2]

當談到一國經濟事務的詳細管理時，弄清楚人們所公認的

2　拉斯基：《勞工與憲法》(Labour and the Constitution)，《新政治家與民族》雜誌
　　(*New Statesman and Nation*) 第 81 號 (新號) 1932 年 9 月 10 日出版，第 277 頁。
　　拉斯基在後來推究這些觀念的一本書裏 (《民主在危機中》(*Democracy in Crisis*)
　　1933 年，特別是其中第 87 頁)，更坦白地道出了他的論斷 —— 即一定不能讓議會
　　式民主政治成為實現社會主義的障礙：一個社會主義的政府將不僅"取得巨大的權
　　力"並且在這種權力下，通過法令和決議來制定法律" 並 "擱置正常的在野反對派的
　　傳統定則"，而且 "國會制政府的繼續將有賴於它〔就是工黨政府〕從保守黨得到
　　的保證，即如果工黨在選舉時失敗了，它的改革工作也不會因法令的廢除而中斷！"
　　當拉斯基教授援引道努摩爾委員會為根據時，值得回憶的是，拉斯基教授是讓委員
　　會的一個委員，並可能是該委員會報告書的起草人之一。

國會無效用的原因是很重要的。缺點既不在於個別議員也不在於國會機構本身，而在於他們所擔負的任務中所固有的矛盾。要求他們的並不是做他們所能同意的事，而是要他們對每一件事——對全國資源的全盤管理——都取得一致的意見。但是對於這樣一種任務，多數決定的制度是不適宜的。在有限的可能途徑中進行選擇時，多數是可以找到的，但如果認為對每一件事都一定會有一個多數的看法，那就是迷信了。如果積極行動的各種可能途徑為數極多時，就沒有理由認為一定會有一個多數票贊成其中的某一個途徑。立法會議中的每一個成員，可能覺得寧願選擇某一特定的管理經濟活動的計劃而勝於無計劃，但是沒有一個計劃會使大多數人覺得寧願選擇它而不願意完全沒有計劃。

一個有連貫性的計劃也不能把它分裂為幾部分而對其中某些特定問題進行投票。一個民主的議會，像討論普通議案那樣，對一個全面的經濟計劃逐條地進行表決和修正是毫無意義的。一個名副其實的經濟計劃，就必定有一個單一的概念。即使一個國會能夠一步一步地議定某種方案，到最後它也必然不會使任何人滿意。各個組成部分必須最細緻地互相調節適應的一個複雜的整體，是不可能通過各種互相衝突的意見的折衷而完成的。用這樣形式來制定一個經濟計劃，甚至比像通過民主程序來成功地計劃一次軍事戰役還更少可能。像在軍事戰略方面一樣，不可避免地要把這個任務委託給專家。

但是這兩者的差別在於，負責一個戰役的將軍被託付的是一個單一的目的，在整個的戰役進行期間，在他指揮之下的一切手段都必須只為這一個目的而使用，而對一個經濟計劃者說來，並不能託付給他一個這樣的單一目的，賦予他的手段也沒有類似的規定界限。將軍不必操心於權衡各種獨立的互相對立的目的，他只有一個高於一切的目的。但是一個經濟計劃或它的任何組成部分的目標，離開了特定計劃本身即無法確定。經濟問題的本質，是制定經濟計劃必須要在各種互相衝突或互相競爭的目標——不同的人的不同需要——之間進行選擇。但是那些目標是這樣互相衝突的，如果我們要完成某些目標就得犧牲別外一些甚麼目標，簡言之，哪些是我們必須在其間進行選擇的可能途徑，只有那些了解所有事實情況的人才能知道；也只有他們這些專家才能決定，在各種不同的目標中何者應給與優先的選擇。不可避免地他們將把他們所偏愛的尺度加諸他們為之計劃的集體。

　　這一點常常不為人清楚地認識，並常常認為任務的技術特性是委託給專家的理由。但這並不意味着只有技術的細節才委託給專家，或者甚至也不是說國會不可能了解技術細節是困難的根源。[3] 民法結構的改變，其技術性並不較少，而要弄清其全部含義的困難也不會更多；但是並沒有人認真地提議過，應該把這項立法工作委託給若干專家。實際上在這些領域內，立法工作並不超過那些可以取得真正的多數同意的一般通則之外，而在經濟活動的管理方面，需要加以調和的利害關係是如此分歧，以致在一個民主的議會中，無法達成任何真正的一致。

但是，應當承認：並不是立法權的委託本身這樣值得反對。反對委託本身等於反對徵象而不反對原因，並且因為這還可能是其他原因的必然結果，那就反而要把問題的嚴重性忽略掉。如果所委託的權力僅僅是制定一般通則的權力，那麼這種通則應當由地方當局而不由中央當局來制定，這是有充分的理由的。需要加以反對的突出現象是，委託之所以常被引用是由於有待處理的問題不能用一般通則加以規定，而只能在決定某一具體事件時相機

3　關於這一點，簡單地提到一下近年來討論這些問題的政府文獻是有好處的。十三年前，也就是在英國最終放棄經濟自由主義以前，委託立法權的過程已經進行到這樣的程度，以致覺得有必要任命一個委員來調查"維護法律至高無上的權威的可取的或必需的保障"。道努摩爾委員會在其報告書（《大法官委員會關於各部權力問題的報告》〔Report of the Lord Chancellor's Committee in Ministers' Powers〕勅令文書第 4060 號，1932 年）中，證明即使在那個時候，國會已慣於採用"成批的不加區別的委託辦法"但認為（這是在我們真正洞察了極權主義的底蘊之前！）這是不可避免的和比較無害的發展。委託本身對於自由來說不一定是一個威脅，這一點也許是對的。值得注意的是何以委託的需要竟達到這樣大的規模。這個報告書所列舉的許多原因中的第一個是這個事實，即"現在國會每年通過這樣多的法律"並且"許多細節過於帶技術性以致不適宜在國會進行討論。"但是如果情況就只如此的話，那就沒有甚麼理由不應當在國會通過一個法律之前而卻在以後才把細節解決完畢。至於如果國會不願委託其立法權的話，那麼，國會何以便不能通過輿論所要求的那種和那些立法，這在許多情況下也許是一個最最重要的理由，而這個理由在報告書中卻以短短的一句話把它坦白地道出："許多這樣的法律如此緊密地影響人民的生活，因此彈性是必需的"！如果這句話不是指託付一種任意的權力 —— 不受固定原則的限制而且根據國會的意見也不能用明確的毫不含糊的條文加以約束的那種權力，那麼，它意味着甚麼呢？

處理。在這種情況下，委託意味着賦予某些當局以法律權力，使其利用法律的力量來作出實際上是任意的決定（常常被稱為"酌情裁決"）。

把某種技術性任務託付給另一些機構，雖則是一種正常現象，還只是使一個走上計劃道路的民主制度逐漸放棄其權力的過程的第一步。這種託付的策略並不能真正消除促使提倡全面計劃的人對民主制度的無能產生那樣不耐煩的情緒的原因。把某些特種權力委託給另外一些機構，對於完成一個單一的協調的計劃來說，產生了一種新的障礙。縱然使用這種策略，一個民主國家在計劃經濟生活的每一部分方面能夠獲得成功，它仍然會遇到把這些分別開來的計劃綜合成為一個單一整體的問題。許多分開的計劃並不能構成一個有計劃的整體 —— 實際上，像計劃者應當首先承認的那樣，許許多多分開的計劃可能比沒有計劃還要糟些。但是民主的立法議會在放棄關於真正重大問題上的決定之前將會經過長期的猶豫，並且只要它是這樣的話，就會使其他任何一個人都不可能去規定全面的計劃。不過對計劃的必要性的一致看法，以及民主的議會不能產生一個計劃這件事，將引起越來越強烈的要求，希望賦予政府或某一個人以獨斷地採取行動之權。如果要有所作為的話，必須使負責當局擺脫民主程序的牽掣，這個信念是變得越來越流行了。

要求有一個經濟上的獨裁者的呼籲是計劃運動中一個特有的階段。幾年以前，研究英國的最敏銳的外國學者之一，已故的伊利·哈勒維（Elie Halevy）曾經提出："如果你為佩西勛爵（Lord Eustace Percy）、莫斯萊爵士（Sir Oswald Mosley）和克利浦斯爵士（Sir Stafford Cripps）印一張複合照片，我想你就會發現這樣一個共同的面貌——你將發現他們都會異口同聲這樣說：'我們生活在經濟混亂之中，只有在某種獨裁的領導之下，我們才能脫出這種混亂。'"[4] 從那時以來，屬於這一類的有影響的著名人物的數目，已經有了顯著的增加，就是把他們都照了進去，也不會使這張"複合照片"上的相貌發生甚麼顯著的變更。

在德國，即使在希特勒當權以前，這個運動早已前進得很遠了。重要的是要記着，在 1933 年前一些時候，實際上德國已經達到了一種不得不實行獨裁統治的階段。那時沒有人能夠懷疑，當時民主政治已經破產，真誠的民主派像白魯寧（Bruning）這一類的人也不能比斯萊徹（Schleicher）或巴本（von Papen）更能用民主的原則實行統治。希特勒已經無需要破壞民主政治，他只是利用民主政治衰亡的機會，並在這一緊急關頭獲得了許多人的支持，那些人雖然憎惡希特勒，但對他們說來，希特勒似乎是唯一的足夠堅強的能夠有所作為的人。

計劃者常常試圖使我們和這種發展相調和的論點是，只要民主政治保持其最後的控制，民主的本質是不會受到影響的。曼海姆（Karl Mannheim）這樣寫道：

"一個有計劃的社會和十九世紀社會的唯一的（原文如此）不同之處，在於越來越多的社會生活領域，最

4　《社會主義與民主議會主義的問題》（Socialism and the Problems of Democratic Parliamentarism），見《國際問題》（International Affairs）雜誌 1934 年 7 月第 13 卷第 501 頁。

後直至其每一方面和所有方面都受政府的管制。但是如果國會的最高權力能夠對政府在少數領域的管制加以相當的防範,那麼它就也能對政府在多數領域的管制加以防範……在一個民主國家,可由國會全體的權力來不受限制地加強最高權力而不排斥民主的控制。"[5]

這種信念忽視了一個重要的區別。當國會能夠給予明確的指導的時候,當國會能夠首先議定目標而僅僅把細節的解決委託給別人的時候,它當然能夠控制任務的執行。但當委託的理由是由於對目標沒有取得真正的一致,當負責計劃的機構必得在許多目標之間進行選擇,而國會甚至對這些目標之間的矛盾還不了解的時候,當充其量只能提供它一個必須全盤接受或全盤拒絕的計劃的時候,情形就完全兩樣了。批評是可能,或者也許是一定會有的;但是由於不可能有一個通過另一項計劃的多數,而遭到反對的部分又幾乎常常能被說成是整體的關鍵之處,批評因此仍歸無效。國會的辯論可以被保留下來作為一個有用的安全瓣,甚至更可以作為一個便利的媒介,以便通過它來傳播對於各種指摘的官方答覆。國會的辯論甚至可能防止罪惡昭彰的弊竇,並有效地堅決要求糾正某些缺點。但是它無法主導。充其量它將被弄成去遴選一批實際上要掌握絕對權力的人。整個制度將趨於全民投票性質的獨裁制,在這種制度中,政府的首領一次又一次地通過

5　《復興時期的人和社會》(*Man & Society in an Age of Reconstruction*),1940 年第 340 頁。[編審按:應為第 340-341 頁。]

人民投票保持他的地位，但是在他的地位上，他有一切支配的權力，使他有把握讓投票按他所希望的方向進行。

實行有意識的控制的可能性，只限於存在着真正一致的領域之內，而在有些領域之內則只能聽任事物自行發展，這是民主政治的代價。但是在一個倚靠集中計劃來發揮功能的社會中，我們不能使這種控制倚靠一個能夠取得的多數一致。結果常常必得把一個微小的少數的意志強加於人民，因為這個少數將是能夠對爭論中的問題取得一致的最大的集體。只要政府的功能，根據一種被廣泛接受的信念，局限於在大多數人中能夠通過自由討論取得一致的那些領域之內，民主的政府就能夠成功地進行工作。自由主義信條的最大優點，就是把那些有必要取得一致的問題的範圍，減少到以自由人的社會中可能存在一致的那些領域為限。現在人們常常說，民主將不會容忍"資本主義"。如果此處"資本主義"是指一個以私有財產的自由處理為基礎的競爭制度的話，那麼更加必需認識到，只有在這種制度裏民主才有可能。如果這個制度變成由集體主義信條支配的話，民主必將不可避免地自行毀滅。

我們並沒有要把民主制度當作神靈來崇拜的意思。我們這一代人可能確實是對民主談論得和想得太多，而對它所為之服務的那些價值卻談得和想得太少。把阿克頓勳爵正確地論述自由的那些話用來看待民主是不行的，他說自由"不是一個達到更高的政治目標的手段。它本身就是一個最高的政治目標。其所以需要它的理由並不是為了一個良好的公共行政，而是為了保證追求文明社會崇高目標和私人生活的安全"。民主在本質上是一種手

段，一種保障國內和平和個人自由的實用的手段。作為一種手段
它就絕不是甚麼永無隕越或千古不易的東西。我們也絕不要忘
記，在一個專制統治之下常常比在某些民主政治下有更多的文化
上和精神上的自由 —— 至少有一點是可以想見的，在一個由極
其齊整劃一的和極其教條主義的多數所支配的政府之下，民主政
府可能和最壞的獨裁制度一樣的暴虐。但是，我們的問題並不是
獨裁制必定不可避免地消滅自由，而毋寧是計劃必定導致獨裁制
度，因為獨裁制度是強迫推行各種理想的最有效的工具，並且，
如果要使大規模的集中計劃成為可能，獨裁制度本身是必不可少
的。計劃和民主之間的衝突完全起因於這一事實，即民主是對自
由的壓制的一種障礙。這種壓制是對經濟活動實行管制所必需
的。但是只要民主制度不再成為個人自由的保障，那麼在極權政
體下它也很可能以某種形式依然存在下去。一個真正的"無產階
級專政"縱使在形式上是民主的，如果它集中地實行對經濟體系
的管理，可能會和任何專制政權所曾經做的一樣完全地破壞個人
自由。

　　把民主制度看作受到了威脅的主要價值，而把注意力集中
在這方面的流行的做法，不是沒有危險的。它在很大的程度上造
成了這樣一種錯誤的和沒有根據的信念：只要權力的最後來源是
大多數人的意志，這種權力就不會是任意的。許多人從這種信念
中獲得的虛假的保證，是對我們面臨的危險普遍缺乏認識的主要
原因。沒有理由相信：只要權力是經過民主程序授與的，它就不
可能是任意的；和這相反的說法也是完全錯誤的。防止權力成為
任意的不是它的來源而是對它的限制。民主的控制可能防止權力

成為任意的,但並不是只要有民主存在就可以做到這一點。如果民主制度決定要從事一項任務、而這又必須使用一種不能根據定則加以指導的權力時,這種權力就一定會變成任意的了。

第六章　計劃與法治

近年來關於法律社會學的研究，再一次證實：形式法律的基本原則，只有在資本主義的自由競爭的局面下才能達到。根據這種原則，每一個案件的判定，都必須依據一般理性的規則來作出，這些規則要把例外的情形盡可能減少到最低限度，而又不悖於邏輯上的要求。

—— 曼海姆

最能清晰地區別一個自由國家和一個在專制政府統治下的國家的情況的，莫過於前者遵循着稱為法治的這一偉大原則。除去所有專門性特質不論，法治的意思就是指政府在一切行動中都受到事前規定並宣佈的規章的約束 —— 這種規章使得一個人有可能十分肯定地預見到當局在某一情況中會怎樣使用它的強制權力，和根據這種了解計劃它自己的個人事務[1]。雖然因為立法者以及那些受委託執行法律的人都是不可能絕對不犯錯誤的凡人，從而這個理想也永遠不可能達到盡善盡美的地步，但是基本之點是很清楚的：即留給執掌強制權力的執行機構的行動自由，應當盡可能減少。雖則每一條法律，通過變更人們可能用以追求彼等目的的手段而一定程度上限制了個人自由，但是在法治之下，卻防止了政府採取臨時或隨意的行動來阻礙個人的努力。在已知的競賽規則之內，個人可以自由追求他私人的目的和願望，肯定不會有人有計謀地利用政府權力來阻撓他的行動。

這樣，我們已經作出的區別，即創制一種永久性法律體制，在這種體制下，生產活動根據於個人的決定，與通過中央當局管理經濟活動之間的區別，實際上是法治和專制政府之間的更具普遍性的區別的一種具體現象。在第一種情況下，政府的行動不超出那些決定現有的資源得以使用的條件底固定條規的範圍，至於使用這些資源於何種目的，則聽由個人去決定。在第二種情況下，政府管理生產資料以用於一定的目的。第一種類型的條規可以預先制定，出之以一種正式條規的形式，並不針對特定人們的願望和需要。它們的用意僅在於成為人們追求各種個人目標的工具。它們的目的是（或應當是）針對很長的時間，以致不可能知

---

1 根據狄塞（A. V. Dicey）在《憲法學》（*The Law of the Constitution*）（第 8 版）一書中（第 198 頁）的經典解釋，法治 "首先是指和任意權力相反的正規法律的絕對的無上的或超越一切的權力，防止政府方面的專斷、特權甚至廣泛的酌情權。" 但主要由於狄塞的這一著作，這個名詞在英國取得了一種較狹窄的技術性的意義，這與我們當前的問題無關。法治這一概念的廣義的和古老的意義，在英國已經成為一種傳統，通常把它視為理所當然而很少加以討論，但在德國十九世紀之初關於 Rechtsstaat（法治）的性質的討論中，卻受到了最充分的探究，因為這一概念所引起的問題在那裏還是新鮮的問題。

道它們對於某些人是否比對於其他的人更有幫助些。幾乎可以把它們說成是一種生產的工具，用來幫助人們預測他們必須與之協作的另一些人的行為，而不是企求滿足某種需要。

集體主義類型的經濟計劃不可避免的要與此背道而馳。計劃當局不能約束自己只限於給無數的人們提供機會，使他們能夠隨心所欲地利用它們。它不能事先用普遍的和形式的條規約束自己以防止專斷。對於人民的實際需要，當它們發生時，計劃當局必須預為準備，然後必須在它們之間加以深思熟慮的選擇。計劃當局必須經常地決定那些僅僅根據正式的原則無法得到答案的問題，並在作出這些決定時，它必須對於不同人們的需要定出尊卑輕重的區別。當政府要決定飼養多少頭豬、行駛多少公共汽車、經營哪些煤礦或按甚麼價格出售鞋子時，這些決定不可能從正式的原則中推論出來，或者事先作出長期的規定。它們不得不取決於當時的環境，並在作出這些決定時，它常常必須對各種人和各個集團的利害逐個地予以相互權衡。最後必得由某個人的觀點來決定哪些人的利益比較重要；這些觀點也就必定成為國家法律的一部分，即政府的強制工具強加於人民的一種新的等級差別。

我們適才談到的在形式法律或公正和實質規條之間的區別是很重要的，而同時在實踐上也最難精確地加以劃分的。但是這裏所涉及的一般原理是很簡單的。這兩類規定的區別是和宣佈一個道路條例（像“公路章程”之類）與命令人民向何處去之間的區別一樣，或者更明白一些說，和設置路標與命令人民走哪一條路之間的區別一樣。形式的法律事先告訴人民在某種情況下，政府將採取何種行動，這種條規用一般的措辭加以說明而不考慮某時某地或某一特定的人。它們所針對的是一種任何人都可能遇到的典型情況，在那種情況下，這種規條將會對各式各樣個別的目的都有用處。在這種情況下，政府將按照確定的方式採取行動，或要求人民按確定方式辦事；提供關於這方面的知識，目的在於使個人可用以制定自己的計劃。因此，形式的條規僅僅是一個工具，它們對於那些尚不知其為誰的人們，對於他們決定使用它們來達到的目的，和在不能預見其詳情的環境下，可能是有用的。事實上，我們並不知道這些條規的具體效果，並不知道這些條規將會有助於哪一種目的或會幫助哪特定的人，它們只不過是被賦予了一種大體上最有可能使一切受到它們的影響的人們都能得到好處的形式，所有這一切是我們這裏所說的形式條規的最重要的標準。正因為我們事前無法知道誰會使用並在甚麼情況下使用這些條規，所以它們並不涉及在某些特定目的和某些特定的人們之間有所選擇的問題。

在對每一個東西都要加以有意識的控制的我們這個時代，如果說在某一個制度之下，我們對於政府所採措施的具體效果要比在大多數其他制度下了解得少是個優點，並且認為，某一社會控制方法是較好的方法，因為我們不知道它的真正效果，這可能看來是個悖論。但是這種考慮實際上是法治的偉大的自由主義原則的理論基礎。在我們進一步加以論證以後，這種外表上的悖於常情就會立即消失。

這個論證分兩方面：第一方面是經濟方面，在此只能簡短地說明一下。政府的行動應當只限於訂立適用於一般類型的情況的條規，聽任個人在那些以時間地點等條件為轉移的每一件事情上自由行動，因為只有與每一種情況有關的個人，才能最充分了解這種情況，並採取相適應的行動。如果要使個人在制定計劃時能夠有效地運用他們的知識，他們就必須預見可能影響到這些計劃的政府的行動。但是如果要使政府的行動能為人所預見，它就必須決定於不以具體環境為轉移的、固定的條規，那種具體環境既不能預見得到，也無法事先加以考慮，因而政府行動的特殊影響也就不能斷定。另一方面，如果政府必須指導個人行動以便達到某種特定目的，它的行動就必得根據當時全部環境來決定，因此，也就無法斷定。因此，就有一件人所共知的事實，即政府"計劃"得越多，個人要進行計劃就變得越困難。

第二個方面，即道德的或政治方面的論證，與我們現在所要討論的問題有更直接的關係。如果政府要精確地預見到其行動的影響範圍，那就意味着它可以不讓受影響的人有選擇之餘地。凡是政府能夠正確地預見其各種可能的行動對某種人的影響的地方，能夠從各種目標中加以選擇的，也是政府。如果我們要創造新的對一切人都開放的機會，要給人們提供他們能夠隨意加以利用的機會的話，其確實的結果難以預見。因此，普遍性的條規，有別於具體的命令的真正的法律，必須意在適用於不能預見其詳情的情況，因而它對某一特定目標，某一特定個人的影響事前是無法知道的。只有在這種意思上，立法者才可能說得上是不偏不倚的。所謂不偏不倚的意思，就是指它對一定的問題是沒有答案的 —— 這類問題，如果我們一定要解決的話，就只能靠拋擲一個錢看其下落時為正為反來決定。在一個每一件事都能精確預見到的社會，政府很難做每一件事而仍能保持不偏不倚。

只要政府政策對某種人的準確的影響為已知，只要政府的目的直接在於這些特定影響時，它不能不了解這些影響，因而它就不能不偏不倚。它必定有所偏袒，把它的評價強加於人民，並且，不是幫助他們朝自己的目標前進，而是為他們選擇目標。正當在制定法律的時候就預見到這些特定影響時，它就不再僅僅是一個供人民使用的工具，反而成為立法者為了他的目的而役使人民的工具。政府不再是一個旨在幫助個人充分發展其個性的實用機構，而成為一個“道德的”機構——這裏所用的“道德的”這個詞不是“不道德的”反面的那個意義，而是指這樣一種機構，它把它的一切道德問題的觀點強加於其成員之身，而不管這種觀點是道德的或非常不道德的。在這種意義上，納粹或其他任何集體主義的國家都是“道德的”，而自由主義國家則不是。

也許有人會說，所有這一切並不會引起甚麼嚴重的問題，因為在經濟計劃者所必須決定的這類問題中，他不需要也不應當受他個人的偏見的引導，而可以憑藉一般的關於公平和合理的信念。這種論點常常得到一些人的支持，這些人具有就某一工業進行計劃的經驗，他們發現要達到一個使一切有直接利害關係的人認為公平而予以接受的決定，並沒有不可克服的困難。這種經驗之所以不能說明甚麼問題，當然是由於訂計劃時，有關方面的選擇僅限於某一工業。在某一特定問題上最直接有利害關係的人，並不一定是全社會利益的最好判斷者。只消舉一個最突出的例子：當某一工業的勞資雙方協定某項限制生產的政策來剝削消費者時，通常在按照雙方以前收入的比例，或根據其他類似的原則，分配所得利益的問題上是沒有甚麼困難的。至於千百萬人所分擔的損失，則常常或被簡單地置諸度外，或被考慮得不很充分。如果我們要檢驗在解決經濟計劃工作中產生的那類問題時，公平原則是否有用，我們必須把這原則應用到所得和所失同樣看得清楚的某種問題中去才行。在這種情況下，立即可以認識到：並沒有甚麼一般性原則例如“公平”之類可以給我們提供答案。當我們必得在下列一些事情之間進行選擇——例如給護士或醫師以高工資還是為病人提供更廣泛服務，使兒童得到更多的牛奶還是使農業工人得較好的工資，或使失業者就業還是使那些在業的人得到較高的工資——的時候，為了得到答案，就需要有一個完整的評價體系，在這個體系中，每個人的每種需要都佔有一定的地位。

實際上，由於計劃工作的範圍越來越廣泛，就經常需要越來越多地參照甚麼是“公平的”或“合理的”來修訂法律條款。這就意味着，有必要越來越把具體事件的決定委諸有關裁決人或當局的裁奪。可以根據這些模糊的定則之逐漸引入立法和司法的情況，根據法律和司法中越來越增加的任意性和不確定性以及由此而引起的對它的不尊重（在這種情況下，法律和司法不能不成為政策的工具），寫一部法治衰落的歷史。很有必要在這裏再一次指出：在德國，法治衰落的這種過程，在希特勒上台以前一些時候，已經逐步在進展，一種高度的趨向於極權主義計劃的政策已經頗具規模，到希特勒手裏乃告竣工。

無疑地計劃必然要涉及對於不同的人們的具體需要予以有意識的差別對待，允許這一個人做的事情另一個人去做時就要被禁止。它必須通過法律條例來規定，某一種人可以擁有多少財富，和允許不同的人各自應當有甚麼和做甚麼。這就意味着實際上回到了出身成份論的局面，而和"進步社團運動"正好相反，這種運動用梅恩爵士（Sir Henry Maine）的有名的話來說，"到現在為止是一種從憑身份、地位改變到憑契約的運動"。其實，也許法治比憑契約支配更應當被看成是人治的真正對立物。正是法治（指形式法律的統治），也就是不存在當局指定的某些特定人物的法律上的特權，才能保障在法律面前的平等，才是專制政治的對立物。

由此而來的必然（僅在表面上看來有點荒謬的）結果是，在法律面前的形式上的平等，是和政府任何刻意的、旨在達到各種人的物質上或實際上的平等的活動相衝突並在事實上是不相容的，而且任何旨在直接達到公平分配的重大理想的政策，必定會導致法治的破壞。要為不同的人產生同樣的結果，必須給與他們以不同的待遇。給與不同的人以同樣客觀的機會並不是給與他們以同樣主觀的機會。不能否認：法治產生經濟上的不平等 —— 關於這一點唯一的解釋就是這種不平等並不是為了要用特定的方法影響特定的人們而有的。很重要而又很突出的是，社會主義者（和納粹黨人）常常反對"純粹"是形式上的公平，他們常常攻擊那種對於某些人應當擁有多少財富裕不表示態度的法律[2]，他們常常要求"法律的社會化"，攻擊司法的獨立，同時支持所有像"自由權利學派"那種破壞法治的運動。

2　因此，當國社主義的法律理論家施密特（Carl Schmitt）把"公平的國家"的國家社會主義理想和自由主義的"法治"相對立時，並不是完全錯誤的 —— 只是和形式上的公平相對立的那種公平，才必然意味着人與人之間的差別待遇。

甚至可以這樣説，要使法治生效，應當有一個常常毫無例外地適用的條例，這一點比這個條例本身更為重要。只要這種條例能夠普遍實施，至於這個條例的內容如何倒還是次要的。回到以前提到過的一個例子：究竟我們大家沿着馬路的左邊還是右邊開車是無所謂的，只要我們大家都同樣的做就行。重要的是，條例使我們能夠正確地預測別人的行動，而這就需要它應當適用於一切情況 —— 即使在某種特殊情況下，我們覺得它是不公道的也罷。

一方面是在法律面前形式上的公平和形式上的平等，另一方面是試圖實現實際上的公平和平等的各種理想，這兩者之間的衝突，也可以説明關於"特權"的概念的普遍的混淆以及因此而引起的濫用。這裏只提一下這種濫用的一個最重要的例子，即把"特權"一詞用於財產本身。例如從前有過的那種情形，地產只能由貴族階級的成員佔有，這自然是一種特權。又如在我們這個時代裏也有的一種情形，如果把某些商品的生產和出售的權利，由當局指定給某些人，這也是一種特權。但是私有財產是任何人根據同樣的法律都能夠獲得的，僅僅因為某些人在取得私有財產方面成功了，就把私有財產本身稱做一種特權，那就使"特權"這個字失去它的意義了。

特定影響之不能預見，是一個自由主義的制度的形式法律最顯著的特點，因為它能夠幫助我們澄清關於自由主義制度本質的混淆觀念，因而也是很重要的。這種觀念認為政府的無為就是自由主義的特徵。究竟政府應當或者不應當"採取行動"或"干涉"這個問題，提出了一個完全錯誤的選擇的途徑，而"放任"

一詞是對於自由主義政策所依據原則的非常模糊不清的和容易引起誤解的描述。自然，每一個政府必須有所行動，而政府的每一行動都要干涉到這樣或那樣的事。但這並非問題的關鍵。重要的問題是個人能否預見到政府的行動，並在制定其自己的計劃時，利用這種了解作為依據；其結果，政府不能控制公眾對於它的機構的利用，而個人精確地了解他將被保護到甚麼程度以免於來自別人的干涉，或者政府的立場究竟是否會阻礙個人的努力。政府的管制度量衡（或用其他方法防止舞弊和欺詐）肯定地是一種有所為，而政府的容許罷工糾察員使用暴力則是無所為。但是是在第一種情況下政府才遵守自由主義原則，而在第二種情況下，則沒有如此。同樣地，關於政府在生產方面所制定的最大多數的普遍性的和永久性的條例——例如建築管理條例或工廠法規，在特定情況下，它們也許是有智慧的或無見識的，但只要它們目的在於使成為永久性的，並且並不是用來偏袒或損害某些個人的時候，它們並不和自由主義原則發生矛盾。除開不能預見的長期影響不談，在這些情況下，也確是會有對於某些個人的短期影響，這種影響是能夠清楚地了解的。不過，對這種類型的法律來說，短期影響一般並不是（或至少不應當是）有決定作用的考慮。當這些當前的可以預見的影響比長期影響變得更為重要時，我們便接近那種區別的界線了，儘管在理論上它是清楚明白的，但在實踐上卻顯得模糊不清。

只有在自由主義時代，法治才被有意識地加以發展，並且是它的最偉大的成就之一，它不僅是自由的保障，而且也是自由在法律上的體現。正像康德所說的那樣（並且在他以前，伏爾泰也用非常相似的措辭説過），"一個人不需要服從任何人但只服從法律，那末，他就是自由的。"但作為一個朦朧的理想，它至少從羅馬時代以來已經存在，並在過去幾個世紀中，也從沒有像今天這樣受到嚴重的威脅。立法者的權力無限制這一觀念，部分地是人民主權和民主政治的結果。它又被這種信念所加強，即認為只要政府的一切行動都經過立法機關正式授權的話，法治就會保持不墜。但是這是對於法治意義的完全的誤解。法治和政府一切行動是否在法律的意義上合法這一問題無甚關係，它們可能很合法，但仍可能不符合於法治。某些人所做的事是有充分的法律上的根據的，但這並沒解答這個問題——即法律是否給他任意採取行動的權力，或是否法律明白地規定他必須如何行動。很可能，希特勒獲得了無限的權力是出之以嚴格的合於憲法的方法，因而從法律的意義來説，他的所作所為都是合法的。但是，誰會因為這種理由而就説，德國仍然盛行着法治呢？

因此，如果説，在一個有計劃的社會，法治不能保持，這並不是説，政府的行動將不是合法的，或者説，這樣一種社會就一定是沒有法律的。它只是説，政府強制權力的使用不再受事先規定的條規的限制和決定。法律能夠（並且為了集中管理經濟活動，也必須）使那種實質上是任意的行動合法化。如果法律規定某一機關或當局可以為所欲為，那末，那個機關和當局所做的任何事都是合法的——但它的行動肯定地不屬於法治的範圍。通過賦予政府以無限制的權力，可以把最專橫的統治合法化；並且一個民主制度就可以這樣建立起一種可以想像得到的最完全的專

制政治來 [3]。

但是，如果法律是要使當局能夠管理經濟生活，它就必須給當局以權力，使他們在不能預見的情況下，和按不能依照一般形式規定的原則，作出決定並予以實施。結果，當計劃擴大時，把立法權委託給各種機構和當局的事越來越變得普通了。關於上次大戰以前的一件例子（已故的海華特勛爵最近引起大家對這件案子的注意），法官達林先生說："國會只是在上年議定，農業局的所作所為，和國會本身一樣不應受到彈劾"，在那時這種情況還是罕見的。此後它幾乎成為是經常發生的事了。經常把廣泛的權力賦予新的官廳，因而它們不受既定條例的約束，並在規管人民的這種或那種活動方面，幾乎具有無限的酌情權。

因此，法治就含有限制立法範圍的意思，它把這個範圍限於公認為形式法律的這種普通法規條例，而排除那種直接針對特定的人或者使任何人為了這種差別待遇的目的而使用政府的強制權力的立法。它的意思不是指每件事都要由法律規定，而是指政府的強制權力只能夠被用在事先由法律限定的情況以內，並按照可以預先知道的方法行使。因之，特定的立法能夠破壞法治。誰要否認這一點，大概就得爭辯說：法治在今天的德國、意大利或俄

3　因此，並不是像十九世紀討論中所常常被誤解了的那樣，這種矛盾並不是自由和法律之間的矛盾。正如洛克（John Locke）所已經闡明的那樣，不可能有沒有法律的自由。這是各種不同的法律之間的矛盾──法律是如此的不同，以致不應當用同一名字稱呼它們：一種是法治的法律，即事前宣告的一般原則，"遊戲規則"──它使個人能夠預見政府的強制工具將如何使用，或預見他和他的國人在某一環境下將被允許做甚麼或不得不做甚麼。另一種法律實際上給與當局以權力，使他能做他所認為合適的事。因此，在一個企圖不根據事前宣佈的條規而根據自己的權衡去決定每一件利害衝突的民主制度中，很顯然，法治是不能維持的。

國是否佔優勢決定於獨裁者們是否已通過憲法的手段取得他們的
絕對權力。[4]

　　法治的主要應用是否像在某些國家一樣，由權利法案或憲
法條文加以規定，或原理原則是否僅僅是一種牢固的、既定的傳
統，這都關係不大。但是，有一點是很容易明白的：不管採取甚
麼形式，任何這種對公認的立法權力的限制，都暗含着承認個人
的不可讓與的權利、承認不可侵犯的人權的意思。

　　像威爾斯這樣一位主張最廣泛的集中計劃的大將居然也同
時被很多人相信寫出了熱忱地為人權辯護的著作，這是令人感到
憂傷的事，也説明我們的許多知識分子被他們所信奉的一些自相
矛盾的理想變得頭腦混亂不堪。威爾斯所希望保留的個人權利，
不可避免地會阻礙他所企求的計劃。在某種程度上他似乎理解這
種左右為難的地位，因而我們發現，他所建議的"人權宣言"的
條文中附加着許多保留條件使其兩面兼顧，結果使它失去了一
切重要性。例如，一方面他的宣言宣稱，"每個人將有權買賣任

4　立法侵犯法治的另一個例子，就是英國歷史上大家都熟悉的剝奪公權法案的案件。
　　治治在刑事法方面所採取的形式，常常表現在"法律無明文規定不得處罰"這一拉
　　丁語附句上。這條規定的實質，就是法律在它所適用的特定情況發生以前，必須作
　　為一個普遍性的規定而存在。在亨利八世時代一個有名的案件中，國會關於羅徹斯
　　特主教的廚丁一案議決説，"該羅斯（Richard Rose）應予烹死，不得援用牧師特權
　　條例免刑。"沒有人會認為這個法案是在法治之下作出的。雖則在所有自由主義國
　　家，法治已成為刑事訴訟中之緊要部分，但它在極權主義制度下是不能保持的，對
　　於這一點艾希頓（E. B. Ashton）説得好，自由主義的準則已為下述原則所代替：不
　　管法律是否有所規定，任何"罪行"都得處罰。"政府的權利尚不止於處罰破壞法律的
　　人，社會有權作出任何看來為維護其利益所必需的規定 —— 遵守法律只不過是其中
　　比較基本的要求之一。"艾希頓：《法西斯主義者及其國家與精神》（The Fascist, His
　　State and Mind，1937 年，第 119 頁 [編審按：應是第 127 頁]）。至於甚麼叫做
　　侵犯"社會的利益"，自然由當局決定。

何可以合法進行買賣之物而不受任何歧視性的限制"（這是可嘉的），可是也馬上又加上一個限制說，這只適用於買賣"這麼多的數量，並帶着這樣一種保留即以符合於公共利益為度"，因而使整個條文歸於無效。但是，由於過去強加於任何物品的買賣的一切限制，都被認為是為"公共福利"所必需，當然實際上這個條文也就不能有效地防止甚麼限制，也不能保障甚麼個人權利。

或者另舉一個根本性的條文來看；宣言說，"每一個人可以從事任何合法的職業"，並且，"他有權從事有報酬的職業，並當有許多對他開放的就業機會時有權自由選擇"。但它沒有說，究竟由誰來決定某一職業對某一個人是否"開放"，而附加的條文"他可以為自己提出就業的建議，並且要求他的請求得到公開的考慮，被接受或被拒絕"證明，威爾斯所想到的係一個權威，由他來決定一個人是否"有權"從事某一職業 —— 這肯定地意味着反對自由選擇職業。至於在一個有計劃的社會中，當不僅交通工具和通貨被控制，而且工業的所在地也是有計劃的時候，"旅行與遷徙的自由"如何能得到保證，或當紙張的供給和發行機構都為計劃當局控制的時候，"新聞自由"如何才能得到保障，對於這些問題，和任何其他計劃者一樣，威爾斯很少提供答案。

在這一方面，還有為數眾多的改革家表現得更加堅決徹底，他們自從社會主義運動開始以來，就反對個人權利這一"形而上學"的觀念，而堅決主張：在一個合理的、有秩序的社會，將會沒有個人權利而只有個人義務。其實，這已成為我們的所謂"進步派"的極為共同的態度，並且很少有甚麼事比一個人根據侵犯個人權利的理由而反對一種措施這件事，更肯定地會使他冒被指摘為反動派的危險。即使一個像《經濟學人》這樣的自由主義雜誌，幾年以前也在各國人民之中選擇了法國人作為例子，認為他們已經吸取了這樣一個教訓，就是"民主政治和獨裁制一樣，必須經常（原文如此）掌有可能的全權，這並不使它失去和代議制的本質。在個人權利之中並沒有甚麼是政府在任何情況之下所不能觸犯的。一個人民自由選擇的並且可以由反對黨充分地和公開地加以批評的政府所能夠並且應當取得的統治權力，是並沒有限度的"。

在戰爭期間，這可能是不可避免的，當然那時甚至自由的和公開的批評也必然是受到限制的。但在上面所引述的一段話中的"經常"字樣並不是說明，《經濟學人》雜誌把它看作是戰時不得已之事。然而，作為一個永久性制度，這種觀點肯定是和法治的維護不相容的，並且會直接導向極權主義的國家。但這卻是所有那些希望由政府管理經濟生活的人所必須堅持的觀點。

即使是對於個人權利和少數民族的平等權利的形式上的承認，在一個對經濟生活進行完全控制的國家，也會怎樣失去意義這一點，已為各個中歐國家的經驗所充分證明了。在那裏已經證明有可能使用一種公認的經濟政策為手段，從事一種反對國內少數民族的殘酷無情的歧視政策，而並不破壞法律上對於保障少數民族權利的規定的文字。這種利用經濟政策來實施的壓迫又由於下面這一事實而大大地得到方便：某些工業或某些活動大都操於國內一個少數民族之手，因而許多形式上是反對某一工業或某一階級的措施，事實上是以國內少數民族為目標的。不過，像"國家控制工業發展"這樣表面看來無害的原則為歧視和壓迫的政策提供的無限可能性，已經對所有那些希望看到在實踐中出現的計劃的政治後果的人們，充分地顯示出來了。

第七章　經濟管制與極權主義

對財富生產的管制，就是對人類生活本身的管制。

—— 白洛克（Hilaire Belloc）

大多數曾經認真地考慮過其任務的實踐方面的計劃者並不懷疑：一個受指導的經濟必須或多或少地遵循獨裁性的路線。那種互有關聯的活動的複雜體系，如果要對它加以有意識的管理的話，就必須由一批專家來指導，而最後的責任和權力則必須置於一個總指揮之手，他的行動必須不受民主秩序的桎梏，這是集中計劃的基本觀念的很明顯的結果，不會不博得十分普遍的同意。我們的計劃者給我們的安慰是，這種極權主義的管理"僅僅"適用於經濟事務。例如最著名的經濟計劃者之一蔡斯（Stuart Chase）向我們保證說，在一個有計劃的社會的話。這種保證往往附帶着這樣一種説法：只要放棄我們生活中屬於（或應當是）比較不重要的方面的自由，我們就會在追求更高的價值方面獲得更多的自由。因此，那些憎惡政治獨裁這一觀念的人往往吵吵嚷嚷要求有一個經濟方面的獨裁者。

　　這些論證常常能夠打動我們的心坎並往往能夠吸引才華最高的人士。如果計劃真正能夠使我們擺脫比較不重要的事物，因而使我們的生活成為臻於生活平易而思想高超的那種生活，那末，誰還會願意貶低這樣一種理想呢？如果我們的經濟活動真的僅僅是涉及生活中次要的或者甚至是比較低級的方面的話，當然我們就應當竭盡心力去找出一個途徑，使我們不必過分關心物質的目標，把它們留給某種功利的機構去照顧，使我們的心靈得以自由追求生活中的高尚事物。

　　不幸，人們從這樣一種信念，所得到的保證是完全不可靠的。這種信念認為施加於經濟生活的權力，只是施加於次要問題的一種權力，徒然使人忽視我們從事經濟活動的自由所面臨的威脅；這主要是一種錯誤的觀念所造成，即認為有一些純粹的經濟的目的，與生活的其他目的是毫無關係的。但是，除開守財奴的病案以外，純粹的經濟目的是不存在的。有理性的人都不會以經濟的目的作為他們的活動的最終目標。嚴格說來，並沒有甚麼"經濟的動機"，而只有作為我們追求其他目標的條件的經濟因素。在日常用語中被錯誤地稱為"經濟動機"的東西，只不過意味着對一般性機會的希求，就是希冀取得可以達到不能一一列舉的各種目的的權力。[1] 如果我們力求獲得金錢，那是因為金錢能提供我們享受努力的成果的最廣泛的選擇機會。因為在現代社會裏，是通過我們貨幣收入的限制，才使我們感到那種由於相對的

1　參看羅賓斯（Lionel Robbins）：《戰爭的經濟原因》（*The Economic Causes of War*）（1939 年）附錄。

貧困而仍然壓在我們身上的束縛，許多人因此憎恨作為這種束縛的象徵的貨幣。但這是把使人感到一種力量存在的手段誤認為原因了。更正確的說，錢是人們所發明的最偉大的自由工具之一。在現存社會中，只有錢才向窮人開放一個驚人的選擇範圍——這個範圍比在不很久以前向富人開放的範圍還要大。大量運用"非經濟的刺激"以代替"金錢的動機"，許多社會主義者都有這種主張，這也成了他們的一個共同特點，如果我們考慮一下這種建議的用意何在，我們就能夠對貨幣所起的作用的重要性有比較深刻的了解了。如果所有報酬，不是採取提供貨幣的形式，而是採取提供公開榮譽或特權、凌駕別人之上的有權力的位置、或較好的住宅或較好的食物、旅行或受教育的機會等形式，這只不過是意味着，接受報酬的人不再能自行選擇，而任何決定報酬的那個人，不僅決定報酬的大小，而且也決定了享用報酬的特定形式。

　　一旦我們了解到並沒有孤立的經濟動機，了解到一種經濟上的得和經濟上的失只不過是這樣一種性質的得失，它還允許我們有權決定讓我們的需要和慾望中的那些項目承受這種得失的影響，這也就使我們更容易理解那種普遍的見解的真實的重要核心，這種見解認為經濟問題只影響生活中比較次要的目的，並且還使我們更容易了解人們對於那種"單純的"經濟考慮所常持的蔑視。在一定的意義上，這在市場經濟的條件下倒是十分有根據的，——但也僅僅在這樣一種自由經濟中才如此。只要我們能夠自由地處理我們的收入和我們所有的財產，經濟上的損失永遠只能使我們失去我們所能滿足的那些慾望中我們認為最不重要的慾望。因此，一個"單純的"經濟損失就是一種我們仍能使其影響着落到我們比較次要的需要上的損失，而當我們說，我們所損失的某一事物的價值遠遠超過它的經濟價值，或者說，它甚至不能在經濟的意義上加以估量的時候，它的意思是說，如果發生這種損失的話我們必須承擔這種損失。對於經濟上的得也是如此。換言之，經濟變化往往只能影響我們的需求的邊緣或"邊際"。有許多事情遠比經濟上的得失可能影響到的事情來得重要，在我們看來，它們的重要性遠遠超過受經濟波動影響的生活上的舒適品甚至超過許多生活必需品。和它們相比，"骯髒的金錢"，我們在經濟上是否拮据一些或是否寬裕一些的問題，似乎沒有多大重要性。這就使許多人相信，像經濟計劃這類只影響我們經濟利益的任何東西，並不能嚴重地干涉到更為基本的生活的價值。

但是這是一個錯誤的結論。經濟價值對於我們之所以較之許多東西為次要，正是由於在經濟事務上，我們能夠自由決定甚麼對我們比較重要，甚麼對我們比較次要的緣故。或者我們也許可以這樣說，是由於在現在的社會中，必得去解決我們生活中的經濟問題的，乃是我們自己。在我們的經濟事項中受管制意味着永遠要受管制，除非我們宣佈我們具體的目的。或者，因為當我們宣佈我們具體的目的時，也必得使它取得認可，因而在實際上我們將在每一件事上都受到管制。

因之，經濟計劃所引起的問題，並不僅僅是我們是否會按照我們所喜歡的方法滿足我們認為是重要或次要的需要的問題，而是是否會由我們自己來決定甚麼對我們是重要的和甚麼是次要的，或是否這必須由計劃者來加以決定的問題。經濟計劃所影響到的，將不僅是當我們輕蔑地說到僅僅是經濟需要時我們心目中的那種邊際的需要。實際上它意味着，作為個人來說，我們將不再被允許去決定那種我們認為是邊際的東西。

指揮一切經濟活動的當局將不僅控制那種牽涉到次要事情的我們的那一部分生活，它將控制用於我們所有的目標的有限手段的分配。而任何控制一切經濟活動的也就控制了用於我們所有的目標的手段，因而也就必定決定那一種需要予以滿足和那一種需要不予滿足。這實際上是問題的關鍵。經濟控制不僅只控制人類生活中可以和其餘部分分割開來的那一部分，它也是對滿足我們所有目標的手段的控制。任何對手段具有唯一控制權的人，也就必定決定把它用於哪些目標、哪些價值的評價高，哪些評價低──總之，就是決定人們應當相信和應當爭取的是甚麼。集中計劃意味着經濟問題由社會解決而不由個人解決；而這就必然也要由社會，或者更確當的說，由社會的代表，來決定各種不同需要的相對重要性。

計劃者們允諾給我們的所謂經濟自由的真正意義，是指免除我們解決我們自己的經濟問題的麻煩，以及是指這種事情常常帶給我們的傷腦筋的選擇，可以由別人代勞了。由於在現代條件下，我們的每一件事幾乎都要依賴別人來提供手段，因而經濟計劃幾乎將涉及我們全部生活的各個方面。從我們的原始的需要到我們和家庭、朋友的關係，從我們工作的性質到我們空閑時間的利用，很少有生活的哪一個方面，計劃者不對之施以"有意識的

控制"的。²

即使計劃者不擬用權力來直接控制我們的消費，他們控制我們私人生活的權力也同樣是完整無缺的。雖則一個有計劃的社會將可能在某種程度上使用定量分配以及類似的措施，但計劃者控制我們私人生活的權力並不依存於這一點，並且即使消費者名義上能自由地隨意花費其收入，這也並不減少其效力。在一個有計劃的社會中，當局所掌握的對所有消費的控制權的根源，就是它對於生產的控制。

在一個競爭性的社會中，我們的選擇的自由是基於這一事實：如果某一個人拒絕滿足我們的希望，我們可以轉向另一個人。但如果我們面對一個壟斷組織時，我們將唯他之命是聽。而指揮整個經濟體系的當局，它將擁有多大的壟斷權是可以想像得到的。雖則也許我們用不着害怕這樣一個當局會跟一個私人壟斷者一樣使用它的權力，因為我們假定：它的目的大概不會在於誅求最大的財政收入，但它會有完全的權力來決定給我們些甚麼和按照甚麼條件給我們。它將不僅決定可供利用的商品和勞務是甚麼以及收量多少，而且，也將能夠決定這些商品和勞務在各個地

2　經濟控制所造成的對全部生活的控制的程度，表現得最突出的莫過於國外匯兌方面。初看起來，國家管制外匯買賣對於私人生活的影響是再小不過的，因此多數人對於這種管制都會採取漠不關心的態度。但是多數大陸國家的經驗，教育了富於思考的人們，把這一步驟看作是向極權主義道路前進的決定性的一步和對個人自由的壓制。實際上這是使個人完全屈服於國家的專制之下，是把一切後路都斷絕掉的殺手鐧——不只是對富人，而是對每一個人。一旦個人不再能自由旅行，不再能訂購外國書報雜誌，一旦一切對外聯繫的工具只限於那些為官方意見所認可的人，或者認為必要的人，則它對輿論的有效控制，將遠遠超過十七和十八世紀任何專制政府所曾經施行過的控制的程度。

區和集團之間的分配，並且，只要它願意，它也能在人們之間實行它所喜歡的任何程度的差別待遇。如果我們還記得何以計劃被最大多數人所倡導的話，對於這種權力將會被用於當局所認可的目的，並防止追求其不能同意的目的這一點，難道還有多少疑問嗎？

由於控制生產和價格而產生的權力幾乎是沒有止境的。在一個競爭性社會裏，我們對一個物品須付的價格，和一物與它物的交換比率，決定於我們取得一物而使社會其他成員失去的另外一些物品的數量如何。這個代價並不決定於任何人的自覺的意願。如果達到我們目的的某種方法證明對我們耗費過巨的話，我們可以自由地去試用另一種。我們道路上的障礙並不是由於某人不贊同我們的目的，而是由於別處也需要這一種手段。在一個受指導的經濟中，當局監視着所追求的種種目的，肯定地它會運用它的權力協助某些目的的實現，和阻止其他目的的實現。決定我們應該取得甚麼的，並不是我們自己對何者應喜愛何者不應喜愛的看法，而是旁人對這一問題的看法。並且由於當局將有權力挫敗逃避其指揮的任何努力，它將像直接告訴我們應當如何花費我們的收入那樣有效地控制我們的消費。

當局的意志，並不是僅僅按照我們作為消費者的身份，而且甚至主要不是按照這種身份，來計劃和"指揮"我們日常生活的。它甚至更多地按照我們作為生產者的地位來進行這事。我們生活中的這兩個方面不能截然分開；而且由於對我們當中的大多數來說，花在工作上的時間佔我們整個生命中的大部分，由於我們的職業通常也決定了我們生活的地點和將和哪些人在一起生活，因而選擇職業的某種自由，對我們的幸福來說，甚至也許比在閑暇時花用我們收入的自由更為重要一些。

誠然，甚至在最好的社會裏，這種自由也是很有限的。很少人曾經有過許多可供他選擇的職業機會。但是重要之點是：我們確有某種選擇；我們並不是絕對地被束縛在為我們選擇好了的或可能我們在過去已選擇好了的某一工作上；如果某一位置變得十分難處，或我們嚮往於另一工作時，能幹的人幾乎總是有路子可走的，如果他以某種犧牲為代價，他就可以達到他的目的。沒有比知道我們怎麼努力也不能使情況改變這件事，更使一個人的處境變得令人難以忍受的了；縱使我們從來沒有精神上的力量去作出必要的犧牲，但只要知道這一點，即只要我們努力奮鬥就能夠擺脫這種處境，就會使許多令人難以忍受的處境成為可以容忍的了。

這並不是說，在這一方面，我們現在的社會一切都已盡善盡美，或者，在過去的最自由的時代裏曾經達到這種地步；也不是說，在改善向人們開放的可供選擇的機會方面，沒有多少事情可做了。和別處一樣，政府在這裏可以做很多的事幫助傳播知識、消息和協助轉業。但問題在於：這種真正會增加機會的政府行動，卻幾乎正好是和目前被廣泛倡導和實行的"計劃"相反的東西。誠然，大多數計劃者承諾說，在新的有計劃的社會中，選擇職業的自由將會謹慎地予以保留，甚至還會增加。但是在這方面，他們所承諾的超過他們所能履行的。如果他們要進行計劃，他們就必須控制各種行業和職業的大門，或控制報酬條件，或者兩者都控制。幾乎在所有已知的計劃工作的例子裏，建立這種控

制或限制常常是所採取的措施中首要的措施。如果這種控制普遍
實行，並且由一個單一的計劃當局來行使的話，我們用不着思索
就可以知道他們所承諾的這種"選擇的自由"將變成甚麼。所謂
"選擇的自由"將會純粹是虛假的，僅僅是一個不實行差別待遇
的諾言，而從情況的實質來說，差別待遇是必須實行的，在那種
情況下，我們所能期望的只是當局將會根據它所承認的客觀標準
進行選拔。

　　如果計劃當局把它的行動限於規定就業條件，並通過調節
這些條件來規定就業人數的話，情況也沒有甚麼不同。通過規定
報酬，它同直接明白地不許他們參加一樣，同樣有效地阻止許多
人進入許多行業。一個相貌比較不漂亮的女郎十分希望成為一個
女售貨員，一個體弱的男孩十分嚮往於那種他的孱弱身體不許他
擔任的工作，以及一般的說那些很明顯的比較不勝任或不適合的
人，在一個競爭性的社會中，未必一定被拒之於門外；如果他們
充分重視這個位置的話，他們常常能夠用一種經濟上的犧牲來得
到一個從頭做起的機會，並在將來通過自己的長處（這在起初是
並不那樣明顯的）將勤補拙。但當當局規定了整個部類的報酬，
並用一種客觀的考試來在志願參加的人們中進行挑選時，他們參
加這種工作的願望所發生的力量就微不足道了。其條件並不是屬
於標準類型的人，其天資氣質不屬於通常類型的人，將不再能夠
和一個其性情脾氣會適合他的特殊需要的僱主達成特殊的協議；
那種喜歡不定規時間的工作，甚至喜歡隨遇而安的生活，寧願為
此得到較少的、也許是不確定的收入而不願做定規的刻板工作的
人，將不再有選擇的機會。條件將會跟在一個大企業裏一樣的沒

有例外，在一定的程度上這也是不可避免的 —— 或者還要更壞，因為在那種情況之下將沒有任何脫身之道。我們將不再能夠只是在我們認為是值得的時候和場合，根據自己的意志合理地或有效率地進行工作；計劃當局為了簡化它的工作一定會定出一套標準，我們大家必須都要遵行。為了使這項莫大的工作易於管理，就必須把多樣性的人類能力和傾向歸納為幾種很容易相互交換的單位，而且有意識地漠視次要的個人差別。

雖則公開宣佈的計劃的目標準定是，人應當不再僅僅是一個工具，而事實上 —— 由於在計劃中不可能考慮到個人的好惡 —— 個人之僅僅作為工具將比以往有過之而無不及，這是一種由當局用來為所謂"社會福利"、"社會利益"之類的抽象觀念服務的工具。

在一個競爭性的社會裏，大多數事物都能以某一代價 —— 雖然我們得付出的往往是非常高的代價 —— 得到，這一事實的重要性是很難被高估的。但是捨此以外，並非是完全的選擇自由，而是唯命是從，不越雷池一步，或者還有一條下下之策，博得權勢人物的歡心。

關於這些問題，現在流行着的混亂觀念中的突出的一點，就是居然把在競爭性的社會中每一樁事物都可以花一定的代價取得這種現象作為詆毀它的一個理由。如果那些反對使生活中較高尚的價值和"現金交易關係"相結合的人，實際上所指的是我們不應當被容許為了保存較高尚的價值而犧牲比較次要的需求，並且應當由別人為我們作選擇的話，那末，這種要求必定會被認為是頗為奇特的，而且很難證明是對個人尊嚴的高度尊重。生命與健康，美與善，榮譽與精神的安寧，往往只能以相當的物質犧牲為代價才能保存，並且還得一定有人情願選擇它們，這些都是不能否認的，正如我們大家並不是每一個人都時時刻刻有決心不惜忍受物質上的犧牲以保全這些高尚的價值，使之不受傷害。

只舉一個例子：如果我們願意承受由於廢除汽車而造成的損失（如果沒有其他辦法）的話，我們當然能夠把汽車意外事件所引起的傷亡減少到等於零。這同樣也適合於其他千萬個例子，即我們經常使我們自己和我們的同類冒犧牲生命、健康和精神上優美的價值的危險，去促進我們同時輕蔑地稱之為物質上的舒適。它也不能不是這樣，因為我們的目的都為着這同一的手段而競爭；並且，我們也只能為了這些絕對價值而奮鬥，如果這些絕對價值無論如何不能遭受危險的話。

冷酷的事實常常迫使人們進行痛苦的選擇，人們會有要求解除這種痛苦的願望是並不奇怪的。但是很少有人願意通過由別人替他們選擇來解除它。人們所希望的是這種選擇根本不應當是必需的。而他們又過於輕信這種選擇並不是真正必需的，過於輕信這僅僅是我們生活於其中的這樣一種經濟制度所強加在他們身上的。他們所憤慨的實實在在是因為在他們看來還存在着經濟問題。

人們認為確實不應再有經濟問題的這種一廂情願的想法，還因為一些不負責任的關於"潛在的豐富"的談論而變得更加牢不可拔 —— 所謂"潛在的豐富"如果竟是事實，自然將意味着沒有甚麼經濟問題使選擇成為不可避免的事。雖然這個圈套，自從社會主義出現以來即在各種名義下，為社會主義宣傳所利用，但它仍然是和百年以前首次使用它時一樣明顯的不真實。在這樣長的時間內，那些使用它的許多人中，沒有一個曾經作出一個可行的計劃，說明應如何增加生產以便消除那怕是我們認為在西歐存在的貧困現象 —— 且不說在全世界。讀者可以這樣認為：任何談論所謂"潛在的豐富"的人或是不誠實，或是不知道他所談論的是甚麼 [3]。但是這個虛妄的希望之驅使我們走向計劃的道路倒也不下於任何別的事物。

雖則這種流行的運動仍然由於這個虛妄的信念而獲得助力，但認為計劃經濟會比競爭性制度生產出更高額的產品的論調，已逐漸為研究這個問題的多數學者所放棄了。縱然是具有社會主義觀點的許多經濟學者，他們曾認真地研究了集中計劃的問題，現在也滿足於這種希望，就是一個有計劃的社會的效率將和競爭性制度相等。他們之所以倡導計劃，不再是由於它的生產力高而是由於它能使我們得到一個比較公正和平等的財富分配。這確實是能夠認真地堅持要求計劃的唯一理由。如果我們希望獲得符合於某種既定標準的財富分配，如果我們有意識地希望決定誰將會有

3　為了證明語氣這樣重的話，可以引用克拉克（Colin Clark 最聞名的青年經濟統計學者之一，一個無疑地具有進步觀點和嚴格的科學眼光的人）在他的《經濟進步的條件》（*The Conditions of Economic Progress*，1940 年）一書中所得出的下述結論："關於富裕中的貧困，關於只要我們懂得分配問題，生產問題即早已獲得解決這類常常被重複的說法，成為現代一切陳言調語中最不真實的部分⋯⋯生產能力未被充分利用只是在美國才成為一個相當重要的問題，雖則在某些年頭它在英、德、法等國也曾經有某種重要性，但是對世界上絕大多數國家來說，它是完全從屬於一個重要的事實：即使生產資源充分利用，能夠生產的也是如此之少。豐裕的年代仍然是在遙遠的將來的事情⋯⋯如果貿易循環中的可以防止的失業能夠消除，這就意味着美國人民的生活標準的顯著改善，但是從整個世界的角度來看，對於把大部分世界人口的實際收入提高到文明標準這個遠為重要的問題來說，它將只能有很小的貢獻。（見第 3 – 4 頁）。

甚麼，那末，我們就必須計劃整個經濟制度，這是無可辯駁的。這樣就又回到一個老問題上來了，就是為了實現某些人的公平理想，我們必須付出的代價，較之受到口誅筆伐的經濟力量的自由活動，是否一定不會造成更多的不滿和壓制。

對於這些疑慮，如果我們根據一種理由來安慰自己，即認為採用集中計劃只意味着經歷了一段短暫的時間，讓自由經濟當道之後，我們又回復到多少世紀以來曾經統治經濟活動的束縛和管制而已，並因此而認為對於個人自由的侵犯並不一定會超過在放任主義時代以前的程度，這是會使我們大大上當的。這是一種危險的幻想。縱使在歐洲歷史中對經濟生活的組織達到最高程度的時候，也沒有超過建立一種一般的和半永久性的管制制度的程度，在這種制度下，個人保留有寬廣的自由餘地。當時所用的控制機器也還不足以把超過一般管理以上的負擔強加於人。即使在控制最完全的地方，它也不過擴充到一個人借以參加社會分工的那些活動而已。在廣闊的領域內，當他仍賴自己產品為生時，他是可以按他之所好自由行動的。

現在的情況完全兩樣。在自由主義時代，分工的進展造成了一種局勢，使我們幾乎每一個活動都是社會過程的一部分。這種發展是我們不能夠加以扭轉的，因為僅僅是由於這種發展，我們才能夠按現在的那種標準維持大量增加了的人口。因而以集中計劃代替競爭將要求對我們生活中遠較以往所曾企圖過的為多的部分，施以集中的管理。它不能停留在我們看作是經濟活動的範圍，因為現在幾乎我們生活中的每一部分都依存於他人的經濟活動。[4] 熱衷於"集體地滿足我們的需要",我們的社會主義者曾以此而為極權主義很好地準備了道路,它要求我們在指定的時間,按規定的形式,從事娛樂和滿足必需,這自然也部分地大利用它作為一種政治教育的工具的意圖。但它也是計劃要求的結果,這種要求就是剝奪我們的選擇權,以便於在由計劃決定的時間,給我們以最適合於計劃的任何東西。

人們往往說,沒有經濟自由的政治自由是沒有意義的。這當然很對,但在一種意義上,它是和我們的計劃者使用這句話的意思幾乎相反。作為任何其他自由前提的經濟自由,不能是那種社會主義者答應給我們的、免於經濟勞心的自由,也不可能是只能通過同時解除個人選擇的必要性和權力才能獲得的自由;經濟自由必須是我們經濟活動的自由,這種自由,因其具有選擇之權,不可避免地帶來了那種權利的風險和責任。

4　在極權主義國家像俄國、德國或意大利諸國中,如何組織人民的閑暇時間成為一個計劃的問題,這並不是偶然的。德國人甚至為這個問題發明了一個可怕的和自相矛盾的字眼:"Freizeitgestaltung"(意思是,利用人民自由時間的規劃),似乎必得按當局規定的方法去花費掉的時間仍然是"自由時間"似的。

第八章　誰戰勝誰？

曾經賦予這個世界的大好機會已被拋棄了，因為熱中於平等的緣故，反而使自由的希望落了空。

—— 阿克頓勳爵

對於競爭所持的最普通的異議之一是說它是"盲目的"，這一點是深有意義的。值得一提的是，對於古時候的人來說，盲目性是他們的正義之神的屬性。雖然競爭與正義很少有共同之處，但值得同樣稱道的一點，乃是兩者俱不徇私。我們不能預測，誰將是幸運的或者誰將受到災難的打擊；對於人們的功過，不能憑一己的私見來加以賞罰，而是要憑他們的才幹和運氣來決定，這和我們在制定法規的時候不能預測執行這些法規將對哪一個人有利和對哪一個人不利，是同樣的重要。並且，這也是同樣的正確，因為在競爭中，對於決定各人的命運來說，機會與幸運常是和手腕與先見同樣的重要。

擺在我們面前的選擇，不是在於這兩種制度之間，即一個是每個人都按照絕對和普遍的權利標準來得到他所應得的東西的那種制度，另一個是他所應得的東西部分地應由偶然事件或幸與不幸來決定的那種制度；而在於誰應得到甚麼是由幾個人的意願來決定的那種制度，和誰應得到甚麼至少一半是靠他們的才能和進取心，一半是靠難以預測的情況來決定的那種制度之間。這一點並不由於在一個自由企業的制度下，機會不是均等的而有損其確切性。因為這種制度必需以私人財產和遺產（雖然這或許不是同樣的需要），以及由兩者所造成的機會的差別為基礎的。其實，很有理由要把這種機會的不平等儘量地減少到先天的差別所許可的限度，並且能夠這樣做而並不毀損這個過程的非個人主導的性質，這種過程就是每個人必須通過它來利用他的機會，而不讓關於何者是對的？何者是合適的個人意見來支配旁人的意見。

在競爭的社會裏，窮人的機會比富人的機會所受到的限制要多得多，這一事實絲毫也不影響另一事實的存在，就是在這種社會裏的窮人比在另一不同類型的社會裏擁有很大物質享受的人要自由得多。雖則在競爭制度下，窮人致富的可能性比擁有遺產的人致富的可能性要小得多，但前者不但是可能致富，而且他只有在競爭制度之下，才能夠單靠自己而不靠有勢力者的恩惠獲得成功，只有在競爭制度下，才沒有任何人能夠對他的謀求致富的努力加以阻撓。只是因為我們忘記了，沒有自由意味着甚麼，所以我們才常常會忽略了這個明白的事實，即在這個國家裏，一個待遇很差的非技術工人，比德國的許多小廠主，或俄國的待遇很高的工程師或經理享有更多的計劃自己生活的自由。無論是改變工作或住處的問題，公開發表意見的問題，或者以特定的方法消磨閒暇的問題，儘管為了順從自己的意願，他所需付出的代價有時是很高的，並且對很多人來說，似乎是過高的，但都沒有絕對的阻力，沒有對人身安全與自由的危險來粗暴地把它局限於上級所指定他的工作和環境裏。

大多數社會主義者理想中的公平只滿足於取消私人從財產得到的收入，而對於各種的人所掙得的收入的差別則維持現狀，這是事實[1]。這些人忘記了，在把一切生產資料的財產移交給國家時，就是把國家置於實際上行動必須決定其他一切收入的地位。賦予國家以這種權力和要求國家應當用這種權力來作出"計劃"只意味着：國家在運用這種權力的時候，應當充分地了解到這一切的影響。

認為給予國家這種權力，只不過是從旁人手中轉讓予國家而已，這是錯誤的想法。這是一個新創造出來的權力，是在競爭的社會裏任何人都不曾有過的權力。只要財產分散在許多業主當中，他們之中的任何獨立行動的人，就沒有特權來決定某某人的收入和地位 —— 沒有人會受到任何一個業主的約束，除非後者能夠給前者以最為優厚的條件。

1　或許我們對主要是由財產中取得的收益所造成的收入不平均的程度，習慣於估計過高，因而，認為取消來自財產方面的收益，就可以隨之而消除收入中的主要不平均的程度。根據我們掌握的關於蘇聯的分配收入的一點點材料來看，那裏存在的不平均，實質上並不亞於存在於資本主義社會的不平均。伊斯特曼（Max Eastman，參看《俄國社會主義的末路》〔The end of Socialism in Russia〕，1937 年，第 30 – 34頁）提供的來自俄國官方的材料說明：在俄國所支付的最高薪與最低薪之間的差度，是同美國的差度一樣大（約 50 與 1 之比）。根據伯納姆（James Burnham）所引用的一篇文章《管理的革命》（1941 年，第 43 頁 [編審按：應是第 46 頁]），托洛斯基估計在 1939 年，"蘇聯人民中 11% － 12% 的上層現在的收入大約佔國民收入的50%。這個差度比美國的還要大些，因為在美國，10% 的上層人民的收入約佔國民收入的 35%。

　　我們這一代已經忘了的是：私有制是自由的最重要的保障，這不單是對有產者，而且對無產者也是一樣。正是由於生產資料掌握在許多個獨立行動的人的手裏這個唯一的緣故，才沒有人有控制我們的全權，我們才能夠以個人的身份來決定我們要做的事情。如果所有的生產資料都落到一個人手裏，不管它在名義上是屬於整個"社會"，或是屬於獨裁者，誰操有這個管理權，誰就有全權控制我們。

　　例如，在一個小的、種族的或宗教的社團裏有一個成員，他是一個無產者，但這個社團的其他成員是有產者，因而他們能夠僱用他；但在私有制取消之後，他在名義上成了公有財產一部分的主人翁。對於他在受僱於人的期間要比他在名義上當了主人翁的時候要自由得多這一點，試問誰會真正的懷疑呢？又例如，我的鄰居，或者說我的僱主是個百萬富翁，而同時有一個操有國家強制權力的最小的公務員，我是否可以生活或工作，或者怎樣來生活或工作都要取決於他。富翁能夠控制我的勢力，遠不如小公務人員能夠控制我的勢力那樣大，對於這一點，試問又有誰會認真地懷疑呢？一個富人得勢的世界仍比一個只有得了勢力的人才能致富的世界要好些，試問誰會否認這一點呢？

　　一件令人悲哀，同時也令人鼓舞的事是：看到像伊斯特曼這樣有名的老牌共產黨員重新發現了這個真理：

　　　　"現在對我很明顯的（雖然，我必須承認，我遲遲地作出了這個結論）是：私有財產制度是給人以有限的自由與平等的主要因素之一，而馬克思則希望通過消除這個制度來給予人們以無限的自由與平等。奇怪得很，馬克思是第一個看到這一點的。是他告訴我們：回顧以往就可以看出，私人資本主義連同它的自由市場的發展成了我們一切民主自由的發展的先決條件。他從未想到，瞻望前途，如果照他所說的那樣，那些其他的自由，恐怕就會隨着自由市場的取消而消逝。"[2]

　　在回答這些疑懼的時候，有時有人說，個人的收入並不是非要由計劃者來確定不可的。在決定不同的人們在國民收入中每人應得的比例時所要遭遇的社會上和政治上的困難是那樣的明顯，甚至最不可救藥的計劃者，在委派任何機構承辦這項任務之前可能也要大費躊躇。每一個了解到它所帶來的困難的人或許都寧願把計劃局限於生產，只用計劃來保證"工業的合理組織"，而收入分配工作盡可能地留待非個人的力量來解決。雖然不可能在管理工作時對分配不發生影響，雖然沒有計劃者會願意把全部分配工作留待市場的力量來解決，但他們也許都寧願只擔任使分配適合於某些平等和公平的一般原則，避免極端的不平均，使主要階級的報酬之間的關係保持公允這些工作，而對他們階級內部的個別人民的地位，或者對較小集團和個人之間的釐定等級或作出區分，則不去負責。

2　伊斯特曼，見《讀者文摘》（*Reader's Digest*），1941 年，7 月，第 39 頁 [編審按：應該是 6 月，第 47 頁]。

我們已經見到了，各種經濟現象的密切的相互依存性使我們不容易把計劃恰好停止在我們想要它停止的階段，並且市場的自由活動所受的阻礙一旦超過了一定的程度，計劃者就不得不將管制範圍加以擴展，直到成為無所不包為止。這些經濟原因説明了何以不可能把刻意的管控恰好停止在我們想要它停止的地方，並且，某些社會的和政治的傾向又特別加強了這些原因，而這些傾向的力量在計劃範圍擴展的時候，又越來越趨於明顯。

當個人地位不是由非個人的力量來決定，也不是許多人競爭性活動的結果，而是當局刻意地作出的決定所造成的這個事實，變得愈益真實不虛並獲得普遍認識的時候，人們對於他們在社會組織裏的地位的態度就必然發生變化。不平等隨時都存在，而這在那遭受不平等待遇的人看來，是不公平的；失望總是有的，而這在那些遭遇這些打擊的人看來，是不應有的。但當這些事情發生在一個有意識的指導之下的社會裏時，人民的反應，與當這些事並不是出於任何人的有意識的選擇時的反應，是大不相同的。

非個人的力量所造成的不平等比有計劃地形成的不平等，無疑地要容易忍受些，其對個人尊嚴的影響也小得多。在競爭的社會裏，任何一個企業對某個人説，它不需要他的服務，或者説，它不需要他的工作，這不算是小看他，也不算是有傷他的尊嚴。在持久的大規模失業的時期中，許多人所受的影響也確實差不多。但要預防那種災難，除了集中管理之外，還有其他的並且更好的方法。不論在甚麼社會裏，隨時都會有一部分人受到失業或收入減少的影響，但如果它是由於不幸的結果而不是當權者存心所強加的，其使人沮喪的影響肯定要少些。不管這種經驗如何痛苦，如果是在有計劃的社會裏的話，其痛苦必定更加嚴重得多。在那裏，個人必須作出的決定，不是某一個工作是否需要他，而是他是否對任何事有用，並且有用到甚麼程度。他在生活中的地位必須由旁人來指派給他。

雖然人們將會忍受任何人都有可能遭到的痛苦，但是如果這種痛苦是由當局作出的決定的結果，他們就不會那樣容易忍受。在一個非人性的機器裏面，我們只充當了一個齒輪，這也許是不好的，但如果我們再也不能脫離它，如果我們被束縛在我們的地位上，被束縛在那些被選為我們的上級的身邊，那就更壞到極點了。當每個人意識到他的命運是由於某些人有意地作出的決定的結果時，他對他的命運的不滿，就會同他的這種意識一齊增長。

政府一旦為了公平的緣故而走上計劃的道路，他對每個人的命運或地位就不能拒不負責。在一個有計劃的社會裏，我們都將要知道：我們過的日子之所以比人家好些或壞些，並不是因為那些沒有人加以控制，和不可能肯定地加以預測的環境所造成的，而是因為這是某些當權者決定的。並且，我們對於改進我們的地位所作的一切努力的目標，將不在於預測我們無法控制的那些情況，和對那些情況儘量地作出準備，而在於設法使握有全權者對我們有好感。十九世紀的英國政治思想家們的夢魘，即"除了通過政府之外，走向富貴的道路是不存在的"[3] 那種局面，將會實現到他們所想像不到的天衣無縫的地步 —— 雖然這種局面在某些業已轉變為極權主義的國家中是司空見慣的了。

政府一經負起籌劃整個經濟生活的任務時，不同的人們和團體應會獲得怎樣的地位這一問題，事實上就一定不可避免成為政治的中心問題。由於只有國家的強制權力可以決定"誰應得到甚麼"，所以唯一值得掌握的權力，就是參與這種管理權的執行。一切的經濟或社會問題都將要變成政治問題，因為這些問題的解決，只憑誰操有強制之權，誰的意見在一切場合裏都佔優勢為轉移。

我相信，在俄國引用這個有名的辭組："誰戰勝誰"的人就是列寧自己 —— 這是在蘇維埃政權的初期，人民用來概括社會主義社會的普遍問題的口頭語[4]。誰計劃誰，誰指導並且支配誰，誰指派別人在生活中的地位，以及誰應得到由旁人分配給他的那一份？這一切都必然地成為應由最高權力當局獨自解決的中心問題。

一位研究政治的美國學者，新近引申了列寧的這一辭組，並肯定地說，一切政府的問題就是"誰得到甚麼，何時得到，如何得到"的問題。在某種意義上這倒並不錯誤。一切政府都要影響不同的人們的相對的地位，以及在任何制度之下，很少有我們生

3　這句話是小狄士累利說的。
4　參看馬格里季（M. Muggeridge）:《在莫斯科的冬天》(*Winter in Moscow*，1934 年）；費勒（Arthur Feiler）:《布爾什維克主義的實驗》(*The Experiment of Boishevism*，1930 年）。

活的某一方面不受到政府行動的影響，這些都是事實。政府無論有甚麼動作，總是會影響到"誰得到甚麼，何時得到，如何得到"的。

不過，這裏有兩個基本的區別是應當弄清楚的。第一，可以採取特殊措施，但不可能知道這些措施對特殊個人影響如何，因而就不以這種特殊的效果為目的。我們已經討論過了這一點。第二，政府行動範圍所決定的，是任何人在任何時候所得到的每一件東西都要有賴於政府；還是政府的影響只以有些人將按某種方法在某個時候得到某些東西為限，自由制度與極權主義制度之間的整個區別就在於此。

納粹主義者和社會主義者對"經濟與政治的人為的分離"的共同責難，以及他們對政治支配經濟的共同要求，突出地說明了自由制度和全面計劃制度的對立。這些辭句大概意味着，不但經濟力量現在可以用來達到不屬於政府政策的目的，而且能夠脫離政府的管理，把經濟權力用來達到政府不見得許可的目的。不過，另一種制度，不單是只應有一種權力，並且，這種唯一的權力，即統治集團，還應當控制人類一切的目的，特別是應當有控制社會中每個人的地位的全權。

一個負責管控經濟活動的政府，將必得用它的權力來實現某人的公平分配的理想，這是實在的。但它將怎樣能夠和將怎樣運用這種權力呢？或者，它將要成為當按照甚麼原則來指導呢？對於即將發生和必須慎重地加以解決的很多具有相對價值的問題，有沒有一個具體的答覆呢？有沒有一個為理智的人們可望同意的價值的尺度來證明社會的一種新的等級體系是正當的，並有可能滿足對公平的要求呢？

　　對於這些問題，能夠在實際上提供一個具體答案的，只有一個普遍的原則，一條簡單的規則：平等，即在凡是人力可以控制的、一切地方的一切個人完全的和絕對的平等。如果這是普遍地被認為合宜的話（姑且無論它是不是能實現這個問題，也就是它是否能提供足夠的刺激作用），那末，它就會賦予公平分配這一模糊觀念以一個清晰的意義，並使計劃者得到具體的引導。但是只有對真理視而不見的人才會相信這種機械式的平等能夠受到普遍的讚許。從來沒有一個旨在完全平等的社會主義運動曾經得到過有力的支持。社會主義所允諾的不是絕對的平等，而是一種更加公平、更加平等的分配。人們認真想要達到的唯一目標，並不是絕對意義的平等，而只是“較大的平等”而已。

　　雖然這兩種理想聽起來很相似，但就我們的問題來講，它們還是大不相同的。雖然絕對的平等可以清晰地確定計劃者的任務，然而，要求較大的平等卻只是消極的，只是對現狀不滿的一種表示而已；只要我們不準備承認，有助於完全平等的每一行動都是合宜的，計劃者必須解決的問題中就沒有一個是有着落的。

　　這不是字面上的爭拗。在這裏，我們面臨着一個重大的爭論之點，這個爭點，容易被我們所用的辭句的類似所隱蔽。雖然對於完全平等的共識，可以解答計劃者必須解答的一切關於功勞和回報的問題，然而達到較大平等的公式實際上並不能答覆任何問題。它的內容不比“公共利益”，或者“社會福利”這種語句有更明確的意義。它並未把我們從在每一特殊場合裏，對特殊個人之間，或者團體之間的誰高誰低作出決定的必要性中解放出來，並且，它無助於我們作出這種決定。它告訴我們的一切，實際上就是要儘向富有的人們索取一切。但一到分配這種奪獲品的時候，就好像"較大平等"這個公式從未被人想起過似的，這個問題仍然得不到解決。

大多數的人感到難以承認的是，我們並沒有能夠使我們解決這些問題的道德標準 —— 這種解決，如果不是完美無缺的，至少也比競爭制度作出的解決更能令人滿意。對於"公道的價格"，或者"合理的工資"是甚麼，我們不是都有一些概念嗎？我們不能依靠人民的強烈的公平感嗎？即使我們此刻對某一種特殊情況下甚麼是公平，或甚麼是合理的看法未必完全一致，如果人民能夠得到機會實現他們的理想的話，大眾的意見不會馬上就集中起來，成為更加明確的標準嗎？

不幸的是，這種希望的根據很少。我們所有的標準是從我們所認識的競爭制度中得來的，並且在競爭消失之後，這些標準也必然迅速消失。我們所指的公平的價格，或合理的工資，就是依照慣例的價格和工資，就是已往的經驗使人們希望得到的報酬，或者，就是在沒有壟斷剝削的條件下將會存在的價格和工資。在這方面，唯一重要的例外，就是工人們習慣於要求"他們的勞動的全部生產物"，這是社會主義學說最樂於追穹的一點。但今天卻很少有社會主義者還相信，在一個社會主義社會裏，每種工業的產物都應由該項工業的工人來全部分享；因為這就意味着運用大量資本的工業中的工人比運用少量資本的工業中的工人所得的收入要大得多，大多數的社會主義者將認為這是最不公平的事。現在比較一致的意見都認為這種要求是因為對事實作了錯誤的解釋而產生的。但當個別工人對"他的"全部產品的要求一經遭到拒絕，和從資本得來的全部利潤必須分給全體工人的時候，怎樣分配它的問題就會引起同樣的根本的問題。

某種商品的"公道"價格和某種工作的"合理"報酬究竟是甚麼，可以想像得到地用客觀的方法來加以確定，如果需要的數量真的可以孤立地確定的話。如果真的可以不必顧及成本就確定它們，計劃者倒是可以設法弄清為了產生這麼多的供給量所必需的價格或工資是多少。但計劃者還必須決定每種貨物應生產多少，並且在做出這種決定的同時，也把甚麼價格是公平的，或甚麼是應支付的合理工資確定下來。如果計劃者決定需要為數較少的建築師或表匠，而這種需要可由那些所得報酬雖然較低，但仍願意留在這個行業裏的人們來滿足的話，那末，所謂"合理的"工資就比較低些。在決定各種不同目標的相對重要性的同時，計劃者也就決定了不同的團體或個人的相對重要性。由於他不應該把人民作為一種工具來看待，他必須考慮到這些影響，並且有意識地把不同目標的重要性針對着其決定的種種影響而加以權衡。但這就意味着他必須對各種人們的情況施以直接的控制。

這種解釋適用於各種行業的相對地位，也同樣適用於個人的相對地位。一般說來，我們很容易把某一種行業或職業內部的收入想像為多少是一致的。但收入之間的差別，即不單在最有成就的和最無成就的醫生或建築師，作家或電影演員，拳術家或賽馬騎手的收入之間的差別，而且，在較大成功或較小成功的鉛工或市場菜蔬種植者，雜貨商人或成衣匠的收入之間的差別，是同有產階級和無產階級的收入之間的差別一樣大的。雖然無疑有人企圖用分門別類的方法來把收入加以標準化，但在個人與個人之間的具有差別之必要性仍然存在，不管這種差別是用規定他們個人的收入，或用把他們編列在某一分類欄內的辦法來實施的。

關於自由社會裏的人們服從這種控制的可能 —— 或者關於，如果他們服從了，他們是否仍能保持自由 —— 我們已經用不着多說。就這整個問題而論，穆勒在將近一百年前所寫的一段文字，在今天來看，也同樣適用。他寫道：

> "一種像平等規律那樣的固定規律，是可以服從的，並且，偶然事件，或外來的必要事件也是可以服從的；但由一小撮的人來衡量每一個人，給予這個人的多些，那個人的少些，都全憑他們自己的愛憎與判斷，這種事是不能容忍的，除非它是來自被認為是超人一等，並以超自然的恐怖為後援的人們。"[5]

只要社會主義僅僅是一個人數有限的志同道合的團體的一種抱負，這些異議就不一定會引起公開的衝突。只有在社會主義政策得到組成人民多數的許多不同集團的支持之後，試圖實際推行的時候，這些異議才會表面化。那時候，在各種成套的理想中，究竟那一套應該強加在眾人身上，以便把國家的全部資源都用來為它服務，就馬上成為一個迫切的問題。由於成功的計劃需

5　《政治經濟學原理》(*Principles of Political Economy*)，卷一，第 2 章，第 4 段 [編審按：應是卷二，第 1 章]。

要對主要的價值產生共同的看法，因而對我們物質自由的限制就直接影響到我們精神上的自由。

社會主義者，即其所產生的野蠻子孫的文明祖先，一貫希望用教育來解決這個問題。但在這方面的教育是意味着甚麼呢？我們確實了解到：知識不能夠創造新的倫理的價值標準，無論多大的學問，也不會使人對一切社會關係的有意識的調整所引起的道德問題，持同樣的意見。證明某種計劃是正當的這一工作所需要的不是對理性的執著，而是信條的接受。其實，各處的社會主義者都先承認：他們所承擔的任務要求普遍承認一個共同的世界觀，一套明確的價值標準。社會主義者正是在發動一個受到這樣一個單純的世界觀的支持的群眾運動的努力中，首先創造出了這些教條中的最大部分，這些教條也是納粹和法西斯主義者有效地加以利用過的。

實際上在德國和意大利，納粹和法西斯主義者無需首創好多東西。滲透於生活的各個方面的新的政治運動的各種習慣做法，早已由社會主義者推薦進來。一個政黨的理想包括個人從生到死的一切活動，要求指導個人對每一事物的意見，並且喜歡把一切問題都變成黨的世界觀問題，這些都首先由社會主義者付諸實行了。一位奧國的社會主義作家，在談到他本國的社會主義運動時，自豪地報告說："它的特點是為工人和僱員的每一方面的活動都建立了特別的組織"。[6]

6　衛塞爾（G. Wieser）：《一個國家的衰亡，奧地利 1934 – 1938》（*Ein Staat stirbt, Oesterreich 1934 – 1938*），巴黎，1938 年，第 41 頁。

雖然奧國的社會主義者在這方面比其他的社會主義者更前進了一些，但旁的地方的情況並沒有很大的不同。那些最早把幼年兒童吸收到政治組織裏去，以保證他們長大起來成為優秀的無產者的，不是法西斯主義者而是社會主義者。那些首先想到，在黨的俱樂部裏把娛樂和競技、足球和徒步旅行組織起來，以使它們的成員不致沾染其他的觀點的，不是法西斯主義者而是社會主義者。那些首先主張應以敬禮的方法和對人招呼的形式來區別黨員不同於其他的人的，不是法西斯主義者而是社會主義者。那些通過他們的"小組"的組織和手段來經常地監督私人生活，創造了極權主義政黨的原型的人們，也就是他們。"法西斯青年組織"和"希特勒青年"、"意大利職工業餘活動組織"和"德國群眾業餘活動組織"政治的制服和黨的軍事化編制，都不過是社會主義者原已有過的制度的模仿而已[7]。

在一個國家裏，只要社會主義運動同一個特定的集團——通常是技術較高的工人——的利益密切地結合起來時，對社會各階層人民的應有地位，形成一種共同觀點的問題，就比較簡單。這種運動與一個特定集團的地位密切結合，並且，它的目的就是要提高那個集團與其他集團之間的相對地位。但在向社會主義繼續前進的過程中，這個問題的性質就起了變化，每個人越來越明顯地看到，他的收入和一般的地位要由國家的強制性機器來決定，為了保持或改善他的地位，唯一的方法就是成為一個有組織的集團的成員，那個集團能夠影響或者支配國家機器使他得到

7　在英國，那個具有政治性的"書籍俱樂部"也是一個重要的類似的東西。

好處。

在這個階段發生的各個壓力集團之間的拉鋸戰中，並不一定是最窮苦的和為數眾多的集團的利益就佔優勢。那些宣稱代表一個特定集團利益的老牌的社會主義政黨也不一定處於優越地位，雖然他們首先出現在這個活動範圍之內，並且規劃了他們的吸引工業中的體力工人的整套意識形態。他們的成功，和他們對接受全部信條的堅持，一定會引起一種強有力的反運動——這種反運動不是來自資本家，而是來自為數很多的、同時也一樣是無產的階級，因為他們看到他們的相對地位受到了工業工人中的中堅部分的前進的威脅。

社會主義理論和社會主義策略，即使那些不曾受到馬克思主義教條的支配的派別，也已普遍地以這樣一種思想為基礎：即把社會分成兩個階級，它們有共同的利益，但這些利益又是互相衝突的，那就是資本家和產業工人。社會主義算準了老的中等階級要迅速消滅，但完全忽視了一個新的中等階級的產生，其中包括無數的事務員和打字員，行政工作者和學校教師，小本經營者和小公務員，以及各行業的低級人員。有一個時期，這些階級中時常出現勞工運動的領導人物。但是，越來越清楚的是，由於這些階級的地位變得相對地差於產業工人的地位，因而指引着後者的那些理想，大大地失掉了對其他人的號召力。雖然在他們憎恨資本主義制度，並且要按照他們的公正觀來有計劃地均分財富這一意義上，他們都是社會主義者，但這些概念與舊有的社會主義黨派的實踐中所體現的觀念有很大的出入。

舊有的社會主義黨派成功地用來博得一個職業團體的支持

的那種手段——即相對地提高他們的經濟地位——現在不能用來博取一切人的支持。一定會有一些同他們競爭的社會主義運動起來號召那些相對地位惡化了的人們予以支持。時常有人説，法西斯主義與國家社會主義是一種中產階級的社會主義，在這個話裏存在着許多真理——只不過在意大利和德國，這些新運動的支持者在經濟上已不復屬於中產階級了。在很大程度上，這是一種新的無特權階級對產業工人運動所造成的工人貴族的反抗。

毫無疑問，最有力地助長這些運動的經濟因素是失意的自由職業者，即受過大學教育的工程師或律師，以及一般"白領無產者"對收入比他們高幾倍的屬於最強大的工會的火車司機，或排字工人及其他成員的嫉妒。也毫無疑問，就貨幣收入來講，一個納粹運動的普通的成員，在運動開始的初期，是比普通的工會會員或原有的社會主義政黨的黨員要窮苦些——這種情況由於前者曾經歷過好日子，並且仍然生活在他們過去的條件造成的環境裏這一事實而變得更加不堪忍受。

當法西斯主義興起時，在意大利流行的"階級鬥爭逆轉"這一語句確實指出了這個運動的極其重要的一個方面。存在於法西斯主義者或國家社會主義者與原有的社會主義黨派之間的矛盾，實際上主要地必須看作是在相互競爭的社會主義派系間一定要發生的一種矛盾。關於每個人在社會中應有的地位應由國家的意旨來指定這一問題，在他們當中是沒有異議的。但甚麼是各個不同的階級和集團應有的地位，則在他們當中從前有，將來也永遠會有的、最深刻的分歧。

從前一向認為他們的黨，是未來走向社會主義的普遍運動的自然先鋒的那些老的社會主義領袖們，現在感到難以理解的是，隨着社會主義方法運用範圍的日益擴展，廣大的貧苦階級的怨恨竟會轉而對着他們。但當原有的社會主義黨派，或者說，某些產業中已經組織起來了的勞工，通常並不感到同各該產業的僱主們達成共同行動的協議有很大的困難時，卻有一些很大的階級被丟在一邊，不曾受到他們的關懷。照這些階級看來，勞工運動中的比較得勢的那些部分，與其說是屬於被剝削的階級，毋寧說是屬於剝削階級，這也是不無理由的[8]。

給這個中下層階級，即法西斯主義和國家社會主義從中羅致了很大一部分支持者的那個階級的憤激情緒火上添油的是這一事實：他們所受的教育和訓練，在很多場合裏使他們對領導地位懷有抱負，他們認為自己有資格成為領導階級的成員。雖然年青的一代，由於社會主義教育培養了他們對牟利伎倆感到憎惡的緣故，擯棄了帶有風險性的獨立地位，越來越多地蜂擁到安全可靠的薪金崗位上去，但他們所要求的是既有收入又有權力的一種地位，這在他們看來，是他們所受的訓練使他們有資格享受的。雖然他們相信一種有組織的社會，但他們希望在那個社會裏得到的地位，是與一個由勞工統治了的社會可能給予的那種地位很不相同的。他們很願意接受舊有社會主義的那些方法，但他們的本意是想把它們用來為另外一個不同的階級服務。這個運動能夠吸引

8　十二年前，歐洲主要社會主義知識分子之一漢德里克·德·曼 (Hendrick de Man) (從那時以後他又繼續向前發展並與納粹達成妥協) 曾經說過："自從社會主義興起以來，對資本主義的憤恨轉變為對社會主義運動的憤恨，這還是第一次。"(《社會主義與民族法西斯主義》〔*Sozialismus und National-Faszismus*〕，波茨旦，1931 年版，第 6 頁)。

那樣一些人，他們承認國家控制一切經濟活動的合理性，但不承認產業工人貴族使用他們的政治力量來達到的目的。

　　新的社會主義運動在開始時在策略上具有若干有利條件。勞工社會主義已在一個民主的和自由的世界裏成長起來，它使它的策略適應這個世界，並且接受許多自由主義的理想。它的首倡者仍然相信，建立這樣的社會主義即可解決一切問題。在另一方面，法西斯主義和國家社會主義是從這樣一種經驗產生的，就是越來越受到限制的社會警覺到民主的和國際的社會主義的目標是一些互不相容的理想這件事實。它們的策略，是在一個已經被社會主義政策所支配的世界和這個政策所引起的問題中發展起來的。他們並不幻想有可能用民主的方法來解決那些不可能在人民當中取得合理的一致意見的問題。他們也不幻想用理智的力量來解決一切不同的人們和集團的需要之間哪個比哪個更為重要的問題，而這些問題是"計劃"所不可避免地要引起的，或者幻想用平等公式來提供答案。他們知道，一個最強大的集團，它集合了足夠的支持者擁護一種新的社會等級秩序，同時它又對它所號召的那些階級公開地許以特權，是易於獲得所有感覺失望的人們的支持的，這些人在起初曾經有人許過他們以平等，但到後來發現他們只是促進了某個階級的利益。最重要的是，他們之所以成功，是因為他們提供了一個理論，或者一個世界觀，這個理論或世界觀似乎足以證明他們所約許他們的支持者的那些特權是正當的。

第九章　安全與自由

　　整個社會將成為一個管理處，成為一個勞動平等、報酬平等的工廠。

—— 列寧（1917 年）

　　在一個政府是唯一的僱主的國家裏，反抗就等於慢慢地餓死。"不勞動者不得食"這個舊的原則，已由"不服從者不得食"這個新的原則所代替。

—— 托洛斯基（1937 年）

　　經濟的安全，像杜撰的"經濟的自由"一樣，而且往往是更有理由被人們說成是真正自由所不可或缺的一個條件。在一種意義上，這是既正確而又重要的。在那些不相信靠自己的奮鬥能夠找到前途的人們當中，很難找到獨立的精神或堅強的個性。然而，經濟的安全這一概念與在這個領域內的許多其他詞句一樣，是不明確的，是含糊其辭的，因此，對要求安全的普遍贊同可能是對自由的一種危險。其實，當人們以過於絕對的意義來理解安全的時候，普遍的爭取安全，不但不能增加自由的機會，反而構成了對自由的極其嚴重的威脅。

　　首先，我們不妨把兩種安全對比一下。一種是有限度的安全，它是大家都能夠獲得的，因而，不是甚麼特殊權利，而是願望的正當目標。一種是絕對的安全，它不是在自由社會裏的任何人都能得到的，也不應當把它當作特權來給人——除非在極少數的特殊情況之下，例如法官，完全的獨立才是非常重要。這兩種安全的第一種是，防止嚴重的物質缺乏的安全，即每個人維持生計的某種起碼需要的保障；第二種是，某種生活標準的安全，或者說，一個人或集團與其他的人或集團相比較的相對地位的安全；或者，我們可以簡單的說，一個最低限度的收入的安全和一個人被認為應有的特殊收入的安全。我們立刻就可以看到，這種區別大體符合於下一種區別，即在一切市場制度以外和市場制度的補充方面為所有的人提供的安全，與只能為一部分人提供，並且，只有控制或取消市場才能夠提供的安全之間的區別。

　　沒有理由認為在一個達到了像我們這樣的普遍的富裕水平的社會中，不能為所有的人保證第一種安全，而毋需危及普遍的自由。至於在應該予以保證的具體標準方面，是有一些困難問題的；特別重要的問題是，那些依靠社會的人們應不應當無限制地享受一切同其餘的人一樣的權利[1]。處理這些問題，稍不經心，就很可能造成嚴重的也許甚至危險的政治問題；但足夠保持健康和工作能力的最低限度的衣食住三件事，可向每個人提供保證，這

---

[1] 如果僅憑一個國家的國民身份，就有權享受高於其他地方的生活水平的話，那就會發生嚴重的國際關係問題，並且這些問題是不應當輕易否定的。

是毫無疑問的。實際上在英國人口中有很大一部分早已獲得了這樣一種安全。

也沒有理由認為政府不應該幫助個人對那些生活中常見的意外事件作出準備，因為這些意外事件往往猝不及防，能夠為之預作準備的人是很少的。正如在生病或發生事故的時候一樣，對於避免這種災害的願望，和對於克服這種災害的後果的努力，通常是不會因政府提供了援助而被削弱的——這裏所探討的，簡單的說，是真正可保險的那些災害——這時候，要求政府協助組織一種社會保險的全面制度的理由是很充分的。對於這些計劃的細節，那些願意保持競爭制度的人和那些想以另外一種不同的制度來代替它的人的意見，在許多方面是不會一致的；在社會保險的名義下，是有可能會引入一些促使競爭或多或少地失掉效力的措施的。但在原則上，政府用這種方法提供較大的安全，是與維護個人自由沒有抵觸的。屬於這一類的，還有通過政府對遭受天災（像地震和洪水）的人的濟助來增加安全。凡是能夠減輕個人既無法防範、又不能對其後果預作準備的災禍的公共行動，都無疑是應當採納的。

末了，還有一個極端重要的問題，即向經濟活動的普遍波動和向隨之而來的、間歇發作的大規模失業的浪潮作鬥爭的問題。這當然是我們今天最嚴重、最迫切的問題之一。雖然它的解決需要許多在正確的意義上的計劃，但它不需要——或者至少不一定需要——那種特別的計劃，那就是依照它的倡導者的主張，要用它來代替市場的那個計劃。其實，許多經濟學家都希望在貨幣政策方面找到根本的解決辦法，它甚至與十九世紀的自由主義都不會有所抵觸。其他的經濟學家則認為要希望達到真正的成功，只有對大規模進行的公共工程靈活地加以適時的調節。這或許會在競爭的範圍方面引起更多的嚴重的限制；並且，在朝這個方向進行的實驗中，如果我們要避免使一切經濟活動越來越依賴於政府支出的方向和數量的話，那末，我們就須仔細注意我們的步驟。但這既不是唯一的，並且，照我看來，也不是對付這個對經濟安全最嚴重的威脅的最有希望的辦法。無論如何，為了維護經濟活動免受這些波動，我們所作出的必要的努力並不會導致對我們的自由構成威脅的那樣一種計劃。

對於自由具有很多的潛在危險影響的這種保證安全的計劃，是保證另一種安全的計劃。這種計劃的用意是保護個人或集團以免於收入的減少 —— 雖然這種減少並不是活該的，但在競爭的社會中卻是每天都發生的 —— 以免受到使人發生極大困苦的損失，雖然這種損失沒有道義上的正當理由，但它們是與競爭的制度分不開的。因此，這種對安全的要求就是對公平報酬的要求的另一種形式 —— 即一種適用於主觀評價的報酬，而不是和個人努力的客觀的結果相適應的報酬。這種安全或公平似乎是與個人選擇自己的工作的自由不相容的。

在任何一種制度裏，如果人們在各種不同行業或職業之間的分配，是要靠這些人自己來選擇的話，那就必須使這些行業的報酬符合於它們對社會其他成員的作用，即使這與主觀的評價無關，也必須這樣做。雖然所達到的結果，常是與他們的努力和決心相適應的，但這不可能在任何形式的社會裏都能夠如此。尤其在某些職業和特殊技巧的有用性，由於不能預料的情況而發生變

化的許多情況裏，更不會是這樣。我們大家都知道，一個受過高
級訓練的人，由於某種對社會其他的人有很大利益的新的發明而
使他辛辛苦苦學得的技能忽然失去了它的價值的這種慘狀。過去
百年來的歷史充滿了這一類的例子，其中有一些在頃刻間影響到
數以數十萬計的人們。

　　每個人儘管他努力工作，儘管他有特殊的技能，但他卻會受
到不是他自己的過失造成的收入的急劇減低和痛苦的失望，這確
是有傷我們的正義感的事情。那些遭受這種不幸的人要求國家進
行干涉以維護他們的合法願望，這種要求無疑是會得到群眾的同
情和支持的。對於這種要求的普遍贊同的結果是，各地方的政府
都採取行動，不但保護受到這種威脅的人們免受嚴重的困苦和貧
乏，而且使他們繼續獲得與從前一樣的收入和保護他們不受市場
變化的影響[2]。

　　然而，如果允許人們有自行選擇職業的任何自由的話，是不
能夠給予一切人以一定收入的保障的。並且，如果給一部分人提
供這種保障，那它就成為一種特權，這種特權以犧牲別人收入的
保障為條件，因而就必然會減少別人的安全。只有取消一切自己
選擇工作的自由，才能夠為每個人提供收入不變的安全，這是顯
而易見的事情。不過，這樣一種對正當願望的普遍保證，雖然往
往被看作是一種值得嚮往的理想，但人們對它，並沒有認真地加
以爭取。真正隨時都在做的，倒是零碎地把這種安全允許給這個

2　赫特教授（Prof. W. H. Hutt）在一本書中提出了關於在一個自由社會裏怎樣可以減
　　輕這種困苦的一些很有趣味的建議，這本書值得仔細研究（《復興的計劃》〔Plan for
　　Reconstruction〕，1943 年版）。

集團或那個集團，結果使那些向隅的人的不安全感不斷地增加。
因此，難怪對安全的特權的重視繼續增高，對它的需要變得愈來
愈迫切，直到末了，對它付出任何代價，都沒有人嫌其過高，即
使以自由為代價，亦在所不惜。

有些人的用處，由於他們既不能預測又不能控制的環境的
緣故而減少了；又有些人的用處，由於同樣的緣故而增加了，如
果前者由於受到保護而得免於遭致不應受到的損失，而後者由於
受到阻礙而不能獲得其不應有的利益，那末報酬立即就會和實際
用處失去任何關係。一切都要憑當權者對於一個人應該做甚麼，
應該預見到甚麼，以及他的用意是好是壞所持的見解來決定。這
樣作出的決定，在很大程度上，只能是專斷的。運用這個原則必
然會形成做同樣工作的人得到不同的報酬的一種局面。這樣一
來，報酬的差別就不再能提供一種有效的誘導，使人們做出社會
所需要的變動，並且，就連那些受到影響的個人，也無法判斷是
否值得承擔某種變動所要帶來的麻煩。

如果任何社會裏經常必要的、人們在不同職業之間的分配
的那些變動，已不可能再用金錢的“懲”“獎”辦法（這同主觀評
價並無必然的關係）來促其實現的話，那就必須直接用命令來執
行。當一個人的收入受到保障的時候，他既不能夠僅僅因為他喜
歡那個工作便被允許留在原崗位上，也不能夠選擇他所喜歡的其
他工作來做。由於根據他的動與不動來決定他得到好處或受到損
失的人不是他自己，因此，就必得由那些掌握可利用的收入的分
配工作的人代替他作出選擇。

這裏所發生的關於適當的誘因的問題，通常都是把它當作

一個主要是人們是否情願盡最大努力工作的問題來討論的。這雖然是重要的，但不是這個問題的全部，甚至也不是最重要的一個方面。問題不僅是在我們要人家作出最大努力的時候，我們必須給以相當的報酬。更重要的是，如果我們要讓他們自由選擇，如果要使他們善於判斷他們應做甚麼的話，那就必須給他們某種容易理解的準則，使他們可用它來衡量各種職業的重要性。即使具有世界上最好的意願的任何人，也不可能在各種各樣的取捨之間作出聰明的選擇，如果它們對他所提供的好處同它們對社會的用處沒有關係的話。要知道一個人，由於一種變動的結果，應不應該離開他已開始愛上了的一個行業和環境而另換一種行業或環境，就得把這些職業的已經改變了的對社會的相對價值表現在這些職業所提供的報酬裏面。

　　這個問題當然是更加重要的，因為在目前的這個世界上，每個人在事實上都不可能長期地作最大的努力，除非是與他們自己的利益有直接關係。至少對很多人來說，要使他們作出最大努力，就需要施加某種外來的壓力。在這個意義上，誘因的問題是一個現實的問題，無論在普通的勞動中或管理工作方面都一樣，把工程技術搬到一整個國家上來應用 —— 這就是計劃的意義 ——"會引起一些難於解決的紀律問題"，這是一位對政府計劃有很多經驗，並且把這一問題看得很清楚的美國工程師所講的話。

　　"為了進行一樁工程"，他解釋說，"在工程的周圍，應該有一個比較大的對經濟活動沒有計劃的地區。應該有一個地方，可以從那裏吸收工人，並且，當一個工人被開除時，他就應該離開那個工作，同時在工資簿上把他的名字注銷。如果沒有這樣的後備，要維持紀律就得像對待奴隸勞工那樣非用體刑不可[3]。"

在行政工作範圍內發生的對工作疏忽的制裁問題，雖然形式不同但也一樣的嚴重。競爭經濟的最後手段是訴諸法警，而計劃經濟的最後制裁則訴諸絞刑官[4]，這句話說得很好。賦予任何一個廠長的權力仍然會是相當大的。但在一個有計劃的制度中，廠長同工人的情況一樣，他的地位和收入不能單靠他所指導的工作的成功或失敗來作出決定。由於風險和利潤都不是他的，因而作出決定的，不可能是他個人的判斷而一定是他是否按照成規做他應做的工作。一個他"應該"避免而沒有避免的錯誤，不是他的個人問題；而是一種違反公眾的罪行，必須依照那種罪行來看待。只要他小心謹慎盡好他的能夠客觀地確定的責任，他的收入或許會比資本主義式的廠主的收入更為穩定，但如果真的失敗了，那末威脅他的危險就比破產還要嚴重。只要他能使上級滿意，他可能在經濟上是安定的，但這種安定是用自由與生命的安全的代價換來的。

我們必須要討論的那個矛盾，實際上是兩種不相容的社會組織之間的一個基本矛盾，這兩種組織，往往被人根據它們表現出來的最獨特的形式描述為商業式的社會和軍隊式的社會。這種詞語或許是不幸的，因為它們引起人們注意的是那些無關的部

3　柯伊耳（D. C. Coyle）：《國家計劃的曙光》（The Twilight of National Planning），《哈普爾雜誌》，1935 年 10 月，第 558 頁。

4　羅卜克（W. Roepke）：《現代社會危機》（*Die Gesellschaftskrisis der Gegenwart*），沮利克版，1942 年，第 172 頁。

分，並且使我們難以看出：我們面臨着的真正的取捨是只能在兩者之間擇其一而沒有第三種可能性。要不就是選擇和風險兩者都繫於他一個人，要不就是他兩者都不必作。事實上，軍隊在許多方面的確是很接近我們所熟悉的第二類的組織，在那裏工作和工人都同樣由當局者分配，在那裏，如果缺糧，大家都同樣減食。只有在這種制度裏，個人才被給予充分的經濟安全，並且通過這個制度的普及整個社會，使所有成員都能得到這種安全。然而這種安全是和對自由的限制與軍事生活的等級制度分不開的 ——它是兵營的安全。

當然，把一個在其他方面完全是自由的社會的某些部分，按照這一原則組織起來，是有可能的，而且，也沒有理由不把這種形式的生活，以及它必然會有的對個人自由的限制，讓那些喜歡它的人來實行。其實，按照軍事形式組織志願勞動隊，可能是政府為一切人提供有最低收入的有保障的工作機會的最好形式。這一類型的一些建議，在過去很少有人接受的原因，是由於那些願意用自由來換取安全的人始終要求：如果他們放棄他們的全部自由，那就也得剝奪那些不準備這樣做的人的全部自由。要為這種要求找到正當理由是很困難的。

但是，如果把軍事化組織擴展到整個社會，那末那時候的社會形式便和我們現在所說的軍事化組織大不相同。只要僅僅是社會的一部分才是仿照軍隊的方法組織的，這個軍隊式的組織成員的不自由，就會由於這一事實而減輕，即如果那些拘束變得過分令人討厭的話，他們還有可以移往的自由區域。假使依照誘惑許多社會主義者的那個理想，把社會組織成一個大的單一的工廠，要是我們想描繪這種社會究竟像甚麼樣子的話，我們就得看古時的斯巴達，或者現在的德國，它經過了兩三代人朝這個方向努力以後，現在也差不多達到那樣的社會了。

在一個習慣於自由的社會裏，似乎不可能有很多人真心願意以這種代價來換取安全。目前，各處都在奉行的政策，即把安全的特權時而給予這一集團，時而給予那一集團的政策，卻很快地在造成一種爭取安全的力量比愛護自由的力量更強的局面。這個原因是，隨着每一次把全部的安全賜予給某一個集團，其餘的人的不安全就必然增加。如果你保證把一塊大小不定的餅的固定的一部分給予一些人的話，那末，留下來給其餘的人的那一部分的波動的比例肯定要比整塊的餅的大小的變動為大。並且，競爭制度所提供的那個安全的重要因素 —— 多種多樣的機會 —— 就越來越少了。

在市場制度的範圍中，只有像所謂限制主義（但它幾乎包括實際上實行的一切計劃！）那一類的計劃，才能夠把安全給予特殊的集團。所謂“控制”，即限制產量，使價格能夠獲致適當的利潤，乃是在一個市場經濟中，能夠保證生產者獲得確定收入的唯一方法。但這一定會使對旁人開放的機會減少。如果生產者，不管他是廠主或是工人，得到免受外人殺價的保護，這就意味着其他那些境遇更壞的人遭到排擠，不能在相對地比較繁榮的受控制的工業中分享一份。每一種對加入行業的自由的限制都會減少行業以外的人的安全。並且，由於其收入因這種方法得到穩定的那些人日漸增加，對收入受到損失的人開放的可供選擇的機會的範圍就受到限制；對於那些受到任何變動的不利影響的人，想要避免他們收入的銳減的機會也相對地減少。日益增多的事實證明，如果許可每個情況好轉的行業的成員排斥其他的人，以便自己獲得較高的工資或利潤的全部收益的話，那些在需求下跌的行業裏面的人就無路可走，而且每次的變動就成了大規模失業的根源。毫無疑問，大半是近幾十年來用這些方法來爭取安全的結果，才大大地增加了大部分人的失業和從而引起的不安全。

在英國和美國，這樣的限制，特別是那影響到社會的中等階層的限制，僅在較近的時期才顯得重要，我們目前尚難了解它們的全部後果。那些處在完全絕望的地位的人，在一個變得嚴酷了的社會裏，現被擯棄於有保障的職業範圍以外，並且有一個鴻溝把他們同那些有工作的幸運者隔離開來，而後者的無人與之競爭的保障使他們沒有必要稍微退讓一下以便為前者留出餘地。無職業保障的人的完全絕望，和他們同有職業保障的人之間的懸殊，只有親身經受過的人才能體會得到。這不是幸運者放棄他們的地位的問題，而只是他們應當採取自己減少收入，或者往往甚至只是他們對自己改善處境的希望，作出某種犧牲的辦法來分擔共同的災難的問題。妨害這樣做的乃是他們認為他們自己有資格享受"生活水平"的保障，"合理價格"的保障，或者"職業收入"的保障，以及在這種保障中，他們所受的政府的支持。因而，現在受到劇烈波動的是就業和生產，而不是價格、工資和個人收入。在一個階級對另一個階級的殘酷剝削中，從來沒有比一個較弱的或較不幸的生產者集團中的成員從一個基礎穩固的集團那裏受到的剝削更惡劣、更殘酷的了，而這是對競爭進行"管制"所造成的。很少有甚麼口號比"穩定"個別價格（或工資）的理想為害更大的了，因它在穩定一部分人的收入的同時，卻使其餘的人的地位越來越不穩定。

　　因此，我們越努力用干涉市場制度的方法來提供充分的安全，不安全反而變得越大；並且，更糟的是，在把安全當作一種特權來接受的那些人的安全和沒有這種特權的人的日益增加的不安全之間的對立也變得越大。並且，安全越具有特權的性質，而沒有特權的人所面臨的危險越大，安全就越為人們所珍視。由於有特權的人數的增加，由於在他們的安全和其他的人的不安全之間的差別的增加，就逐漸發生了一套全新的社會的價值標準。給人以地位和身份的不再是自立而是安全，領得養老金的確定權利比對他有美好前途的信心更是青年人結婚的重要條件，而不安全則成為賤民的可怕處境，在這種處境下，那些在年青的時候被摒絕於薪給地位的庇蔭之外的人，就要以賤民身份終其一生。

　　由國家默認或加以支持的、以限制的措施來尋求安全的普遍的努力，隨着時間的進展已經產生了社會的進步的轉化 ——在這種轉化中，像在其他許多方面一樣，是德國人領先，而其他的國家則繼起仿效。這個發展已由於另外一種社會主義教育而加速了，即對一切帶有經濟風險的活動加以污蔑，以及對那些值得冒險去爭取但只有少數人能得到的利潤加以道德上的誹謗。當我們的年青人喜歡安定的有薪水的位置而不喜歡企業的冒險的時候，我們不能責怪他們，因為他們從小就聽人說過，前者是高尚的、更不自私和更公平的職業。我們今天這一代的青年是在這樣一個世界裏成長起來的，即無論在它的學校中或在它的報紙上，都是把商業進取心說成是不名譽的，把賺取利潤說成是不道德的，把僱用一百個人說成是剝削，卻把指揮一百個人說成是光榮的。年紀大些的人也許認為我對當前情況的這種說法未免言過其實，但大學教師日常的經驗無疑地證明：由於反資本主義的宣傳的結果，價值標準的改變遠遠地走在迄今已發生的制度改變的前面。現在的問題是，在我們用改變制度的方法來滿足新的需要的時候，我們會不會在不知不覺中，把我們仍然估價較高的那些價值標準毀滅了。

用一二十年前人們還能夠看作是英國式的和德國式的兩種社會的對比來說明安全的理想勝過自立的理想所必然引起的社會結構的變化，是再好不過的。在德國，不管它的軍隊勢力有多麼大，如果把英國人所認為的德國社會的"軍事"性質，主要地歸因於它的軍隊勢力，那是大錯特錯的。其不同之點遠比能用那種理由來解釋的更為深刻，並且，德國社會的特質，無論在軍人勢力很弱或很強的社會階層裏，都同樣地存在着。使德國社會具有特質的，與其說差不多在任何時期，德國和其他國家相比，有較大部分的人民為着進行戰爭而被組織起來，毋寧說德國把這一類型的組織用來達到許多其他的目的。給德國社會結構帶來特點的，是德國和其他國家相比，有更大部分的社會生活被有意識地自上而下組織起來了，是它的那麼大一部分人民不把自己看成是獨立的，而把自己看做是被指派的職員。正像德國人自己所誇耀的那樣，德國早已成了一個"官僚國家"，在這裏面，不但在文職工作本身，而且幾乎在一切生活的範圍內，收入和身份都是由當局指定了和保證了的。

雖然自由的精神可不可能在任何地方都被強力消滅，尚成問題，但不一定任何人都能頑強抵抗在德國用來緩慢地窒息它的這種過程。在那些想要獲得榮譽和地位，幾乎完全要靠當一個國家薪給人員來實現的地方，在那些擔任被委派給自己的任務比選擇自己擅長的工作被認為是更應受到稱讚的地方，在一切職業在官階制度中都沒有一個被認可的地位，沒有要求固定收入的權利，且都被看作是下等的，或者甚至是不體面的地方，要想有很多人都長期地寧願要自由而不要安全，這未免是奢望。並且，在那些除了處於從屬地位的安全位置之外其他一切位置都是最不穩定的位置，處在那種位置的人，無論成功或失敗都同樣會受到輕視的地方，只有少數的人才能夠抵抗得住那種以自由的代價來換取安全的誘惑。事情一達到這種地步，自由在實際上就差不多成了一種笑料，因為只有犧牲世界上大多數的好東西才能買到它。在這種情況下，難怪愈來愈多的人開始感到，沒有經濟的安全，自由就沒有佔有的價值，並且，都感到情願犧牲自由來爭取安全。但使我們感到不安的是，我們發現拉斯基教授所採用的正是同樣的一個論證，這個論證比其他任何論證都更有助於誘導德國人民犧牲自由[5]。

　　防止赤貧，和減少那些會把努力帶到錯誤的方向上去的可以避免的原因，借以消除因此而產生的失望，必須是政策的主要目標之一，這是沒有問題的。如果要這些努力獲得成功而又不損

5　拉斯基（H. J. Laski）:《現代國家裏的自由》（*Liberty in the Modern State*），1937年，塘鵝叢書版，第 51 頁:"那些知道窮人的日常生活的人，知道他們時時刻刻感到大禍將要臨頭的人，知道他們不時追求美的事物但始終得不到它的人，就會很好地體會到:'沒有經濟的安全，自由是不值一文的。'"

害個人自由，那就必須在市場以外提供安全而讓競爭自然地進行而不加以阻撓。為了保存自由，某種安全也是不可少的，因為大多數的人只有在自由所不可避免地帶來的那種風險不是太大的條件下，才願意承擔那種風險。這雖然是我們決不應當忽視的一個真理，但為害最大的是現在流行在知識分子的領袖們當中的，以自由為代價來讚揚安全的那種風氣。重要的是，我們應當重新學習坦白地面對這一事實：即只有花代價才能得到自由，並且，就我們個人來說，我們必須準備作出重大的物質犧牲，以維護我們的自由。如果我們希望保存自由，我們就必須恢復作為盎格魯薩克遜國家的自由制度的基礎的那種堅強的信心；這種信心曾經被佛蘭克林表現在一個適用於我們個人的生活，同時也適用於一切國家的生活的句子裏："那些願意放棄根本的自由來換得少許的暫時安全的人，既不配得到自由，也不配得到安全。"

第十章　為甚麼最壞者當政

權力易滋腐化，絕對的權力則絕對地會腐化。

—— 阿克頓勳爵

　　我們現在必須研究一種信念；許多把極權主義的到來看作是不可避免的人，從這個信念得到了安慰，並且，這個信念大大的削弱了很多其他的人的抵抗力，他們如果徹底了解極權主義的性質的話，是會盡最大的努力來反對它的。有人認為極權主義政權最令人討厭的特點應歸之於這一歷史事實，即這種政權是由流氓和殺人犯的集團建立起來的。有人說，德國極權主義政權的建立導致了施萊徹和克林吉爾·雷伊和海因、西姆萊和海德利希之流的當政，這當然可以證明德國人性格上的邪惡，但並不能證明這些人的得勢是極權主義制度的必然結果。為甚麼這同一種制度，如果它是為達到一些重大的目標所必需的，不可能由一些正派的人物領導，為整個的社會謀福利呢？

　　我們決不應當自欺地相信，一切善良的人們都一定是民主主義者，或者說，必然會願意參與政府工作。很多人無疑地寧願把國事委託給他們認為是更能幹的人去做。這可能是不明智的，但贊成一個好人的專政並不是壞事或不光榮的事。我們已經聽見有人爭辯說，極權主義是一種可以為善也可以作惡的強有力的制度，並且，運用這個制度的目的何在，完全取決於獨裁者。那些認為我們應當怕的不是這個制度，而是它可能被壞人來領導的危險的人們，可能甚至想用使其及時地由好人建立起來的辦法來預防這種危險。

　　沒有疑問，一個美國或英國的"法西斯"制度一定會同意大利或德國的那種法西斯制度大有區別；沒有疑問，假使過渡到這種制度不是使用暴力來完成的，我們還可望得到一種較好的領導人。並且，如果我必須生活在一個法西斯制度之下的話，那我無疑地會寧願生活在一個由英國人或美國人領導的這種制度之下。然而這一切並不意味着，按照我們目前的標準而論，我們的法西斯制度歸根到底會比它的原型有很大的不同，或者比較容易忍受些。我們很有理由相信，照我們看來似乎是現有極權主義制度的最壞的特點的那些東西，並不是偶然的副產品，而是極權主義遲早一定會產生的現象。正像着手計劃經濟生活的民主政治家不久就會面臨着：是僭取獨裁權力呢，還是放棄他的計劃呢這樣一個選擇一樣，極權主義的獨裁者也必定很快的會在置尋常的道德於不顧和自認失敗之間作出選擇。正是因為這個緣故，那些不法之徒和肆無忌憚的人，才在一個趨向極權主義的社會裏有更多的成功的希望。凡是沒有看到這一點的人，他就還沒有領會到，把極權主義和自由主義政體分開來的那個鴻溝的全部寬度，還沒有領會到集體主義下整個的道德氣氛和本質上是個人主義的西方文明之間的全部區別。

　　當然，過去已經有過許多關於"集體主義的道德基礎"的爭論；但是我們在這裏要談的，不是它的道德基礎而是它的道德結果。平常對於集體主義道德方面所作的討論，指的是集體主義是不是為現有道德信念所需要的問題；或者是，如果要使集體主義產生出預期的結果，需要一些甚麼樣的道德信念的問題。然而，我們現在的問題是集體主義的社會組織將會產生甚麼樣的道德觀念，或者說，支配它的將是一些甚麼觀念。道德和制度之間的相互作用很可能產生的結果是，集體主義所產生的道德和引起對集體主義的要求的道德理想，將是截然不同的。儘管我們都可能有這種想法，既然要求實行集體主義制度是從高度的道德動機出發的，那種制度就一定會是最高的品德的源泉，然而事實上卻沒有理由可以認為任何一種制度都準能把那些促成它的原定目標的各種觀點加以發揚光大。那些起支配作用的道德觀念將部分地取決於引導個人在集體主義或極權主義制度下取得成功的品質，還部分地取決於極權主義機構的需要。

　　我們此刻必須暫時回過頭來談一談摧殘民主制度和建立極權主義政權之前的那種局面。在這個階段，要政府採取迅速的、果斷的行動的普遍要求乃是在這種局勢中的有力因素 —— 不滿意以"為行動而行動"為目的的民主程序的緩慢而又動作不靈的過程。這時，正是那些似乎具備足夠的力量與決心"解決問題"的人或政黨才具有極大的號召力。在這一意義上的所謂"力量"，不僅意味着數量上的多數 —— 人民感到不滿的正是議會多數的無能。他們所追求的是得到一致的支持，從而能夠鼓勵人民相信他能做出他所要做的任何事情的那種人。依照軍隊方法組織起來的新型的政黨這才應運而生。

在中歐國家，各社會主義黨派已經使群眾習慣於那些盡量吞掉成員的私生活的半軍事性的政治組織。要給予某一集團以壓倒的權力所需要的一切，就是把同樣的原則稍微推進一步，來求得力量；這種力量不在於每逢選舉時保證能夠得到的大量選票，而在於一個比較小但更徹底地組織起來的集團的絕對的無條件的支持。能否把極權主義制度強加於全體人民，取決於領導人是否能夠首先收羅一批人在他的身邊，這些人準備志願地服從一個紀律，即他們要用強力來加在其餘的人身上的那個極權主義的紀律。

雖然社會主義各黨派，如果要使用武力，是能夠得到任何束西的，但他們不敢那樣做。他們不自覺地要使自己擔負起一種任務，這個任務是那些殘酷無情的、準備不顧公認了的一切道德藩籬的人才能執行的。

社會主義只有用大多數社會主義者都不贊成的方法，才能付諸實施，這當然是許多社會改革者以往已經學到了的教訓。舊的各社會主義黨派受到了他們的民主理想的拘束；他們沒有具備執行他們所選擇的任務所需要的那種殘忍。最能說明問題的一點是，德、意兩國的法西斯主義的成功，都是在各社會主義黨派拒絕擔負組織政府的責任以後。他們不願全心全意地使用由他們自己指出的那些方法。他們仍然希望會有一個像奇跡一樣出現的多數的同意，以便實行某種把整個社會組織起來的計劃；而另外一批人則已經學到這樣一個教訓：即在一個有計劃的社會裏，問題已不再是大多數人同意的是甚麼，而是最大的一個集團是甚麼，這個集團的成員完全同意使一切事情都服從統一指導；否則，如果沒有這種大得足以執行它的意見的集團的話，那末，法西斯制度如何能夠建立起來呢，誰能夠把它建立起來呢？

這樣一個人數眾多、有力量而又大致是志同道合的集團，似乎不可能由任何社會的最好的分子，而只能由它的最壞的分子來建立，這其中有三個主要的原因。照我們的標準來看，要挑出這樣一個集團，它所依據的原則幾乎完全可以說是負面的。

首先，一般說來，或許是正確的是：各個人的教育和知識越高，他們的見解和嗜好就越不相同，而他們贊同某一種價值等級制度的可能性就越少。其結果就是：如果我們希望找到具有高度一致的和相同的觀念，我們必須降格到道德和知識標準比較低級的地方去，在那裏比較原始的和"共同"的本能與嗜好佔有優勢。這不是說，大多數的人所有的道德標準是低級的，而只是說，價值標準極為類似的最大的人民集團，乃是具有低級標準的人民。比方說，聯繫絕大多數人民的乃是最小的公分母。如果需要一個人數眾多的，有足夠力量能把他們自己對生活的價值標準的看法強加在其餘所有的人身上的集團，那末，它的組成者決不會是具有高度不同的和高度發展的趣味的人 —— 而是那些構成"群眾"的（就這一名詞的貶意來講），很少有創造性和獨立性的人，是那些能夠把"人多"的壓力作為他們的理想的後盾的人。

然而，如果一個潛在的獨裁者必須完全依靠那些具有極其相似的簡單的和原始的本能的人的話，他們的人數就很難對他們的企圖提供足夠的力量。他必得通過把更多的人轉變過來信奉同樣簡單的教條的辦法來增加他們的人數。

在這裏出現了第二個負面的選擇原則：即他會得到一切性情溫馴和易受騙的人的支持，這些人沒有自己的堅強信念而只準備接受一個現成的價值標準體系，只要經常大聲地朝他們的耳朵鼓吹這種體系。壯大極權主義政黨的隊伍的，正是那些既模糊又不健全的思想容易動搖的人，和那些熱情與情緒容易衝動的人。

第三個，而且或許是最重要的一個負面的選擇因素，是和政治煽動家的要把有密切聯繫和成分相同的支持者團結在一起的那種深謀遠慮的努力分不開的。人們同意一個負面的綱領——對敵人的憎恨，對富人的妒嫉——比同意一件正面的任務要容易些，這看來幾乎是人性的一個定律。“我們”和“他們”之間的對比，即向一個集團以外的人作共同的鬥爭，似乎是任何信條裏面的一個重要的成份，它使那個集團牢牢地團結在一起以便共同行動。因此，那些不僅想要獲得對一個政策的支持，而且要獲得廣大群眾的無保留的忠誠的人，都一直是運用它來達到他們的目的。從他們的觀點來看，它的巨大的優點是它幾乎比任何積極的綱領更能夠留給他們以較大的自由行動的餘地。敵人，不管他是內部的，類如“猶太人”，或者“富農”，或是外來的，似乎是一個在極權主義的領導人的武器庫中不可或缺的必需品。

在德國變成了敵人的是猶太人，一直到“因財得勢的階級”接替了他的地位為止。這同俄國把富農挑選出來做敵人，同樣是整個運動都以之為基礎的那個反資本主義的敵愾心的結果。在德國和奧國，猶太人被視之為資本主義的代表人物，因為人民當中一些大的階級對經營商業懷有傳統的嫌惡，致使在實際上被排斥於更受人尊敬的職業之外的猶太人對經商更為接近。一個異族只准參加這些不大體面的行業，然後，由於他們從事這些行業的緣故就更加遭人嫌惡，這種情形原是古已有之的。德國的反猶太主義和反資本主義係同出一源這個事實，對於那些想要了解在那裏究竟發生了些甚麼事情的人是有重大意義的。但外國觀察家們很少領會到這一點。

把集體主義的政策變成民族主義政策的普遍趨勢，完全認為由於為了獲得毫不遲疑的支持的需要，就會忽視另外的而且是同樣重要的一個因素。當然，人們或許會問：能不能現實地設想一個不是為狹小的集團服務的集體主義綱領，集體主義能不能以除了民族主義、種族主義或階級主義這些壁壘分明的主義之外的任何其他形式存在。相信同胞都有共同目標和共同利益這個信念，它所預先假定的觀點和思想的相似程度，似乎比實際存在的、僅僅作為人類的人的人與人之間的這種相似程度要大些。如果某個人的集團裏的其他成員都互不認識，那他們至少必須是同我們周圍的那種人一樣，必須用同樣的方法來想、來談關於同樣的事情，這樣我們才能跟他們有共同的身份。一個世界範圍的集體主義似乎是不可想像的 —— 除非它是為一個小的特殊的統治精英服務的。它一定會引起不僅是技術的問題，而且，最重要的是引起我們的社會主義者的每個人都不願遇見的那些道德問題。例如，假使英國的無產階級有權平等地享受目前從他的國家資本財貨中所得來的收入以及平等地管理那些資本財貨的用途（因為它們都是剝削的果實）的話，那末根據同一原則，印度人不僅有權按比例地享受從英帝國的資本得來的收益，也有權按比例地使用英帝國的資本。

但有甚麼社會主義者認真冀圖把現存的資本財貨平均分配給全世界的人民呢？他們都認為資本不屬於人類而屬於民族——雖然就是在一個民族裏面也很少有人敢於主張，應從比較富裕的區域取出一些"它們的"資本設備來補助那些比較貧苦的區域。社會主義者所宣佈的他們有義務給予現有各國的人們的那些東西，他們是不準備給予外國人的。從一個徹底的集體主義者的觀點來看，那些"無"的民族所提出的重新分割世界的要求是完全正當的——雖然，如果徹底實行這種分割的話，那些要求最力的人所受的損失就會和最富裕的民族所受的損失差不多一樣大。因此，他們很小心地不把任何平均主義的原則作為他們的要求的根據，而以自命為有組織其他民族的優越能力為根據。

集體主義者的哲學的內在矛盾之一是，雖然它把它本身建築在個人主義所發展起來的人道主義的道德上面，但它只能夠在一個比較小的集團裏面行得通。社會主義只有當它仍然是理論的時候，它才是國際主義的，但一經付諸實施，無論是在德國或俄國，它就馬上變成強烈的民族主義了。這一原因說明了西方世界大多數人所想像的那種"自由社會主義"何以是純理論的，而各處實行的社會主義何以是極權主義的[1]。集體主義不能容納自由主義的廣泛的人道主義，它只能容納極權主義的狹隘的門戶之見。

如果"社群"或國家比個人優先，如果它們有它們自己的目

---

[1] 參看波爾肯腦（Franz Borkenau）的有益的討論：《社會主義是一國的呢，還是國際的呢？》（*Socialism, National or International?*），1942 年版。

標，而這些目標又與個人的目標無關並超越於個人目標的話，那末，只有那些與社會具有共同目標並為之努力的個人才能夠被視為是那個社會的成員。這種見解的必然結果就是：一個人只因為他是那個集團的成員才受到尊敬 —— 而且只有為公認的共同目標而工作才受到尊敬 —— 並且他之所以取得他的全部尊嚴，只是從他的成員的資格而不僅是從他是一個人的資格。其實，人道主義的真正概念，因而任何形式的國際主義的真正概念，完全都是個人主義的人的觀點的產物，而在集體主義思想體系中，它們是沒有地位的[2]。

　　集體主義的社會只能擴展到存在着、或者有可能建立各個人的統一意志的範圍，這是一個基本事實，除此以外還有一些因素也助長了集體主義的門戶之見和唯我獨尊的傾向。其中一個最重要的因素是：想把自己與一個集團結為一體的個人願望，常常是一種自卑感所引起的，因而，只有那個集團的成員資格能夠使他比不屬這個集團的人高出一等，才會滿足他的需要。有時，一個人知道他在集團裏必須加以抑制的那些強烈的本能，能夠在對付集團以外的人的集體行動中為所欲為這樣的事實，似乎成了進一步使他把自己的個性和集團的個性結合在一起的誘導力量。在尼布爾寫的《道德的人和不道德的社會》這本書的書名裏，表達

---

[2]　當尼采使他的查那圖斯特拉說下面一段話的時候，是完全充滿了集體主義精神的：
"有一千個人存在過，所以迄今就有一千個目標存在過。但現在還缺少可以套在一千個人脖子上的那種枷鎖，因而就還缺少一個共同的目標。人類尚沒有目標。"
"但同胞們，請告訴我：如果人類還缺少目標，那豈不是人類本身還有缺陷嗎？"

了一個深刻的真理 —— 儘管我們很少能夠同意他從他的命題作出的結論。誠然，像他在旁的地方所講的那樣，在現代人中，"有一種趨勢正在增長，即在想像中認為自己是道德的，因為他們已把自己的不道德移讓給越來越大的集團[3]"。代表一個集團辦事，就好像是使人們從他們作為集團內部的個人時控制其行為的許多道德束縛中解放出來似的。

下面的事實進一步說明了大多數的計劃者對國際主義所採取的明確的敵對態度：在目前這個世界裏，一個集團的一切對外接觸，都是對於他們在自己的領域內有效地進行計劃的障礙。因此，對計劃進行最全面的集體研究的一個編輯人，憤懣地發覺到，"大多數'計劃者'都是好戰的民族主義者[4]"，這並不是偶然的。

社會主義計劃者的民族主義和帝國主義傾向，遠比一般人所認識到的更為普遍，但並不是老是都像韋伯夫婦和其他一些早期的費邊派社會主義者那樣露骨，—— 他們對計劃的熱情特別是和崇拜強大的政治單位而鄙視小國的觀點結合在一起的。歷史學家哈勒維，在談到四十年前他初次認識韋伯夫婦時，寫道，他們的社會主義是深刻地反對自由主義的。"他們不恨保守黨人，實際上他們對保守黨人是異常寬容的，但對格拉德斯通派的自由主義則是無情的。那時正是波爾戰爭爆發的時期，進步的自由黨

3　這是卡爾（E. H. Carr）從尼布爾的一篇論文中引用的一句話（見《二十年的危機》，〔*The Twenty Years' Crisis*〕，1941 年版，第 203 頁）。

4　麥肯齊（Findlay MacKenzie）（編）：《昨天，今天，明天的有計劃的社會，一個討論會》（*Planned Society, Yesterday, Today, Tomorrow: A Symposium*），1937 年版，第 20 頁。

人和那些正在建立工黨的人，在捍衛自由與人道的名義下，都慷慨地支持波爾人的反對英帝國主義的鬥爭，但韋伯夫婦和他們的朋友蕭伯納卻是站在一旁，因為他們都是明目張膽的帝國主義派。自由主義的個人主義者的眼中還可能有小國的獨立。但對像他們那樣的集體主義者來說，卻是不值一顧的。我還清楚記得悉尼・韋伯對我解釋說：'將來的世界屬於偉大的治理有方的國家，有官吏管理國事，有警察維持秩序的那些國家'。"在旁的地方，哈勒維引證蕭伯納大約在同一時期所作的主張說："世界屬於強大的國，這是命定的；小國必須就範，否則就一定會被消滅無存[5]。"

　　在對於國家社會主義的德國祖先所作的描述中，我詳細引證了上面這幾段話，這該不會使人感到驚奇，因為它們提供了這樣一個突出的讚美強權的例子，這種對強權的讚美，不費吹灰之力就把社會主義導向國家主義，並且深刻地影響到一切集體主義者的道德觀念。就小國的權利這一點而論，馬克思和恩格斯的見解也不比大多數其他堅決的集體主義者好多少，他們有時發表的關於捷克人或波蘭人的意見和現在的國家社會主義者的意見如出一轍[6]。

　　雖然對於十九世紀的偉大的個人主義的社會哲學家們，對於像阿克頓爵士和像伯克哈特（Jacob Burckhardt）那樣的人，直到對於承受了自由主義傳統的當代社會主義者像羅素這一派的人

5　哈勒維：《專制時代》（*L'Ere des tyrannies*），巴黎，1938 年，第 217 頁，及《英國人的歷史》（*History of the English People*），第一卷，結語，第 105－106 頁。
6　參看馬克思《革命與反革命》，以及 1851 年 5 月 23 日恩格斯給馬克思的信。

説來，權力本身就是大惡，但在嚴格的集體主義者看來，權力本身就是目標。羅素説得好，不僅是想按照一個單一的計劃來組織社會生活的那種要求本身，多半是從一種對權力的要求出發的[7]。它甚至更多地是這個事實的結果：即集體主義者為了達到他們的目的，必須建立其前所未有的巨大的權力 —— 人控制人的那個權力 —— 並且他們的成功也取決於他們獲得這種權力的程度。

這一論點仍然是正確的，縱然有許多自由主義的社會主義者，他們夢寐以求的是一個悲劇性的幻想，以為剝奪了個人主義制度中的個人私有的權力，並把它轉讓給社會的，他們就能夠消滅權力。凡是作這樣主張的人都忽略了以下幾點：為了能夠用來為一個單一的計劃服務的權力的集中，不僅是權力的轉移，並且也是把它無限制地增加了；把從前許多人獨自擁有的權力集中在某個單獨集團的手裏，造成了一種無限地擴充了的前所未有的大權獨攬的局面，其影響亦遠為深廣，幾乎使它變成了另外一樣東西。有時有人認為：中央計劃局所行使的大權"不會超過私人董事會集體地行使的權力"[8]。這種説法完全是錯誤的。在競爭的社會裏，沒有任何人能夠行使社會主義計劃局所掌握的權力的哪怕是一小部分，既然沒有任何人能夠自覺地行使這個權力，那末，

7　羅素：《科學的前景》（*The Scientific Outlook*），1931 年版，第 211 頁。
8　這是利平科特（B. E. Lippincott）在他給蘭吉（Oscar Lange）和泰勒合著的《論社會主義的經濟理論》（*On the Economic Theory of Socialism*）一書所作的引言中所講的一句話（明尼坡里斯〔Minneapolis〕，1938 年版，第 35 頁）。

説它為資本家全體所掌握，就是胡説八道[9]。"私人董事會集體地行使的權力"這種説法，如果董事們並沒有聯合起來一致行動，那就不過是玩弄字句。如果，他們真的聯合起來的話，那就意味着競爭的完結和計劃經濟的建立。把權力分裂或分散開來就一定會減少它的絕對量，而競爭制度就是旨在用分散權力的辦法來把人用來控制人的權力減少到最低限度的唯一的制度。

我們在前面已經看到，何以經濟和政治目標的分離是個人自由的基本保證，何以一切集體主義者因而對它加以攻擊。對於這一點，我們現在必須補充的是：目前，人們時常要求的那個"以政治權力代替經濟權力"必然意味着，用一種無法逃避的權力代替一種常常是有限的權力。所謂經濟權力，雖然它可能成為強制的一種工具，但它在私人手中時，決不是無所不包的或完整的權力，決不是控制一個人的全部生活的權力。但是如果把它集中起來作為政治權力的一個工具，它所造成的依附性就與奴隸制度很少區別。

每一個集體主義制度都有兩個主要特徵，它需要有一個為整個集團共同接受的目標體系，還要有為了達到這些目的而希望給予集團以最大限度的權力的超越一切的願望，從這兩種特徵產生了一個具體的道德體系，這個道德體系有些地方符合我們的體系，而有些地方則與我們的體系形成了尖鋭的對比 —— 但其中

9　我們必須注意不要為這個事實所欺騙：即"權力"這個詞，除了使用在對人的意義上之外，也使用在對任何決定事件的不指人的（或者不如説擬人的）意義上。當然，每一事件之發生，總是有某種東西來確定它的，而且，在這一意義上，權力存在的量一定隨時都是同樣的。但這對人自覺地操持的權力來説，則是不適用的。

有一不同之點使我們懷疑是否能夠叫它為道德：它不讓個人的良心有運用它自己的規則的自由，甚至也沒有個人在任何環境中必須或可以遵守的任何一般性的規則。這就使集體主義道德和我們所知道的那些道德有那樣大的區別，以致我們很難在他們仍然保持的那些道德中找出任何原則，儘管有關的原則還是蘊藏於其中的。

原則的區別，有很多是和我們在討論有關"法治"問題時的區別相同的。像形式的法律一樣，個人主義道德的規則，儘管它們在很多方面不是精確的，但都是一般的和絕對的；它們規定或禁止一個一般類型的行為，不管在某一特定情況下它的最後目標是好的或是壞的。欺騙或偷竊，曲解或背棄信任，被認為是壞事，不管在個別場合裏它是否造成危害。縱使在一定情況之下沒有人因此受害，或者，這種行為可能是為着一個高尚的目標，但兩者都不能改變它是壞的這個事實。雖然我們有時也許會不得不在不同的壞事中作出選擇，但它們仍然是壞事。

"為了目的，不擇手段"這個原則，在個人主義道德裏面被認為是對一切道德的否定。而在集體主義的道德裏面卻成了必然的至高無上的準則；堅決徹底的集體主義者一定不許做的事簡直是沒有的，如果它有助於"整體的利益"的話，因為這個"整體的利益"是他判定應當做甚麼的唯一標準。國家利益至尚是集體主義道德最明顯的表現，它的唯一界限就是利害的權宜 —— 一定的行為對於眼前的目標的適宜性。凡是國家利益至上所肯定的國與國之間的關係，也適用於集體主義國家裏面的人與人之間的關係。集體主義國家的公民必須準備去作的事，是不可能有限制的；他的良心不許可他做的事是沒有的，只要它是為集體已經確定的目標所需要的，或者是他的上級命令他要達到的目標所需要的。

在集體主義道德中缺乏絕對的形式規則，當然並不是說沒有一些集體主義社會將加以鼓勵的有用的個人習慣，和一些它將加以排斥的個人習慣。完全相反，它對個人生活習慣的注意，比個人主義社會對個人生活習慣的注意要大得多。要做一個集體主義社會的有用的成員，他必須具有很明確的品質，這些品質又必須以經常的實踐來加強它們。我們把這些品質稱為"有用的習慣"，並且很難把它們說成是道德品格，是因為個人決不可以把這些慣例放在任何具體命令之上，或者說，決不可讓這些慣例成為對他的社會達成任何特定目標的障礙。它們只適用於填補一切直接的命令或者特殊目標的指定所留下的缺口，但決不能作抵觸當權的意旨的正當理由。

在集體主義制度之下，將會繼續受到尊重的美德和將會消失的美德之間的區別，可用一個對比來很好地說明，這個對比就是那種就連他們最兇惡的敵人也承認的、德國人或者不如說典型的普魯士人所具有的那些美德和人們通常認為是他們所缺少，但同時卻是英國人所擅長而又頗有理由引以自豪的那些美德之間的對比。總的說來，很少有人會否認德國人是：勤勉而守紀律的，徹底而頑強到無情的程度，對於他們所執行的任務是赤膽忠心，專心致志的；他們有一種強烈的紀律性與責任心，而且對上級是嚴格服從的；他們在遇見物質上的危險時，時常表現出自我犧牲的決心和大無畏的精神。所有這一切把德國人造成為完成指派任務的有效工具，並且，在舊的普魯士邦和普魯士人統治的新的帝國中，他們就是這樣被細心地培養起來的。人們時常認為"典型的德國人"所缺少的是個人主義的美德：即寬容和尊重其他的個人和他們的意見，獨立精神，正直的性格和維護自己的意見而不為一個上級的意見所左右的那種意願，德國人也常常自覺到這一點，把它叫做"書生意氣"；對於弱者和衰老者的體恤，和只由個人自由的古老傳統產生出來的對權力的健全的鄙視與憎恨。他們似乎還缺少很細小的、但很重要的品質，就是在一個自由社會裏，使人與人之間便於互相交往的那些品質：和藹和一種幽默感，個人謙遜，尊重別人的隱私和對鄰人的善意的信任。

在我們說過了以上這一切之後，我們再說，這些個人主義的美德同時也是重大的社會美德，是不會使人驚奇的，這些美德使社會的交往不生磨擦，使從上到下的管制更少需要而同時又使這種管制更困難。它們是在任何個人主義式或商業式的社會流行的地方就繁榮滋長，而在集體主義式或軍人式的社會佔優勢的地方就消失的那些美德——這樣一種區別可以在，或者在過去的，德國的不同地區之間發現，也可以在現在成為支配德國的見解與西方的特有的見解之間發現。直到最近，在德國，那些受到商業的文化勢力的影響最久的地方，例如南部和西部的舊有商業城市和那些漢薩城市，他們的一般的道德概念同西方人民的概念比同現在支配整個德國的概念更要接近些。

然而，由於極權主義國家的人民竭力支持一種在我們看來似乎是否認大部分道德價值的制度，我們就把他們看作是缺乏道德的熱情，這是極不公允的。在他們的大部分人中實際情形也許恰好相反：像國家社會主義或共產主義這一類運動所受到的道德情緒的支持的強度，也許只能夠同歷史上偉大的宗教運動相比。只要你承認了個人只不過是為所謂社會或國家那樣較高的實體的目的服務的，極權主義政體的很多使我們害怕的特點就會隨之而來，這是一定的。從集體主義的觀點來看，不容忍和殘酷地鎮壓異議，完全不顧個人的生命與幸福都是這個基本前題的根本的和不可避免的後果。集體主義者也能夠承認這一點，而同時還斷定他的制度優於一個容許個人"自私"的利益來阻撓公眾所追求的目標的全部實現的制度。當德國的哲學家們反覆地說，爭取個人幸福這件事本身就是不道德的，只有完成一個強加於人的任務才是值得稱讚的的時候，他們是十分誠懇的，不管那些在另一個不同的傳統裏成長起來的人對於這一點是如何的難以理解。

凡是有一個共同的、凌駕一切的目標的地方，是沒有任何一般的道德和規則的餘地的。這是我們戰時在有限的程度上所親身經歷過的。但在民主國家裏。就是戰爭和極大的危險也只把民主國家的情況帶到與極權主義有些微近似的地步，很少把其他一切有價值的東西都拋在一邊來為單獨一個目的服務。但遇有幾個特定目標支配着整個社會的時候，不可避免的就有下面這幾種情況：殘酷有時可以變成義義；違反我們的情感的行為：例如槍斃人質、殺害老弱等事，竟把它們看成僅僅是權宜之計；強迫的流徙和遷移數以十萬的人口竟成為差不多除了受害人以外每個人都贊成的一種政策措施；或者像"徵集婦女以作傳種之用"之類的建議也會受到認真的考慮。在集體主義者的眼中，時常都有一個重大的目標用這些行為為它服務，並且，照他看來，這一目標使這些行為成為正當，因為對一個社會的共同目標的追求，可以沒有限制地侵奪任何個人的任何權利和價值。

雖然對於極權主義國家的公民群眾來說，使他們贊成，甚至作出上述那樣的行動的，常是他們對一種理想的無私的熱忱——儘管這是我們不能忍受的一種理想——但不能以此為那些領導它的政策的人們辯護。要成為一個管理極權主義國家的有用的助手，一個人單單準備接受那些為壞事所作的巧言令色的辯護還是不夠的；他自己還必須積極地破除他所知道的每一種道德上的約束，如果這對完成他的指定任務似乎是有必要的話。由於這些目標的確定是最高領導單獨作出的，充當他的工具的人就必須是沒有自己的道德信念的。他們首先必須無保留地委身於領導者本人；其次，最要緊的是，他們應當是完全不顧廉恥，並且名副其實的做到不擇任何手段。他們必須沒有自己想要實現的理想；關於有礙領導者意圖的是非，他們應當沒有自己的意見。因而那種權要地位很少能夠吸引那些持有在過去曾經領導過歐洲人民的那種道德信念的人，很少能夠補償許多特殊任務的不愉快，很少有滿足任何較高理想主義的願望的機會，很少能夠補償不可能拒絕的危險，補償在私生活中的大部分娛樂的犧牲，和補償在重要位置中的個人獨立性的犧牲。唯一得到滿足的愛好，是那些對這種權勢的愛好，以及對有人服從和對成為一個管理得好，強大有力而其他一切都得為它讓路的機構的一分子而感到的愉快的那種愛好。

然而，能夠誘使那些按我們的標準看來算是好人的人們去指望取得極權主義機構中的領導地位的東西雖然很少，而阻止他們去那樣做的東西又雖然很多，但那些殘酷無情、鮮廉寡恥的人們卻有特別的機會。他們要做的有些工作，就它們本身來說，其惡劣性是沒有人會懷疑的，但是為了某種更崇高的目的這些工作是必須要做的，而且還必須做得同任何其他工作一樣的熟練，一樣的有效率。由於有些需要做的工作本身就是壞的，是所有受到傳統的道德影響的人所不願做的，因而願意做壞事就成為升官得勢的門徑。

在一個極權主義的社會裏，那些需要實行殘忍和恐嚇、蓄意的欺詐和間諜工作的位置是很多的。無論蓋世太保，集中營的管理，宣傳部，或者"衝鋒隊"或"黨衛隊"（或者它們的意大利和俄國的翻版），都不是適宜於發揮人道主義情感的地方。然而導向極權主義國家的最高地位的道路正是要通過像這樣的一類位置。一位美國有名的經濟學家，在同樣簡略地敍述了集體主義國家當權者的職權之後作出的結論是最正確的了："不管他們願意還是不願意，他們都得做這些事情；不喜歡掌握和使用權力的人能夠當權的可能性，是和一個心地非常慈祥的人在一個奴隸種植園裏擔任鞭笞頭目的工作的可能性一樣微弱。"[10]

不過，我們在這裏不能對這個問題作詳盡無餘的討論。領導者的選擇問題，是和按照各人所持意見，或者不如說，按照一個人對附和一套隨時改變的學說的自願程度進行選拔的那個範圍更大的問題緊密地結合在一起的。這就把我們引到極權主義最突

10　奈特教授（Prof. Frank H. Knight），見《政治經濟學雜誌》（*Journal of Political Economy*），1938 年 12 月，第 869 頁。

出的道德特點之一：即它對於屬於真理性這個總標題之下的一切
美德的關係和影響的問題。這是一個很大的問題，需用單獨的一
章加以說明。

第十一章　真理的末日

思想的國有化到處都是與工業的國有化並駕齊驅的，這是值得玩味的。

—— 卡爾

社會計劃所指向的目標，是一個單一的目標體系，要使每個人為這個單一體系服務的最有效的方法，就是使每個人都相信那些目標。要使一個極權主義制度有效地發揮它的作用，強迫每個人為同樣的目標工作，還是不夠的。重要的是，人們應當把它們看成是他們自己的目標。雖然人們的信仰必須代為選擇並且強加在他們身上，但它們必須成為他們的信仰，成為一套被普遍地接受的信條，以便使個人儘可能自發地依照計劃者所要求的方式行動。如果在極權主義國家人民所感到的壓迫，一般說來，遠不如自由主義國家的大多數人民所想像的那樣厲害的話，這是因為極權主義政府在使人民照着它所要求的那樣去思想這一方面達到了高度的成就。

這當然是各種形式的宣傳所造成的。宣傳的技術現在大家都很熟悉，因此，我們不需多談它。必須着重指出的唯一的一點是，在極權主義國家裏，使宣傳完全改變了性質和效用的，不是宣傳本身，也不是所使用的技術是極權主義所特有的，而是一切宣傳都為同一目標服務 —— 把所有宣傳工具都協調起來朝着一個方向影響個人，並產生出特有的全體人民的思想"統一性"。這樣做的結果是：極權主義國家裏的宣傳的效果，不但在量的方面，而且在質的方面都和由獨立的與競爭的機構為不同的目標所作的宣傳的效果完全兩樣。如果時事新聞的一切來源都有效地處於一個單一的控制之下，那就不再是一個僅僅說服人民這樣或那樣的問題。靈巧的宣傳家於是就有力量照自己的選擇來形成人心的趨向，而且，連最有理解力的和獨立的人民也不能完全逃脫這種影響，如果他們被長期地和其他一切新聞來源隔離開來的話。

在極權主義的國家裏，雖然宣傳所佔的這種地位給予它一種控制人心的獨特權力，但其特殊的道德效果並不是從極權主義宣傳的技術而是從它的目的和範圍產生出來的。如果能夠把宣傳限制於用社會努力所指向的整個價值體系來教育人民的話，那末，宣傳就不過是我們已經討論過的那些集體主義道德的特徵的一個方面的表現而已。如果它的目的只是把具體的和全面的道德條規教給人民，那末問題就只是這種條規的好壞問題。我們已經看到：極權主義社會的道德規條是不可能打動我們的；甚至用一種有領導的經濟的方法來爭取平等的結果，也只能是一種官方強加的不平等 —— 即集體主義者給每一個人在新的等級制度中安排的地位 —— 我們道德中的大部分人道主義的要素，即尊重人命、尊重弱者和尊重一般的個人等，都會消逝。儘管大多數人多麼討厭這種道德條規，並且，雖然它引起了道德標準的變化，但它並不一定完全是反道德的。這種制度的某些特點甚至還可能打動帶有保守色彩的最嚴肅的道德家們，據他們看來，這些特點似乎比自由主義社會的比較溫和的標準更有可取之處。

然而，我們現在必須加以考慮的，乃是極權主義宣傳所引起的一種更為深遠的道德影響。它們對於一切道德都是有害的，因為它們破壞了一個一切道德的基礎，即對真理的認識和尊重。根據任務的性質，極權主義的宣傳不可能把宣傳局限於價值標準，局限於人們或多或少地總是以他們社會的一般觀點為依歸的意見和道德信仰的問題，而必須把宣傳的範圍擴展到人們具有不同見解的事實問題中去。其所以如此，第一是由於為了要誘使人民接受官方的價值標準，就有必要把那些價值標準加以合理化，或者證明它們是和人民已經持有的價值標準有聯繫，而這又常常必須肯定手段與目的之間的因果聯繫；第二是因為目的與手段之間的區別，即所企求的目標與為達到這個目標而採取的措施之間的區別，實際上決不是劃得很清楚、很具體的，像對這些問題所進行的任何一般性的討論中可能提示的那樣；第三是因為，這樣一來，就必須使人民不但同意那些最後目標，並且也必須同意對各種措施所根據的那些事實與可能性的看法。

我們已經看到，對那全部道德條規的一致同意，即對經濟計劃中所暗含的那個無所不包的價值標準體系的一致同意，並不存在於自由社會裏，而是必須另外創立的。但我們決不能認為計劃者在將要着手做他的任務時是知道那個需要的，或者說，縱然他知道，他也可能預先創立那樣一個全面的條規。他只有在進行他的工作的時候，才會發現各種不同的需要之間的衝突，並且，在必要時，他必須作出決定。指導他作出決定的那個道德條規，在必須作出決定之先，並不是已經抽象地存在着的；他必須隨着各個決定而把它創立起來。我們已經看到，不可能把價值標準的一般問題和個別決定分開這一點，如何使一個民主機構，在無法決定一個計劃的技術細節的時候，也不可能確定指導它的那個道德標準。

計劃當局雖然經常都得在沒有具體道德條規存在的條件下，對功過問題的爭論作出決定，但他必須向人民證明他這樣作出的決定是正當的——或者說，他至少必須用某種方法使人民相信那些決定是正確的。雖然可能只有偏見在指導着那些作出某個決定的負責人，但某種指導原則是必須當眾公佈的，如果公眾不僅是消極地服從這個措施，而且還須積極地支持它的話。計劃者在作出他的許多決定時，由於缺乏其他任何憑藉，必須聽憑個人愛憎的指導，把這種愛和憎加以合理化的這一需要，和採用能夠打動盡量多的人的方式來說明他的理由的必要性，會迫使計劃者不得不創造理論，即對事實與事實之間的聯繫所作出的斷言，然後這些斷言就成為統治學說的不可分割的一部分。

創造一種"神話"來為他的行動辯護這個程序並不一定是自覺的。支配着一個極權主義的領導者的，或許只是一種對他所發現的某種局面的本能的憎恨，和想創造一個更符合他的是非觀點的新等級制度的願望；他可能只知道嫌惡猶太人，因為在一個沒有為他提供滿意的地位的制度裏，猶太人居然似乎都很有辦法；他可能只知道喜愛和羨慕那魁偉俊美人，就是他年青時所讀過的小説裏面的那個"貴族"人物。因此，他容易接受那些對他和他的夥伴所共同持有的偏見似乎能夠提供合理的理由的理論。這就使偽科學的理論成為或多或少地指導每一個人的行動的官方教條的一部分。或者對工業文明的普遍憎恨和對鄉村生活的浪漫主義的愛慕，以及一種（或許是錯誤的）關於農民作為兵士的特別價值的思想為另外一種神話提供了基礎：即"血和土"的神話，這種神話不但表現了終極的價值權衡，而且也表現了一整套關於因果關係的信念，而這些信念一經成為指導整個社會活動的理想，就決不容許對它們發出異議。

　　把這些官方的學說當作一種工具用來指導和團結人民的行動的必要性，早就被極權主義制度的各個理論家清楚地預見到了。柏拉圖的"高尚的謊言"與索雷耳（Sorel）的"神話"，和納粹的種族學說或墨索里尼的法團國家的理論一樣，都是為同一目的服務的。他們都必須以對事實的特殊見解為基礎，然後再縝密地把它們做成科學理論以便證實他們的先入之見。

　　要使人民承認他們必須為之服務的這些價值標準的正確性，最有效的方法是說服他們，使他們相信，這些價值標準的確是和他們，或者說，至少是和他們當中的最優秀者一直所持有的價值標準相同，不過它們在以往沒有受到應有的了解和認識罷了。使人民把他們對舊的偶像的忠誠轉移到新的偶像上去，其託辭是新的偶像的確是他們健全的本能一直啟示給他們的東西，不過他們從前只是模糊地看到它們罷了。達到這種目標的最有效的技巧，就是仍然舊的字眼，但改變這些字眼的意思。極權主義制度的特色中，很少有像語言的完全顛倒 —— 即借字義的改變來表達新

制度的理想 —— 這件事那樣使膚淺的觀察者感到困惑，而同時對它的全部思想氣氛感到新奇的了。

在這方面遭遇最慘的，當然要算"自由"這個詞了。它在極權主義的國家裏，也同在旁的地方一樣，是到處使用的。實際上我們差不多可以說：—— 這可算是對我們的一個警告，使我們提防那些用"以新自由代替舊自由"[1]的諾言來誘惑我們的人 —— 凡是在我們所了解的那種自由已經被消滅了的地方，都是用允許給人民以某種新的自由的名義來把它消滅的。在我們當中，甚至也有"為自由而計劃"的人允諾給我們一種"團體的集體自由"，這種自由的性質可以從下面事實中推測出來：主張這種自由的人認為有必要告訴我們，"當然，有計劃的自由的到來，並不意味着早先的一切（原文如此）形式的自由都必須取消"。這句話是從曼海姆博士的著作[2]中引證來的，他起碼是在警告我們，"一個以過去時代為模型的自由的概念，是對這一問題的任何真正了解的一個障礙。"但他用的"自由"這個詞是和極權主義政治家們口中的自由一樣的容易引起誤解。像後者所說的自由一樣，他所允諾給我們的"集體自由"並不是社會成員的自由，而只是計劃者對待社會的任所欲為的無限制的自由[3]。這是把自由與權力混為一談了。

---

1   這是歷史學家貝克爾（Carl L. Becker）所作的新著的標題。
2   《復興時代的人和社會》（*Man and Society in an Age of Reconstruction*）第 377 頁 [編審按：應是第 379 頁]。
3   德魯克（Peter Drucker）在《經濟人的末日》（*The End of Economic Man*）第 74 頁 [編審按：應是第 79-80 頁] 中說得很正確："自由越少，關於新自由就談得越多。這種新自由僅僅是恰好與歐洲從來所了解的一切自由相對立的一個詞而已……然而，在歐洲所宣傳的新自由，卻是多數人反對個人的權利。"

在這一方面，顛倒字義的工作早就被一大批的德國哲學家們安排就緒，好些社會主義的理論家的功勞當然也不小。但是字的原義被改成相反的意思使其成為極權主義的宣傳工具的，不僅是自由這個名詞而已。我們已經看到了，"正義"和"法律"，"權利"和"平等"是怎樣遭到同樣的命運的。類似這種遭到竄改的詞語還可能擴充到幾乎一切普通應用的道德和政治方面的名詞。

沒有親身經歷過這種過程的人很難體會到這種竄改字義的工作所達到的規模，很難體會到它所引起的混亂和它對任何合理的討論所造成的障礙。必須親眼看見，才會明白：如果兩個兄弟之一接受了這個新信仰，過了不久，他就好像在說另一種語言似的，使他們相互之間要進行任何真正的交換意見都成為不可能。這種混亂越變越糟，因為這種竄改說明政治理想的字的字意的行為不是一個孤立的事件，而是一個繼續進行的過程，是一種有意識地或無意識地用來指導人民的技巧。在這種過程繼續進行的時候，全部語言的意義就漸漸消失而文字則變成空殼，沒有任何具體的內容；它們所表示的既可以是一件事物的正面，又可以是它的反面，它們之所以被使用僅僅是為了仍然附着在它們身上的感情上的聯繫。

要使大多數人失去獨立思考是不難的。但也須使那些仍然保留着一種批判的傾向的少數人沉默下來。我們已經看到，何以強制不能只限於使人民接受那個計劃 —— 即據以指導一切社會活動的那個計劃 —— 所根據的道德規條。由於這個規條的許多部分永遠不會被明白地敍述，由於指導性的價值尺度的許多部分只存在於計劃的字裏行間，因而計劃本身的每個細節，實際上就是政府的每一個法令，必須是神聖的和免受批評的。如果要人民毫不遲疑地支持共同的行動的話，就得使他們相信，不但所追求的目標，而且連所選擇的手段也都是正確的。因此，那種必須使人遵守的官方信條就把對於那個計劃所根據的有關事實的一切見解都包括進去了。對於這個信條的公開批評，或者甚至表示懷疑都是必須禁止的，因為它們容易削弱公眾的支持。這正如韋伯夫婦在報導俄國每個企業的情況時說："在工作進行時，任何公開的表示懷疑，或者甚至擔心這個計劃會不會成功，就是不忠而且甚至是變節的行為，因為它們可能會影響到其他工作人員的意思和努力。"[4] 當時所表示的那種懷疑和擔心不是涉及個別企業的成功而是涉及整個社會的計劃時，那就一定被當作是陰謀破壞來看待。

因此，事實和理論必須和關於價值標準的意見同樣成為一種官方學説的目標。而且，傳播知識的整個機構——學校和報紙，廣播和電影——都被專門用來傳播那些將會加強人民對當局所作決定正確性的信心的意見，不管那些意見是真的或是假的；而且，那些易疑竇或猶豫的新聞將一概被扣留不發。人民對這個制度的忠誠會不會受到影響，成為決定某條新聞應否發表或禁止的唯一標準。在極權主義國家的各個方面存在着的情況，永遠是和其他地方在戰爭時期存在於某些方面的情況一樣。凡是足以對政府的明智引起懷疑，或者可能造成不滿的東西都是不會與

4　韋伯夫婦 (Sidney and Beatrice Webb) 合著：《蘇維埃共產主義》(Soviet Communism)，[編審按：應加上第二冊，] 第 1038 頁。

人民見面的。同旁的國家的情況作不利的對比的根據，對實際採取的方針可能還有商榷之處的見解，可能照示政府沒有履行諾言或沒有利用機會來改善現狀的新聞——所有這一切都在被禁止之列。因此，對新聞不加以有系統的管制，對意見不實行統制的領域是不會有的。

　　這甚至適用於那些顯然是同任何政治利害關係相去甚遠的領域，特別是一切科學領域，那怕是最抽象的科學。最容易看出並且由經驗充分證實了的是，在直接涉及人與人的關係，因而又最直接地影響到政治觀點的學科當中，如歷史、法律或經濟學等，對真理的無私的探討在極權主義制度裏是不可能得到許可的，而對官方意見的辯護卻成了唯一目標。其實，在各個極權主義國家裏，這些學科已成了製造官方神話的最豐產的工廠，而統治者就用這些神話來支配他們的子民的心理和意志。因此，在這些領域裏甚至連追求真理的幌子都被拋棄了，甚麼學說應當教，應當發表都由當局來決定，這是不足為奇的。

　　極權主義式的對意見的控制也擴展到那些初看起來似乎沒有政治意義的課題上去了。有時很難解釋，某些個別學說何以應當正式禁止，或者何以其他的學說又應當予以鼓勵，並且，奇怪的是，在不同的極權主義制度中，這些愛憎都顯然有幾分相似。特別是他們大家好像都共同地深惡那些較為抽象的思想形式——這種情況也顯著地表現在我們科學家當中的集體主義者身上。不管把相對論說成是"猶太人對基督教基礎和日耳曼人物理學的一種攻擊"也好，或者說它受到反對是因為"它同辯證唯物主義和馬克思主義的學說有矛盾"也好，總之，它們大概都是異途同歸的。不管某些數理統計學的定理之所以受人攻擊是因為"它們成了思想戰線上的階級鬥爭的一部分，並且是作為資產階級僕從的數學的歷史任務的產物"也好，或者這門學科整個遭到詆毀是因為"它沒有提供能為人民的利益服務的保證"也好，它們之間都沒有多大的差別。純粹的數學似乎也同樣遭到攻擊，而且，就連有些人對連續性所持的某種意見也能被歸因於"資產階級的偏見"。據韋伯夫婦說，"馬克思－列寧主義的自然科學雜誌"有這樣的口號："我們在數學中代表黨。我們在外科學中擁護馬克思－列寧主義理論的純潔性"。這種情況和德國的情況也很相同。在"國家社會主義數學家協會雜誌"裏充滿了"黨在數學中"的標語，並且，德國最有名的物理學家之一，諾貝爾獎金獲得者，李納爾用了"德國物理學四卷"這樣一個書名來概括他的畢生事業！

斥責任何人只為活動而活動而沒有遠大的目標，這是完全符合極權主義的精神的。為科學而科學，為藝術而藝術是同樣為納粹黨徒、為我們的社會主義的知識分子和共產黨人所痛恨的。每一個活動都必須有一個自覺的社會目標來證明它是正當的。絕不能有自發的、沒有領導的活動，因為它會產生不能預測的和計劃未作規定的結果。它會產生某種新的、在計劃者的哲學裏未曾夢想到的東西。這個原則甚至伸展到遊嬉和娛樂上去。我要讓讀者猜一猜，用下面的話來公開鼓勵下棋的人這件事，究竟是在德國發生的呢，還是在俄國發生的呢？"我們必須斷然結束下棋的中立性。我們必須像譴責'為藝術而藝術'那樣斷然譴責'為下棋而下棋'的那個公式。"

在這些錯亂現象當中雖然有某些部分似乎是難以置信的，然而，我們還必須隨時警惕着，不要以為它們只是與計劃的或者極權主義制度的根本性質無關的偶然的副產品，而置之不顧。它們並不是那樣的。它們正是想要用一個"整體的單一概念"來指導一切事情的那個願望的直接結果，正是不惜用任何代價來維護那些要人民經常作出犧牲來為之服務的意見的需要的直接結果，正是人民的知識和信仰是用來達到一個單一的目標的工具這個一般概念的結果。科學一旦不為真理而只為一個階級、一個社會或一個國家的利益服務的時候，爭辯和討論的唯一任務就是辯護和更進一步傳播那些用以指導整個社會生活的信仰。正像納粹的司法部長所作的解釋那樣，每一個新的科學理論必須問它自己一個問題，就是："我是不是為了全體人民的最大利益而服務於國家社會主義的？"

"真理"這個詞的本身已失去了它原有的意義。它不再說明某種有待探求的東西，只有個人的良心才能判定它是否在任何情況下它的證據（或者提出證據的人的根據）都足以取信於人；它成了某種要由當權者規定的東西，某種為了有組織的一致行動的利益必須加以信任的東西，並且是在有組織的行動有實際需要的時候又必須加以更改的某種東西。

由此產生出來的一般的思想氣氛，由此釀成的對於有關真理的問題的絕對懷疑的態度，甚至對真理的意義的失去感覺，獨立探索的精神和對理性信念所具有的力量的信心的消逝，以及在每個部門的知識中所存在的意見的分歧都成為須由當權者加以決定的政治問題的這種情況，這一切都是必須身歷其境才能體會的

—— 任何簡短的敍述都不能夠表達它們的程度的。最驚人的事實也許是：對思想自由的厭惡，不是一種只在極權主義制度建立以後才發生的事，而是一種在任何地方的抱有集體主義信仰的知識分子當中，都能夠發現的事。甚至不僅最粗暴的壓制也會得到寬恕，如果它是以社會主義的名義作出的話；甚至還有一些自稱代表自由主義國家的科學家說話的人公開主張建立極權主義制度；而且不容忍也同樣受到公開的讚揚。我們最近不是曾經看見了一位英國的科學家竟為"迫害異端"辯護嗎？因為照他看來，"當它保護一個新興的階級的時候，它對科學是有利的[5]"。這種見解實際上當然是和那些導致納粹迫害科學人員、焚毀科學書籍，並且有系統地鏟除被征服的民族的知識階級的見解沒有區別的。

想把一個被認為是對人民有益的教條強加於人民身上，在我們今天的時代來說，當然不是一件新奇的事。不過，我們的許多知識分子想用來為這個企圖辯護的那個論據卻是新的。據他們說，在我們的社會裏是沒有真正的思想自由的，因為群眾的意見和愛好是用宣傳，用廣告，用上層階級的榜樣，和用其他必然強使人民的思想循規蹈矩的環境因素來形成的。從這一點得出的結論是：如果大多數人的理想和愛好都一直是由我們能夠控制的環境形成的，那我們就應當有意識地運用這個力量來把人民的思想轉到我們認為是合宜的方向去。

5　克勞瑟（J. G. Crowther）:《科學的社會關係》(*The Social Relations of Science*) 1941 年版，第 333 頁。

　　大多數人很少能夠獨立地思考；在大部分的問題上，他們所接受的意見都是現成的意見；他們對這一套或另一套信念，無論是生來具有的或者是由甜言蜜語誘使他們接受的，都是同樣感到滿意的，這些都可能是實話。在任何社會裏，思想的自由可能只對少數人才有直接的意義。但這並不是説，任何人都有資格或者有權力選擇一批專門享有這種思想自由的人。它決不證明，任何一群人有要求決定人民必須想甚麼或信甚麼的權利的這個假定是正當的。由於在任何一種制度之下，大多數人都在服從某一個人的領導，因而就認為這種情形和每一個人必須服從同樣的領導沒有差別，這是思想的完全混亂的表現。因為精神自由決不會意味着每個人都有同樣的獨立思考能力的緣故，就對它的價值加以反對，這就是完全沒有看見賦予精神自由以價值的那些理由。使它對知識的進步起主動作用的根本之點，不在於每個人對任何事由都會寫和想，而在於任何人對任何事由或意見都可以爭論。只要異議不受到禁止，就始終會有人對支配他們同時代人的意見有所疑問，並且提出新的意見來聽受辯論和宣傳的考驗。

　　使思想獲得生命的，是具有不同的知識和不同的見解的個人之間的相互作用。理智的成長就是一個以這種分歧的存在為基礎的社會過程。這種成長的本質，就是它的結果難以預測，我們不能知道哪些意見有助於這種成長和哪些意見不會有助於這種成長——總之，我們不能用我們目前持有的任何意見來支配這個成長而同時又不限制它。給思想的成長，或者這一方面的普遍進步，定出"計劃"或進行"組織"，這種說法本身就是矛盾的。認為人的思想必須"自覺地"控制它自己的發展這種見解，是把個

人理智 —— 即只有它才能夠"自覺地"控制一切的那個理智 ——
同個人相互之間的過程 —— 即產生理智的成長那個過程 —— 混
為一談。如果我們試圖把它加以控制,那我們只會限制它的發
展,我們遲早一定會引起思想的停滯和理智的衰退。

　　集體主義思想所演的悲劇乃是它起初把理智推到至高無上
的地位,但到末了反而把它消滅了,因為它誤解了理智成長所依
據的那個過程。我們的確可以這樣説,正是一切集體主義學説的
謬論和它對"自覺的"控制或"自覺的"計劃的要求,才必然會導
致這樣一種要求,即某個人的思想應支配一切 —— 雖然只有對
社會現象作個人主義式的探討才會使我們認識到那些指導理智的
成長的超個人的力量。因此,個人主義在社會過程面前的態度是
謙遜的,而對其他意見的態度則是容忍的,並且,它恰好處在和
思想上的傲慢不遜相反的地位,而想全面指導社會過程的那種要
求的根源,就是這種思想上的傲慢不遜。

第十二章　納粹主義的社會主義根源

一切反自由主義的勢力正在聯合起來反對一切自由主義。

——默勒·范·登·布魯克（A. Moeller van den Bruck）

　　把國家社會主義看成只是一個對理性的背叛，看作是一個沒有思想背景的反理性的運動，這是一個通常的錯誤。如果真是那樣的話，那末，這個運動的危險性就比它實際的危險性要小得多。但沒有比這更遠離真理，更易把人導入迷途的東西了。國家社會主義學說是一個長期的思想演變的頂點，即一個遠在德國國境以外擁有極大影響的思想家們都曾經參加過的過程的頂點。不管人們認為他們的出發點的前提是甚麼，一件無可否認的事是，那些建立這些新學說的人都是影響深遠的著作家，他們的觀念給整個歐洲的思想留下了烙印。他們的體系是一貫地發展起來的。人們一經接受了成為它的出發點的那些前提，就無法逃避它的邏輯。它是這樣一種徹底的集體主義，可能阻礙它的實現的一切個人主義傳統的痕跡，都已一掃而光。

　　這個發展雖然是由德國思想家領導的，但絕不是由他們單獨搞的。卡萊爾和張伯倫，孔德和索雷耳在這個連續的發展過程中所起的作用不下於任何德國人。巴特勒爾最近在其對"國家社會主義的根源"的研究中，對德國國內的這股思潮的發展作了很好的探索。這個研究透露，這股思潮一直在那裏保持一種不變和時隱時現的狀態有一百五十年之久。雖然這種情況頗足驚人，但人們很容易誇大這些思想在 1914 年以前的德國的重要性。其實，它們只是在當時一個民族中間存在的思潮之一，那個民族當中的意見比當時其他任何民族的可能更加分歧。並且總的來說，它們只代表少數人，而且，像在其他國家裏一樣，受到多數德國人的很大鄙視。

那末，使反動的少數人所持的這些意見終於得到大多數德國人的支持，並且，實際上得到全體德國青年的支持的，究竟是甚麼東西呢？導致它們的勝利的，不單是民族主義的失敗、遭難和起伏。更不像許多人主觀想像的那樣，是由於反對社會主義進展的資本家的反動的緣故。相反地，使這些意見得勢的那種支持恰恰是來自社會主義營壘的，它們的得勢決不是由於資產階級的緣故，而是由於沒有強有力的資產階級的緣故。

在上世代中指導德國的統治分子的那些學說並不反對馬克思主義裏面的社會主義而是反對它所包含的自由主義因素，它的國際主義和它的民主主義。正是由於這些因素成為實現社會主義的障礙越來越明顯，左翼社會主義者才越來越和右翼社會主義者接近。把一切自由主義的東西趕出德國的正是右派和左派的反資本主義勢力的聯合，正是激進的和保守的社會主義的融合。

德國的社會主義和民族主義之間的聯繫從一開始就是很密

切的。國家社會主義最重要的前輩 —— 費希特、洛貝爾圖和拉薩爾 —— 都同時被認為是社會主義的鼻祖，這是意味深長的。當馬克思主義式的理論的社會主義在指導着德國勞工運動的時期，極權主義和民族主義的因素暫時隱入幕後。但這為時不久[1]。自從 1914 年以來，從馬克思主義的社會主義隊伍裏就接二連三地出現了一些導師，他們沒有領導保守派和反動派卻領導了勤苦的勞動者和理想主義青年，使他們皈依了國家社會主義。只是在這之後，國家社會主義的浪潮才達到了重要的地位，並很快的就發展為希特勒的學說。1914 年的戰爭歇斯底里 —— 即正由於德國的戰敗而從未完全治癒的戰爭歇斯底里 —— 就是產生國家社會主義的那個現代發展的開端，並且它在這一時期的興起大半是靠那些老社會主義者的援助的。

　　也許這個發展的第一個，且在某些方面最突出的一個代表人物乃是已故的桑巴特教授，他那本臭名遠揚的書《商人與英雄》是在 1915 年出現的。他起初是一個馬克思派的社會主義者，並且遲至 1909 年他還能夠以將其一生的大部分時間用來為馬克思的思想奮鬥而自豪。對於在全德國境內宣傳社會主義思想和各種色彩的對資本主義的憤恨，沒有人比他做得更多；並且，如果馬克思原理之深入德國人思想的那種程度是俄國革命以前任何其他國家所未見的的話，那末，這在很大程度上要歸功於桑巴特。有個時期他曾被認為是遭受迫害的社會主義知識分子中的突出的代

1　而且只是部分地隱入幕後。在 1892 年，社會民主黨的領袖之一倍倍爾就能夠對俾斯麥說："請首相放心，德國社會民主黨乃是軍國主義的一種預備學校。"

表人物，由於他的意見過激，不能在大學裏得到一個講席。甚至在上次大戰之後，他在政治上已不再是一個馬克思主義者了的時候，他以歷史學家的身份所寫的，仍然保持馬克思主義態度的那本書，無論在德國國內或國外都具有極其廣泛的影響，而在許多英美國家的計劃者的著作中尤為顯著。

在他那本戰時出版的書裏，這個老牌社會主義者對"德國戰爭"表示歡迎，認為它是英國的商業文明和德國的英雄文化之間的一個不可避免的衝突。他對已喪失一切尚武本能的英國人的商業觀點則表示無限的憎恨。在他的心目中，對個人幸福的普遍爭取乃是最可鄙的事；有一句格言也認為是英國人的道德觀念中的箴銘：公道待人"自能使你事事如意，並可增你年壽"，在他看來，這是一個"醉心於商業的人所道出的一個最不名譽的格言。"正像費希特、拉薩爾和洛貝爾圖所說的那樣，"德國人對國家的看法"是：國家不是由個人建立或組成的，也不是一個個人的總和，它的目的也不是為個人的任何利益服務的。它乃是一個人民的共同體，在那裏面人民是只有義務而沒有權利的。個人對權利的要求始終是商業精神的一種結果。"1789 年的思想" —— 自由，平等，博愛 —— 是典型的商業理想，這些理想除了為個人謀利外，是沒有任何其他目標的。

1914 年以前，在英國人的商業理想，英國人的享樂和英國人的玩樂繼續進展的情況下，關於一種英雄生活的一切真正的德國理想面臨着極大的危險。不但英國人民自己完全腐化了 —— 每一個工會主義者都陷入了"享樂的泥坑" —— 而且開始傳染給別人。只有戰爭才幫助德國人想起他們真正是勇敢善戰的民族，他們的一切活動，特別是一切經濟活動都從屬於軍事目標的一個民族。桑巴特知道德國人遭到他國人民的憎恨，因他們把戰爭看成是神聖的 —— 但他卻把這引以為榮。把戰爭看成是不人道的和沒有意義的，就是商業觀點的產物。有一種比個人生活更高的生活，就是民族的生活與國家的生活，而個人的目標就在於為這一較高生活犧牲自己。桑巴特認為戰爭就是英雄主義的人生觀的頂點，反對英國的戰爭就是反對敵對的理想 —— 即個人自由和英國人的享樂的商業理想的戰爭。據他看來，這種理想的最可鄙的表現是 —— 在英國人的壕塹之中發現的保安剃刀。

如果桑巴特的大放厥詞，就連當時的大多數的德國人都認為未免太過的話，那末，另外還有一位德國教授，他在實質上也抱有同樣的思想，不過那些思想的形式比較溫和，比較有學者風度因而也就更有效力。那個德國人就是普倫吉教授（Professor Johann Plenge）他和桑巴特一樣，是研究馬克思的大權威。他寫的《論馬克思和黑格爾》那本書標誌着馬克思主義學者中的近代黑格爾思想的復興的開始；他開始時所抱的信仰是具有真正的社會主義性質的這一點是毫無疑問的。在他的許多戰時的出版物中最重要的是一本小的但同時又受到廣泛討論的書，它的有意義的標題是：《1789 年和 1914 年：政治思想史中的象徵年代。"這本書專門討論"1789 年的思想"（即自由的理想）和"1914 年的思想"（即組織的理想）之間的矛盾問題。

他和那些把自然科學的理想粗枝大葉地搬用到社會問題上去，因而得出了他們的社會主義的一切社會主義者一樣，認為組織是社會主義的本質。像他所正確地強調的那樣，組織就是十九世紀初葉的法蘭西的開始階段中的社會主義運動的根本。馬克思和馬克思主義背棄了這個社會主義的基本概念，是由於他們狂熱地，但空想地堅持着自由的抽象概念。威爾斯（他所寫的那本書《美國的將來》對普倫吉有深刻的影響，並且普倫吉把他描寫成是現代社會主義的傑出人物之一）的著作證明了，組織的概念直到現在才在別的國家恢復了它自己的地位，但特別是在德國，組織概念得到了最徹底的了解和極充分的實現。因此，英德之戰實際上乃是兩個相反的原則之間的一種衝突。所謂"經濟上的世界大戰"乃是近代史中精神鬥爭的第三個大時代。它和宗教改革以及資產階級的爭自由的革命具有同樣的重要性。它是爭取十九世紀先進的經濟生活所產生出來的新生力量的勝利的鬥爭，這種新生力量就是社會主義和組織。

"因為在思想領域裏，德國是一切社會主義夢想中被多數人承認的代表，而在現實的領域中，它是有最高度組織的經濟制度的最有力的建築師。—— 二十世紀是我們的世紀。不管戰事的結果如何，我們都是足為楷模的民族。將來人類的生活目標都要由我們的思想來確定。—— 世界的歷史現正遇到一個巨大的奇觀，即在我們德國，一個新穎而又偉大的生活理想已深入到最後的勝利，而同時在英國一個具有世界歷史性的原則卻終於垮台了。"

1914 年在德國所創立的戰時經濟"是社會主義社會的第一個實現，而且，它的精神不僅是社會主義精神的應有的表現，而且是社會主義精神的第一個積極的表現。戰爭的需要已經在德國的經濟生活中建立起社會主義概念，因而保衛我國就為人類產生了 1914 年的概念，即德國的組織概念，國家社會主義的人民共同體……在我們還沒有真正注意到的時候，我們在國家和產業方面的整個政治生活已上升到一個較高的階段了。國家和經濟生活已構成了一個新的統一體……標誌着人民公僕工作的特性的經濟責任感，滲透了一切私人活動"。經濟生活中德國的新的社團組織，就是普倫吉教授認為尚未成熟、尚未完備的那個制度，"是世界上從未有過的國家生活的最高形式。"

普倫吉教授起初還想把自由的理想和組織的理想調和起來，雖然這大半是要通過個人對整體的完全的與自願的服從才辦得到的。但這些自由主義思想的痕跡不久就從他的著作中消失了。到了 1918 年，社會主義同無情的強權政治之間的結合已在他的腦子裏完成了。在戰爭快要結束之前，他在社會主義雜誌《警鐘》裏就這樣地勉勵他的國人說：

"現在是承認社會主義必須是個強力政策這一事實的時候了，因為它是必須有組織的。社會主義需要贏得強力；它決不可盲目地摧毀強力。在各民族戰爭時期，對社會主義最重要最迫切的問題必然是：甚麼民族應得到高度的強力，因為它是在各民族的組織中起着模範作用的領袖？"

同時它預示了一切的概念，就是那些最後成為希特勒的新秩序的口實的那些概念："僅從社會主義觀點，即組織的觀點來看，各民族的絕對的自決權利不就是個人主義的經濟無政府的權利嗎？我們願意給予個人在經濟生活中完全自決的權利嗎？徹底的社會主義只能按照歷史所確定的真正的實力分配來給予一個民族在組合中應有的權利。"

普倫吉教授說得這樣清楚的一些理想特別流行在德國某些科學家和工程師的圈子當中，並且，甚至那些理想也許就是從他們那裏產生出來的也未可知；他們，正像現在他們的那些英美同道大聲地要求的那樣，為實現生活各方面的集中的有計劃的組織而叫囂。在那些人當中為首的是一個有名的化學家名叫奧斯特華德（Wilhelm Ostwald），他有關這一點的一個宣言頗博得好名。據說他曾公開地宣稱，"德國要把至今尚缺乏組織的歐洲組織起來。我現在要對你們說明德國的一個大秘密：我們，或者說，日耳曼種族已經發現了組織的意義。在其他國家仍然在個人主義制度下生活着的同時，我們已經獲得了組織的制度。"

極其類似這樣的觀念也在德國原料獨裁者臘泰瑙（Walther Rathenau）的各個事務所裏流行着；雖則他如果了解到他的極權主義的經濟學的後果的話，他一定會為此而震顫，然而在有關納粹主義思想發展的任何比較詳盡的歷史中，他是應有一個相當的地位的。在上次大戰期間和大戰剛一結束之後，在德國成長起來的那一代人的經濟觀念，大都是他通過他的著作予以確定的，而他在這方面所起的作用比任何人都要多些；並且有些與他密切合作的人後來成了戈林的五年計劃執行局幹部中的骨幹。與此極類似的，還有另外一位從前的馬克思主義者瑙曼（Friedrich Naumann）的許多教義；他的著作《中歐》在德國的銷路也許比其他戰時出版的書籍都要大些[2]。

　　但這些思想的最充分的發展並把它廣為宣傳的任務，是由一位積極的社會主義政治家，德國聯邦議會的一位左翼社會民主黨員倫錫（Paul Lensch）來完成的。倫錫在他早先寫的一些書中把戰爭說成是"英國資產階級在社會主義前進面前的潰退"，並說明社會主義的自由理想和英國人的概念有哪些不同。但只是在他第三本最成功的戰時著作《世界革命的三個年頭》中，他的特有的思想在普倫吉的影響下才獲得了充分的發展[3]。倫錫的論點是以一個有意思的並且在很多方面是正確的歷史敍述為基礎的。這個敍述講的是俾斯麥所採取的保護措施怎樣使德國的趨向於工業集中和卡特爾化的發展成為可能，並且，從他的馬克思主義觀點來看，這種發展代表着工業發展的高級形態。

　　"俾斯麥在 1789 年所作的決定的結果是德國負起了革命者的任務；那就是說，這個國家在與全世界其餘國家的關係上所處的地位，代表着一種更高級的、更先進的經濟制度。我們既然明白了這一點，就應該看到目前的世界革命中，德國代表着革命的一面，而它的最大的敵人英國卻代表着反革命的一面。這個事實證明，一個國家，不管它是自由主義的和共和的，還是君主的和專制的，它的憲法對那個國家 —— 從歷史發展的角度來看 —— 應當被認為是自由主義的還是非自由主義的這一問題的影響是何

2　對瑙曼的思想的一個很好的總結可以在巴特勒所寫的《國家社會主義的根源》一書中（1914 年版，第 203 – 209 頁內）找到。他的思想中的關於社會主義和帝國主義的德國式的結合這個特點，是同我們在正文裏所引證的任何思想中的這種特點一樣的。

3　倫錫：《世界革命的三個年頭》(*Three Years of World Revolution*，J. E. M. 作序，倫敦，1918 年版)。它的英文本是在上次大戰期間由某位有遠見的人譯出的。

等的渺小。或者，説得更明白些，我們對自由主義、民主主義等的概念都是從英國人的個人主義的觀點中得來的，而按照這種個人主義的觀點來説，一個軟弱無能的政府的國家，就是一個自由主義的國家，而對個人自由所加的每一種限制就被理解為專制和軍國主義的產物。"

在德國，這個經濟生活的更高形式的"歷史發展決定的代表"國家裏，"為社會主義而鬥爭已經是非常輕而易舉的事了，因為，在那裏，一切社會主義的先決條件已經建立起來了。因此，德國應當勝利地堅守崗位以禦外侮，以便能夠完成它的使世界革命化的歷史任務，這乃是與任何社會主義政黨都有重大關係的一件事。因此，協約國的共同反德戰爭，與資本主義時代的那些下層資產階級企圖挽救它們自己的階級免於衰亡的情形相同。"

倫錫又説，"那個在戰前不自覺地開始的，和在戰時自覺地繼續做下去的對資本的組織工作，在戰後仍將有系統地繼續下去。這並不是由於希求獲得任何組織技術，也不是因為社會主義已經被公認為社會發展的較高原則。那些在今天實際上是社會主義的先鋒的階級，在理論上卻是它的死對頭，或者無論如何，在不久以前還是這樣。社會主義正在到來，而且在事實上和某種程度上已經到來了，因為我們生活下去就不能沒有它。"

現在唯一仍然反對這個趨勢的人們就是那些自由主義者。"這個階級的人，他們不自覺地按英國的標準來思考，包括德國整個受過教育的資產階級。他們對'自由'與'人權'，對立憲政體與議會制度的政治觀念是從個人主義的世界觀得來的，而英國的自由主義又是這個世界觀的傳統體現，並且十九世紀的五十年代、六十年代和七十年代的德國資產階級的代言人所採用的也是這個世界觀。但這些標準已經是老一套的並且是被破滅了的，正像老一套的英國自由主義已被這次戰爭所破滅一樣。目前必須要做的事是去掉這些因襲下來的政治思想和促進一個關於國家和社會的新概念的成長。在這個領域裏社會主義也必須表現出一種自覺的和堅決的對個人主義的對立。關於這一點，使人驚奇的一個事實是在所謂‘反動’的德國，工人階級在國家的生活中已經為他們自己贏得了比英國和法國的工人要堅強和有力得多的地位。”

繼此之後，倫錫又發表一種含有很大的真實性並且值得詳細考慮的意見：

“由於社會民主黨人借助於普選權，佔據了聯邦議會、州議會、市參議會、商業爭議裁決法庭、治病基金保管會等等他們能夠得到的每一個席位，因而他們就深入到國家機構裏面去了；但他們為此而必須付出的代價是政府對工人階級也發揮了最深刻的影響。當然，由於社會主義勞工的五十年來的艱苦奮鬥，國家已不再是1867年那樣的國家了，那時普選權才開始實施；然而，社會民主主義這番也不再是當年的社會民主主義了。國家經歷了社會主義化的過程，而社會民主主義則經歷了國家化的過程。”

　　普倫吉和倫錫又轉而向國家社會主義的直接領導人，特別是斯彭格勒（Oswald Spengler）和默勒‧范‧登‧布魯克——在這裏只提這兩位最有名的人——提供主導思想[4]。關於究竟在多大程度上可以把斯彭格勒認為是一個社會主義者這一問題，人們的意見可能頗有分歧。但現在很顯然的是，在 1920 年出版的他那本小冊子《普魯士主義與社會主義》裏，他只反映了德國社會主義者所廣泛地抱有的那些思想。我們只舉關於他的論點的幾個例子就夠了。"在今天以兄弟間的仇恨互相憎惡的舊普魯士精神和社會主義信仰，其實是二而一者也"。西方文明在德國的代表人物，即德國的自由主義者，是在"耶拿戰役後拿破崙在德國的土地上留下來的無形的英國軍隊"。據斯彭格勒看來，像哈登堡和洪保德以及其他一切自由主義改良派都是"英國的"。但這種"英國的"精神將會被在 1914 年開始的德國革命逐出去的。

　　"西方三個最後的國家所企求的三種生存方式是以三個有名的口號為代表的：自由、平等和共有。它們表現的政治形式是自由主義的議會制度、社會的民主主義和極權主義的社會主

4　這同樣適用於產生納粹主義的那一代的其他許多知識界的領袖，例如施潘（Othmar Spann），弗里耶爾（H. Freyer），施密特（Carl Schmitt）和榮格（Ernst Junger）。關於這些人試對照一下柯爾奈（Aurel Kolnai）的有趣味的著作《反對西方的戰爭》（*The War against the West*，1938 年出版）；不過這個作品有一個缺點，就是它把它自己局限於戰後時期，那時這些思想早已由民族主義者接受過來了，因此，它就忽略了它們的社會主義的創始人。

義[5]……德國人的本能，更正確地説，普魯士人的本能是：權力屬於整體……每個人都有一定的地位。一個人要不就是命令別人，要不就是服從別人。這就是十八世紀以來的極權主義的社會主義，它本質就是非自由主義和反民主主義的，如果照英國的自由主義和法國的民主主義的意義來講的話……在德國有許多可恨的和不名譽的對立物，但在德國土地上，獨有自由主義是受鄙棄的。

"英國民族的結構是建築在貧富之間的區別上面，而普魯士民族的結構卻是建立在命令與服從之間的區別上面。由此可見，兩個國家的階級區別的意義根本是不相同的。"

在指出了英國的競爭制度和普魯士的"經濟管理"的本質的不同，在説明了（自覺地仿效倫錫）自從俾斯麥執政以來，經濟活動的有計劃的組織已經越來越多地帶有更多的社會主義形式之後，斯彭格勒接着説：

"在普魯士存在着一個真正的國家——就這個字的最遠大的意義來講。嚴格地説，私人是不能存在的。每個生活在像鐘錶機械那樣精確地活動着的制度裏面的人都是其中的一個環節。因此，公共事業的指導權不能操諸私人之手，像議會主義所想像的那樣。它是一個職

5　這個斯彭格勒式的公式在一個時常被人引用的施密特（Carl Schmitt）的發言中得到響應。施密特是納粹的首要的憲法專家。照他説來，政府的演變是按"三個辯證的階段進行的：從十七和十八世紀的專制國家，通過十九世紀的自由主義的中性國家達到極權主義國家，在這裏面，國家和社會是一回事"（施密特：《憲法的維護者》〔*Der Huter der Verfassung*〕1931 年杜炳根版，第 79 頁）。

位，而每個負責的政治活動家都是一個公僕，屬於一個整體的公僕。"

按照"普魯士的觀念"，每個人都應當成為國家的公務員——一切工資和薪水都應當由國家來規定。特別是一切財產的管理都成為有薪給的職務。未來的國家將是一種官僚國家。不過，"必須由德國來為全世界解決的一個不單是對德國而且也是對全世界的決定性的問題乃是：將來是由商業來統治國家呢，還是由國家來統治商業呢？在這個問題的面前普魯士主義和社會主義是沒有區別的……普魯士主義和社會主義都一起為抵抗我們當中的英國而鬥爭。"

與此僅相去一步的是，國家社會主義的守護神默勒‧范‧登‧布魯克宣稱，第一次世界大戰是自由主義和社會主義之間的戰爭："我們這次反西方的戰爭是失敗了。社會主義反自由主義的戰爭是失敗了[6]"。因此，他同斯彭格勒的看法一樣，自由主義乃是首要的敵人。他感到榮幸的是這一事實，"今天在德國沒有自由主義者，而有青年革命者，有青年保守主義者。但誰會是自由主義者呢？……自由主義這種人生哲學，德國青年現在對它懷着厭惡、憤怒和十分輕蔑的心情而擯棄了它，因為對它的哲學來說，沒有一種東西比它更格格不入、更令人討厭和更相水火的

6　默勒‧范‧登‧布魯克：《社會主義與對外政策》，(*Sozialismus und Aussenpolitik*，1933 年版，第 87, 90 及 100 頁 [編審按：應是第 100 頁]。在這裏重印的那些論文，尤其是對本文所討論的內容作了最充分的討論的那篇論文《列寧和凱恩斯》("Lenin and Kenes") 是在 1919 年和 1923 年之間初次出版的。

了。今天的德國青年認為自由主義者是他們首要的敵人。"默勒
・范・登・布魯克的第三帝國本來是想給德國人一個適應他們
的天性而又不為西方自由思想所玷污的社會主義。它做到了這一
點。

　　這些作家絕不是孤立的現象。早在 1922 年，一個無所偏倚
的觀察家就談到過當時在德國可以觀察得到的一個"奇怪的，並
且在初看起來，使人驚奇的現象"，"按照這種看法，這個反對資
本主義制度的戰爭，是一個以精神和經濟組織為武器來對抗協約
國的戰爭的繼續，是通向實際的社會主義的道路，是德國人民回
到他們最好的和最高尚的傳統的轉變"[7]。

　　反對各種形式的自由主義，反對曾經打敗過德國的那個自
由主義，是使社會主義者和保守主義者聯結成一條共同戰線的共
同思想。這種思想起初主要是在精神上與觀點上差不多完全是
社會主義的"德國青年運動"中迅速地被接受，而社會主義與民
族主義的融合也在其中完成了。在二十年代的後期和希特勒上
台以前，有一些青年人聚集在弗里德（Ferdinand Fried）所領導
的"行動報"的周圍，他們在知識界裏成了這個傳統的主要的代
表人物。弗里德寫的《資本主義的末日》或許是這群"高尚的納
粹" —— 他們在德國是這樣被稱呼的 —— 的最典型的產物，它
之特別使人感到不安，是因為它很像我們在今天的英國和美國看

7　普里勃雷姆（K. Pribram）：《德國民族主義與德國社會主義》，社會科學與社會政治
　　學通報，49 卷（1922 年），298–299 頁。作者為了提供進一步的例子，談到了哲學
　　家席勒（Max Scheler）所宣傳的"德國的社會主義的世界使命"；又談到了馬克思主
　　義者科爾西（K. Korsch）所寫的論新的人民共同體的精神。他認為兩者的論證都是
　　同一語調的。

見的那些文獻，在這兩個國家裏，我們可以發現社會主義的左翼和右翼同樣地聚在一起，同樣地厭惡一切在原有的意義上的自由主義的東西。"保守的社會主義"（和在旁的圈子中的"宗教的社會主義"）是大批作者在它之下製造一種使國家社會主義獲得成功的氣氛的標語。現在在我們當中佔優勢的傾向就是"保守的社會主義"。那末，"以精神和經濟組織為武器"的反抗西方國家的戰爭豈不是在真的大戰開始之前差不多已經成功了嗎？

第十三章　在我們當中的極權主義者

當權威本身在組織的幌子下出現時，它的迷人的魔力已發展到足以把自由人民的社會轉變成極權主義國家的程度。

——《泰晤士報》(倫敦)

極權主義政府罪孽深重所達到的程度，不但沒有增加人們對這種制度可能有一天會在比較開明的國家裏出現的恐懼心，反而加強了人們認為它不可能在我們這裏產生的信心，這也許是正確的。當我們注意到納粹德國的時候，它和我們之間的鴻溝是那麼樣的廣闊，似乎在它那兒發生的事情決不會和我們這裏可能產生的發展有甚麼關係。這個差別不斷地變得越來越大這一事實，似乎可以駁倒那種認為我們或許會向同一方向走去的想法。但是我們不要忘記，十五年前，像現在這種事情在德國發生的可能性，不但百分之九十的德國人自己而且就連多數懷有敵意的外國觀察家（不管他們現在裝得多麼有先見之明），都要認為是幻想的。

然而，正如我早先在本書中所提示的那樣，目前民主國家的情況與之愈益顯得類似的，不是現在的德國，而是二三十年以前的德國。當時有許多被看作是"典型的德國的"那些特點，現在，譬如在英國，是同樣地司空見慣的，而且有許多徵象說明它們是在向着同一方向繼續發展着。我們已經提到過——這最有意義之點——左翼和右翼之間的經濟觀點變得越來越相同，以及他們共同反對向來成為英國多數政治的共同基礎的自由主義。我們可以拿尼科耳森（Harold Nicolson）的一段話來作根據，他說在上屆保守黨政府期間，保守黨後排議員中"最有才幹的人……在內心裏都是社會主義者"[1]；並且，毫無疑問，像在費邊派時代一樣，許多社會主義者對保守黨人比對自由黨人抱有更多的同情。同這有密切關係的還有許多其他的特點。對國家日益崇敬，傾慕權力，好大喜功，熱衷於把任何事情都"組織"起來（我們現在稱之為"計劃"）和"不能讓任何事情聽命於自然發展的簡單權力"，這是甚至在六十年前崔昔克就為德國人深深惋惜過的，而它們現刻在英國和當時在德國就差不多是一樣的顯著。

如果我們翻閱一下，在第一次大戰期間出現在英國的關於英國人和德國人對於一些政治和道德問題的看法上的分歧所作的比較嚴肅的討論，那就會使我們分外鮮明地體會到在過去二十年中英國已經沿着德國的道路走了多遠。我們大概可以正確地說，對於這些分歧，當時的英國公眾比現在的英國公眾有更正確的了解；但是，雖然那時候的英國人把他們的特殊傳統引以自豪，然而在那時被認為是特有的英國政治觀點中，似乎很少不被現在

1　《旁觀者》週刊（Spectator），1940 年，4 月 12 日，第 523 頁。

的大多數英國人多少感到慚愧的，如果他們不正面地加以駁斥的
話。如果我們說，一個政治或社會問題的作家，在那時候的世人
看來，越是典型的英國的，他今天在他本國裏就越會被人遺忘，
這句話是不為太過的。像摩萊勛爵（Lord Morley）或西季威克
（Henry Sidgwick），阿克頓爵士或狄塞（A. V. Dicey）這一般人，
他們在當時的世界範圍裏都被普遍地譽為自由主義英國的具有政
治智慧的傑出的模範人物，而在現在的一代看來，則大半都是一
些維多利亞時代的老朽。說明這種變化最清楚不過的一個例證也
許是，在現代的英國文獻中，在談到俾斯麥時尚不乏同情之感，
而當現代青年提到格拉德斯通的名字時，他們對他的維多利亞時
代的道德標準和天真的空想主義很少有不加以嘲笑的。

　　我瀏覽過幾部論及上次大戰時期支配德國的主導思想的英
國著作，其中的每一個字差不多都適合於現代英國文獻中最顯著
的思想。我希望能夠在不多幾段文字中把我從中得到的驚人的
印象充分地表達出來。我這裏只引證凱恩斯勛爵在 1915 年所寫
的一段簡短的文字，在這段文字裏他所講的是他在當時一本典型
的德國著作中看到的它所發的"噩夢"：他根據那位德國作者，
描述了如何"甚至在和平時間，產業生活也得保持動員狀態。這
就是那個作家在談到'我們工業生活的軍事化'（這是論及那本書
的名稱）時的真正的意思。個人主義必須徹底完蛋。一個管理的
制度必須建立起來，它的目的，不是為了增進個人幸福（賈菲教
授〔Professor Jaffe〕不以為恥地用這麼多的字來講這一點），而是
要加強國家的有組織的統一以求達到最高限度的效能這個目標，
而這一目標對個人利益的影響僅僅是間接的。—— 這個可憎的

學說是作為一種理想主義而被奉為神聖的。國家將成長為一個緊密的統一體，並且在事實上將變成像柏拉圖所宣稱的它應當是——'整體的人'。特別是未來的和平將加強國家應在工業方面採取行動的觀念。……國外投資？移民以及近年來把整個世界看成是一個市場的工業政策是太危險了。在今天快要死去的工業舊秩序是以利潤為基礎的；作為一個不考慮利潤的二十世紀強國的新型德國是要鏟除百年前來自英國的資本主義制度的"。[2] 據我所知，除了目前尚沒有英國作家敢於公開地輕視個人幸福這一點之外，在這裏有沒有一段文字沒有被反映在許多現代英國文獻裏的呢？

毫無疑問，不但在德國和其他地方為極權主義作準備的那些思想，而且極權主義本身的許多原則都在很多旁的國家裏發揮其日益增長的吸引力。雖然在英國或許很少有人，如果有的話，會願意把極權主義整個吞下，但很少有個別的特點是未曾被人建議過的。的確，希特勒的東西幾乎沒有一樣不曾被英國或美國的某人推薦給我們，以便為了我們自己的目的而採取和使用它們。這特別適用於許多那樣一種人，他們無疑是希特勒的死敵，但是他們之所以如此只不過是為了希特勒的制度中的某一個特點。我們決不應當忘記，希特勒的反猶太主義把許多人趕出了他的國家，或把許多人變成了他的敵人，而那些人在各方面都是德國式

2　《經濟學雜誌》，1915 年，第 450 頁。

的堅定的極權主義者[3]。

　　許多現代英國政治文敵同那些在德國摧毀了對西方文明的信心並給納粹主義的上台準備了思想條件的著作的類似之處，不是用一般辭句的描寫所能表達得出的。這種類似更多表現在探討問題的心情上而使用的具體論點倒在其次 —— 有一種相類似的決心，要在文化上割斷與過去的一切聯繫，把全部希望寄託在一種特殊的實驗的成功上。跟德國當年的情形一樣，在民主國家為極權主義開闢道路的大部分著作都是真誠的理想主義者並且還常常是知識界負有盛名的人物的產品。因此，雖然在幾百個主張同樣意見的人中單獨挑出個別的人來作為例子是容易惹起惡感的，然而我卻找不出其他的方法來更有效地證明這種發展究竟前進了多遠。我特意選出那些不容置疑是誠實可靠和毫無偏私的作家來作為例證。但是，儘管我希望用這種方法來表明作為極權主義源泉的那些觀點現在是如何迅速地在這裏蔓延着，然而我沒有多少把握能夠把同樣重要的情緒氣氛的相似之處也表達出來。如果要把那個眾所熟知的發展過程的徵象弄得清清楚楚，使人一望而知，那是需要對思想和語言中的所有的微妙變化進行一番廣泛的

3　特別是當我們考慮那些已成為納粹分子的前社會主義者的比例時，要緊的是要記着，只有把這個比例不同前社會主義者的總數相比而同那些在任何情況下不為他們的出身所阻而能自由地轉變成納粹分子者的數目相比，才能看得出這個比例的真正意義。事實上，德國的政治流亡的驚人的特點之一是：在流亡者中不是 "猶太人" —— 就這個詞的德國意義來說 —— 的左翼流亡者的人數是比較小的。我們很少不聽見在歌頌德國制度的讚詞前面，來一段像下面這樣的講話，這段話就是有人在最近一個會議上，開始列舉 "值得加以考慮的經濟動員的極權主義技術的特點" 時所講的："希特勒不是我們的理想 —— 他同我的理想距離很遠。他之所以不能成為我的理想是有很迫切的個人原因的，不過……"。

研究的。有些人談到以"大"思想來對抗"小"思想，以新的"動態"的或"全球"的思想代替舊的"靜止"的或"局部"的思想的必要。通過同這種人的接觸，人們就會認識到，那些初看起來似乎是極荒謬的東西乃是我們在這裏所要單獨加以討論的那種思想狀態的標誌。

我首先舉出一個天才的學者所寫的兩部書為例子，這兩部書在過去幾年中受到了很大的重視。它們是卡爾教授寫的，名叫"二十年的危機"與"和平的條件"。其中我們現在要加以討論的德國人特有的思想的影響是那樣顯著，或許在現代或文獻裏只能找到很少同樣的例子的。

在這兩本書的第一本裏，卡爾教授坦白地承認他自己是個"現實主義者中的'歷史學派'的依附者，這個歷史學派產生在德國，它的發展可以回溯到大名鼎鼎的黑格爾和馬克思"。他説明，一個現實主義者乃是"使道德成為政治的一種功能"，並且"除了事實的標準外，不能按照邏輯來接收任何價值的標準"的那樣一個人。道地的德國式的"現實主義"是和十八世紀以來的"烏托邦的"思想形成對比的，"這種思想在實質上是屬於個人主義的，因為它把人的良心變成了最後的上訴法庭"。但舊道德一定要跟它們的"抽象的一般原則"一起消逝，因為"經驗主義者對待具體情況是根據它本身的優劣"。換句話説，就是權宜主義高於一切，他甚至向我們斷言："'信守協議'這個規律並不是一個道德的原則"。至於如果沒有抽象的一般性的原則，是非只能是一種任意的武斷的意見，以及如果沒有道德的約束，一切的國際條約都會成為沒有任何意義的東西，對於這一層卡爾教授似乎並不關心。

　　其實，按照卡爾教授的意見，雖然他沒有這樣明說，似乎英國在上次大戰中是站在錯誤的一邊。凡是現在重讀二十五年前英國對戰爭的目的所作的宣言並把它們同卡爾現在的觀點加以比較的人，就會很容易看出在當時被認為是德國人的觀點的，就是卡爾現在的觀點，他大概會爭辯說，當時在這個國家所公認的那些不同的觀點僅僅是英國的偽善的產物。在這個國家所抱的理想和今天的德國所實踐的理想之間，他能夠看出的差別是十分少的，最能說明這一點的是他斷言："當一個有名的國家社會黨人肯定地說，'任何對德國人民有利的事都是對的，任何對他們有害的事都是不對的'這句話的時候，他不過是在陳述同一種觀點，即威爾遜〔總統〕、托因比教授（Professor Toynbee）、塞西爾勛爵（Lord Cecil）以及其他許多人已為英語國家建立起來的國家利益同普遍權利是一回事的那種觀點，這是沒有疑義的"。

　　由於卡爾教授的著作是專門研究國際問題的著作，因而，它們的特有的傾向也主要是在這一領域內才變得明顯。但從人們從他所計劃的未來社會的性質所得的零碎印象來看，它又像是以極權主義為模型的。有時人們甚至懷疑這種類似情況究竟是偶然的呢還是有意的呢？例如，當卡爾教授斷然地說"我們再不能夠在'社會'和'國家'之間的區別 —— 即十九世紀思想中常見的那個區別裏面找到好多意義"這句話的時候，他知不知道這正是納粹的首要的極權主義理論家施密特教授的學說，並且事實上，這正是他自己介紹過來的施密特教授給極權主義這個名詞所下的定義的真義呢？或者他知不知道，"貨物的大規模生產的結果就是意見的大規模生產”，因而“今天在許多人心目中仍然存在着的對宣傳這個詞的偏見是和反對管制工商業的偏見極其類似的”這種見解，正是納粹黨人所採用的那種統一輿論的一個託詞呢？

對於我們在結束上一章的時候所提出的那個問題，卡爾教授在他的新著《和平的條件》中作了有力的正面答覆：

> “戰爭的勝利者失掉了和平，而蘇聯和德國卻贏得了和平，因為前者仍在宣傳並且部分地運用那些從前曾是有效的可是現在是破碎了的關於民族權利和放任的資本主義的理想，而後者有意無意地隨着二十世紀的潮流，正在爭取建立一個在集中計劃和管制之下的以較大單位構成的世界。”

卡爾教授完全把德國的戰爭叫囂，即以德國為首的反自由主義西方的東方社會主義革命的叫囂，當成他自己的口號了：“在上次大戰中開始的，並在近二十年來成為每一個重大的政治運動的推動力的那個革命，……是一個反對十九世紀中佔優勢的思想，即自由主義民主政治、民族自決，和放任經濟的革命。”正如他正確地所說的那樣，“這個對德國從未真正有過的十九世紀信仰的挑戰能夠在德國找到它最有力的首倡者，這幾乎是不可避免的”。他帶着黑格爾和馬克思以來每一個偽歷史學家的一切宿命論的信仰，把這種發展說成是不可避免的：“我們知道世界朝着甚麼方向運動，我們必須向它低頭，不然的話，就是死路一條。”

　　認為這個傾向是不可避免的這種信念，其顯著的基礎是我們大家都熟知的那些經濟謬論——即技術的發展必然引起壟斷組織的普遍發展這種假想的必然性，所謂"潛在的富足"，以及在這一類的著作中出現的所有其他流行的口頭禪。卡爾教授不是一個經濟學家，他的經濟論點一般是經不起認真的考驗的。但是，無論這一論點或者他同時所特別持有的，認為社會生活中經濟因素的重要性正在迅速地減少的這個信念，都不能阻止他把他對不可避免的發展的一切預測建築在經濟論證的基礎上，或者阻止他提出"主要用經濟術語來重新解釋關於'平等'和'自由'的民主理想"作為他對將來的主要要求！

　　卡爾教授對自由主義經濟學家的思想的蔑視，是同我們在上一章裏所引證的任何一個德國作家對它們的憎惡一樣的深（他固執地稱這些思想為十九世紀的思想，雖然他知道德國"從來未曾真正有過"這些思想，並且知道德國在十九世紀已經實行了他現在所主張的大部分的原則）。他甚至接收了李斯特所首創的那個德國理論，即自由貿易只是聽命於十九世紀的英國的特殊利益的一個政策，並且是只適合於英國的特殊利益的。然而在目前，"人為地製造某種程度的專制政治乃是社會有秩序地存在的一個必要條件。"用"消除貿易障礙"或用恢復十九世紀的放任原則的方法來"回復到一種分佈更廣的與更加通行無阻的國際貿易"，這是"不可思議的"。將來是屬於德國式的"廣大空間經濟"的："只有像希特勒所做的那樣，把歐洲生活審慎地加以改組，才能獲得我們所想望的結果"！

　　看到了這一切之後，如果我們發現卡爾教授在以"戰爭的道德作用”為標準的一段獨特的文字中，懇切地憐憫“那些陷在十九世紀傳統中而仍然堅持把戰爭看成是無意義無目的的懷着善意的人（特別是英語國家中的那些人）”，並且，對戰爭即“促使社會團結的最有力的工具”所產生的“意義感和目的感”感到歡欣的時候，是不會感到驚奇的。這一切都是見慣了的 —— 但是在英國學者的著作中會看到這種意見卻是出人意料的。

近百年來德國的思想發展還有一個特色，我們或許尚未給以足夠的重視。這個特色現在各英語國家中差不多以同樣的形式出現：即科學家們鼓吹一種“科學的”社會組織。把一個社會自上而下地“徹底”組織起來這一理想，在德國已經由於科學專家和技術專家對社會和政治見解的形成所起的那種十分特殊的影響而大大地推進了。很少有人記得，在德國的近代歷史政治學教授所起的作用是可以和法國的政治法學家所起的作用互相媲美的[4]。這些科學家 —— 政治家們的影響近年來很少是在自由這一方面的：科學專家時常很顯著地表現出來的“對理性的不容忍”，專家們所特有的對平常人的作風的不耐，以及對一切並不是由才華卓越的人依照科學的藍圖有意識地組織起來的事物的輕視，這一切都是德國公共生活中習見的現象，而隔了好幾個世代之後才在英國成為重要現象的。恐怕沒有一個國家，能夠像 1840 至 1940 年間的德國那樣，為一個國家教育制度的大部分由“人文”之學到“格物”之學的普遍而徹底的轉變對本國所發生的影響，提供

4　參閱施納貝耳（Franz Schnabel）：《十九世紀的德國歷史》（*Deutsche Gescbichte im neunzehnien Jabrbundert*），1933 年版，第二卷，第 204 頁。

更好的例證了。[5]

　　後來，德國的學者和科學家們，除了少數例外，都欣然委身於新的統治者。這種作風的國家社會主義興起的全部歷史中是最令人沮喪？令人感到可恥的一種景象。[6] 大家都很知道，特別是那些大聲叫囂自命為向一個新的更好的世界進軍的領袖的那些科學家和工程師，幾乎比任何其他階級都更容易屈從於新的暴政[7]。

　　知識分子在社會的極權主義改造中所起的作用被本達（Julien Benda）在另外一個國家裏預見到了。他在十五年前所寫的《知識分子的背叛》那本書如果我們現在拿來重讀一下，就會發現它具有一種新的意義。當我們討論英國科學家闖入政治領域的某些例子的時候，在那本書裏特別有一節是值得我們很好地加以思考和緊記在心的。那就是本達先生談到迷信科學的那一節，

5　我相信《利維坦》的著者是第一個提請禁止講授古典作品的人，因為他認為它灌輸了有害的自由精神！

6　科學家的這種屈從於權勢的行為，很早就已出現於德國，它是同今天馳譽海外的國家的科學的重大發展相並行的。德國最有名的科學家之一，生理學家杜博雷蒙（Emil du Bois-Reymond）以柏林大學校長和普魯士科學院院長雙重資格，在 1870 年的一次演説中不以為恥地宣稱："我座落在王宮對面的這個柏林大學，依照我們建校的目的來説，就是霍亨索倫王室的思想衛隊。"（《一篇關於德國戰爭的演説》（A Speech on the German War）〔倫敦，1870 年〕，第 31 頁 —— 值得注意的是，杜博雷蒙竟認為應當為這篇演説辭出版一個英譯本。）

7　在這裏只援引一個外國的證人就夠了：布若德（R. A. Brady）在他的著作《德國法西斯主義的精神和結構》（The Spirit and Structure of German Fascism）一書中，在結束他對德國學術界的發展的詳細説明時説："因此，在近代社會一切特別受過教育的人當中，或許科學家本身就是最容易被利用和'拉攏'的人。誠然，納粹黨人斥逐了不少的大學教授，並從研究實驗室裏趕走了不少科學家，但那些教授主要是在社會科學方面的（在那裏對粹繕的綱領有更多的共同了解和更頑強的批評）而不是在自然科學方面（在那裏思想被認為是最嚴格的）。在後一方面被趕走了的科學家，他們主要是猶太人或是上述原則的例外，因為他們同樣不經批判地接受了與納粹觀點背道而馳的信念 —— 因此，納粹黨人能夠比較容易地拉攏學者和科學家，從而把外表看來好像有份量的德國學者大部分意見和支持，作為他們苦心經營的宣傳的後盾。"

他説："認為科學可以適應於包括道德領域在內的一切領域的那種對科學的迷信，我再説一遍，是十九世紀的一種收穫物。究竟那些標榜這個學説的人是否真的相信它，或他們是否只是想在他們內心的熱情上套上一件科學威望的外衣，而這種熱情他們完全知道只是一種熱情而已，這還待於考證才能明白。應當注意的是，歷史服從於科學的規律這一教條特別被主張專制政權的人所宣傳。這是很自然的，因為它可以消除他們所最恨的兩種現實，即人類自由和個人的歷史行為。"

我們已有機會談過這樣的一個英國作品，在這個作品裏，用馬克思主義的話來説，極權主義知識分子的一切特質，即對幾乎所有文藝復興以來西方文明所具的特點的憎恨是和贊成使用迫害異端的方法結合在一起的。我們在這裏不想討論這樣一種極端的例子，只想就一本更有代表性並且很著名的的著作來談談。沃丁頓（C. H. Waddington）所寫的並有一個具有特色的標題《科學的態度》的那本小書，是同有廣泛影響的英國的《自然》週刊所極力推薦的任何一本同類著作一樣好的一個例子，這一類書都主張給予科學家以更大的政治權力，同時又熱烈鼓吹大規模的"計劃化"。雖然沃丁頓博士沒有像克勞瑟先生那樣直説他對自由的厭惡，但他對自由是再恨不過的。他和同一類型的大多數作家不同的地方是，他看得很清楚並且甚至着重地指出他所説的和支持的這種趨勢不可避免地會導致極權主義制度。然而很顯然，他還是喜歡這種制度而不喜歡被他描寫為"現在的兇惡殘暴的猴子籠裏的文明"的那種制度。

沃丁頓博士提出的科學家有資格經管一個極權主義社會的

這個主張，主要是以他自己的理論為根據的，即"科學能夠對人的行為作出道德的判斷"——對於沃丁頓的這個主張的形成，《自然》週刊為它作了很多宣傳。當然，這是為德國科學家——政治家們所久已熟悉的一個理論，也是本達所公道地單獨選出來的一個理論。它的意義何在，我們沒有必要到沃丁頓這本書以外的地方去找說明。他解釋說，"對於科學家來說，自由是一個難於討論的概念，這一般是因為，科學家不相信，歸根結底地探究起來，真的有這種東西"。然而，他對我們說，"科學承認"這種和那種自由，但是"古裏古怪的和與眾不同的自由是沒有科學的價值的"。很顯然，沃丁頓博士必得對它說出了許多不堪入耳的話的那種"搖風擺柳的人文學科"，已經嚴重地把我們導入歧途，因為它教我們事事要寬容忍耐！

當《科學的態度》這本書談到社會和經濟問題的時候，它完完全全是反科學的，這是我們對這一類書早已預料到的情況。我們還看到了一整套關於"潛在的富足"和不可避免的壟斷趨勢的陳辭濫調和泛泛之談，雖然他引證來支持這種論點的"最確實的根據"考查起來大都是一些科學立腳點上有問題的政治性小冊子，但對這些問題的認真研究，我們顯然沒有加以重視。

差不多像在所有這一類的著作中那樣，沃丁頓博士的信念大半是由於他相信"不可避免的歷史趨勢"而確定的。這些被假定為科學所已發現的趨勢，是他從馬克思主義——它的基本概念"大部分，如果不是全部的話，是和對自然的科學探討所依據的那些概念相同的"——的精深的科學的哲學裏面得來的，並且是他的"判斷能力"告訴他的。"這種信念"和以往的任何信念比較起來都是一個進步。因此，沃丁頓博士雖然感到"難以否認，現刻在英國過日子不像在 1913 年時那樣好過"，但他向往着一個集中的和極權主義的經濟制度，即各大區域的經濟發展的各個方面都是有意識地被作為一個不可分割的整體加以計劃的。對他的在這個極權主義的制度中思想自由將被保存的這個輕鬆的樂觀的看法，他的《科學的態度》那本書並沒有加以討論，而只表示確信："關於人們用不着成為專家就可以了解的那些問題"，例如，是否可能"把極權主義和思想自由結合起來"，"一定會有很可寶貴的證明"。

對於英國走向極權主義的各種趨勢如果要作出更全面的考察，就得對創立某種中產階級的社會主義的各種嘗試多加注意，這種中產階級的社會主義驚人地酷似希特勒上台前的德國的那種發展，這無疑是它們的首創人所不知道的[8]。如果我們在這裏所涉及的是政治運動本身的話，我們就須討論那些新的組織，如像"我們的奮鬥"這本書的作者阿克蘭爵士（Richard Acland）的"前進"或"共同富裕"運動，或者一度與前者合作的普里斯特利先生（Mr. J.B. Priestley）的"1941 年委員會"的活動。但是，雖然忽視這種現象的象徵性的意義是不明智的，然而它們還算不得是重要的政治勢力。除了我們已經用兩種例子來說明了的那些思

8　這次大戰後可能加強這方面的趨勢的另外一個要素，將是在戰時已嘗到了強力管制的滋味而在戰後將感到難以安於他們必得擔任的，比較卑下的工作的某一些人。雖然上次大戰後這種人不如將來會有的那樣多，但他們甚至在當時已對這個國家的經濟政策發生了不小的影響。遠在十一二年前，當我初次在這個國家裏，異乎尋常地感到忽然被丟入一種我認為是十足的"德國的"精神氣氛中的時候，正是和這一夥人當中的某些人在一起的時候。

想影響之外，走向極權主義的推動力主要是來自兩大既得利益方面，即有組織的資本和有組織的勞動。其中最大的威脅可能是這一事實，即這兩個最強大的集團的政策都趨於同一個方向。

這兩大集團是通過它們共同的並且時常是一致的對工業壟斷組織的支持來進行這個任務的；而且構成很大的直接危險的正是這種傾向。雖然我們沒有理由相信這個運動是不可避免的，但毫無疑問的是，如果我們繼續走我們所走的路，那就會把我們領到極權主義的道路上去。

這個運動當然主要是由壟斷企業的資本家組織者有意地策劃起來的，因而，他們就是這個危險的主要來源之一。他們的責任並沒有因下面這個事實而有所改變，即他們的目標不是一種極權主義制度，而是一種社團社會，在這種社會裏有組織的工業就將以半獨立的和自治的"領地"出現。但他們的目光和他們的德國夥伴一樣的短淺，因為他們仍然相信他們會得到許可，不但創立這樣一種制度而且還可以無限期地執行這樣一種制度。這種有組織的工作的經理必須經常作出的那些決定，不是任何一種社會將會長期地讓私人來作出的。容許這樣大的權力集合體成長起來的一個國家是不會讓這個權力完全操在私人手裏的。認為在這種情況中的企業家們會長久享有在競爭的社會裏被認為正當的優越地位，也同樣是幻想，在競爭的社會裏這種地位所以被認為正當，是因為在許多冒險的人當中只有少數人得到成功，而這些成功的機會就使人值得去冒險。一切企業家們都喜歡既能享受在競爭社會裏他們當中的成功者所得到的高額收入，又能享受公務人員的安穩的地位，這是不足為奇的。只要大部分私人工業和國營工業能夠並存，出色的工業人材是會得到高額薪水並且甚至相當安定的位置的。但雖然在過渡階段企業家們都會如願以償，然而他們不久就會像他們的德國夥伴一樣，發現他們不再是主人，而在各方面他們都得滿足於政府所給予的任何權力和報酬。

除非這本書的論證是完全被誤解了，它的作者不會有對資本家有任何溫情的嫌疑，如果他在這裏着重地指出，把走向壟斷的現代運動的過失單獨地或主要地歸諸那個階級是一種錯誤的話。他們在這方面的傾向既不是新的，也沒有單獨地成為一種強大的力量的可能。具有危險性的發展是他們已經成功地羅致了為數愈來愈多的其他集團的支持，並且通過它們的幫助獲得了政府的支持。

在某種程度上，壟斷者得到這種支持是用讓其他集團分享他們的利潤的方法，或者甚至用更常見的説服方法，使它們相信壟斷的形成是對公眾有利的。但是輿論（即通過它對立法和司法 [9] 的影響，已使這種發展成為可能的最重要因素）的轉變，多半是左派反對競爭的宣傳的結果。在許多場合裏，甚至旨在反對壟斷者的措施在事實上只有助於加強壟斷的權力。對壟斷利潤的每一次的襲擊，不管它是為了個別的集團或者是為了整個國家的利益，都易於促成新的既得利益的建立，而這又會助長壟斷的擴張。在一種制度中只有大的集團從壟斷利潤得到利益，而在另一種制度中，只有有限的少數人從中得到利益；前一種制度比後一種在政治上的危險要大得多，而在前一種制度下的壟斷比在後一

9　論到這一點請參閱路易斯（W. Arthur Lewis）的有見地的文章《壟斷與法律》（"Monopoly and the Law"），《現代法律評論》雜誌，第 6 卷，（1943 年 4 月），第 97-111 頁。

種制度下的壟斷又要強大得多。但是，雖然這樣的問題是應當弄清楚的，例如，壟斷者能夠出的較高工資正同他的利潤一樣是剝削得來的結果，也同樣能使一切消費者和更多的其他靠工資生活者更趨貧困，然而，不僅那些從壟斷得到好處的人，就連公眾在今天也普遍地把有支付較高工資的能力認為是贊成壟斷的一個合法辯解[10]。

　　即使在壟斷無法避免的場合裏，最好的控制它的方法是不是把它放在政府的手裏，這也是很值得懷疑的。如果我們所討論的只是單獨一種工業，那就很可以這樣做。但當我們必須討論許多不同的壟斷工業的時候，那就很有理由來說明，與其把它們綜合起來由政府單獨管理，倒不如讓它們存留在不同的個人手中。即使像鐵路，陸、空運輸，或者煤氣和電的供應都成了無法避免的壟斷事業，只要它們仍然是各不相關的壟斷組織時，消費者所處的地位，比較它們被"調整"為集中控制時，要強固得多。私人的壟斷很少是完整無缺的，甚至更少是長時間的或者是敢於忽視潛在的競爭的。而政府的壟斷則是一個受到政府保護的壟斷—— 保護它不致受到潛在的競爭和有效批評。這在許多場合裏就意味着，一個暫時性的壟斷得到了長時期存在的權力—— 一個差不多一定要被利用的權力。如果理應用來抑止和管制壟斷的權力現在反而用來包庇和保護它所委派的人們，如果本來要由政

10　也許甚至更使人驚奇的是，社會主義者可能對靠息金過日子的證券持有者特別表示溫情，工業的壟斷組織往往對這些人提供安全收入的保證。社會主義者對和潤的盲目仇視，竟會引起人民把這種不勞而獲的固定收入說成是在社會上或在道德上比利潤更適宜的東西，並且甚至會引起他們贊成壟斷，以便為例如鐵路證券持有者獲得這種有保證的收入，這乃是在上一代裏所發生的價值標準顛倒的最特別的徵象之一。

府消除的一種弊端現在卻要它承擔那個弊端的責任，如果批評壟斷的行為就等於批評政府，那末，要想使壟斷替公眾服務是很少希望的。政府在各方面被糾纏在經營壟斷企業之中，雖然它具有鎮壓個人的權力，但就它在制定政策的自由方面而論，它仍是一個軟弱無能的政府。壟斷機構形同政府機構，而政府本身也越來越同辦事的人的利益而不是同一般人民的利益打成一片。

在壟斷真的不可避免的情況下，美國人往往喜歡採取的對私人壟斷加強政府管制的那個計劃，如果始終如一地進行得當，或許比政府集中管理更有收到良好效果的機會。這起碼似乎是這樣的，如果政府實施一種嚴格的價格管制使其沒有特殊利潤的餘地，並使壟斷者以外的其他的人也可以分享這種利潤。即使這會使壟斷工業所產生的服務，不如它應有的那樣圓滿（美國的公用事業有時就有這種現象），但為了抑制壟斷的權力所付出的這種代價是微小的。就我個人來說，我很情願忍受這種效率欠佳的現象，而不情願一個有組織的壟斷來控制我的生活方式。這樣一種對待壟斷的方法很快就會使壟斷者的地位在企業家們當中成為最不足取的地位，並且，也就會有助於使壟斷減少到不可避免的限度和鼓勵發明一些能用競爭的方法來供應的代替品。只要你把壟斷者再一次放在經濟政策的代人受過者的地位，你就會驚奇地看到大多數較有才幹的企業家怎樣迅速地對競爭的興奮氣氛重新感到趣味！

假使我們必須對之進行鬥爭的對象僅僅是壟斷資本家，壟斷這個問題就不難解決。但我們曾經說過，壟斷之所以構成一種危險，並不是由於幾個有利害關係的資本家的活動，而是由於他們讓某些人分享他們的成果因而得到那些人的支持，並且由於他們說服了更多的其他的人使他們相信，支持壟斷事業有助於一個更公平更有秩序的社會的建立。在現代發展中的一個最關緊要的轉捩點，就是那個只有和一切特權進行鬥爭才能達到目的的聲勢浩大的運動 —— 勞工運動 —— 受到反競爭學說的影響而自身也捲入爭取特權的漩渦的時候。最近壟斷事業的成長大半是有組織的資方和有組織的勞方的悉心合作的結果，在這種場合裏，勞工中的特權集團分享了壟斷的利潤，而以公眾，尤其是最窮苦的人民，即受僱於組織較差的工業的工人和失業者為犧牲品。

目前時代最黯淡的景象之一是看見一個偉大的民主運動在支持一種政策，這種政策一定會導致民主的毀滅，同時僅僅對擁護它的少數人有利。然而正是這種從左翼來的對壟斷趨勢的支持才使得這些趨勢很難抵抗，才使得未來的遠景那樣的黯淡無光。只要勞工們繼續共同消滅那個唯一的秩序，即在它之下已為每一個工人至少提供了某種程度的獨立和自由的保證的那個秩序，將來的希望確實是很少的。目前那些大聲地宣佈他們已"一勞永逸地把那個瘋狂的競爭制度徹底解決掉[11]"的勞工領袖們，不啻是在宣佈個人自由的毀滅。要不就是由非個人決定的市場紀律控制的那種秩序，要不就是由少數個別的人的意志指導的那種秩序，兩者之間只能任擇其一，除此之外，是沒有其他辦法的。那些出

11　拉斯基教授（Professor H. J. Laski）在 1942 年 5 月 26 日對在第 41 次工黨年會所講的話（《報告》，第 111 頁）。值得我們注意的是，按照拉斯基教授的看法，"使一切民族遭受貧困的就是這個瘋狂的競爭制度，而戰爭就是那個貧困的結果" —— 這是對近 150 年來的歷史的一個古怪的判斷。

而毀滅前者的人，在有意無意之間助長了後者之建立。在新秩序裏，即使有些人或許會吃得好些，即使每個人無疑地會穿得比較齊一，但大多數的英國工人到末了會不會因為他們的領袖當中的知識分子奉贈了他們一個危及他們個人自由的社會主義學說而感激他們，這是值得懷疑的。

　　凡是熟悉歐洲大陸主要國家過去二十五年的歷史的人，如果研究一下目前從事於建立一個"有計劃的社會"的英國工黨的新綱領，定會感到極大的沮喪。這個為了反對"任何恢復傳統的不列顛的企圖"而提出的對策，不但在總的輪廓上，而且也在細節上，甚至於在措詞上都是同二十五年前支配着德國的輿論的社會主義夢沒有絲毫區別的。依照拉斯基的動議而作出的決議中有一些要求是要在和平時期仍然保留"在戰時用來動員全國資源的政府控制措施"。不但這個決議中的那些要求，就是一切反映其特色的用語，類如"平衡的經濟"—— 這是拉斯基教授現在對大不列顛的要求，或者"公共消費"—— 生產應集中地導向這個方面 —— 等等完全都是從德國的思想中吸收過來的。

　　"一個有計劃的社會是一個比它將取而代之的那個競爭的任何制度要自由得多的社會[12]。"在二十五年前持有這種天真的信仰的人或許是情有可原的。但經過了二十五年的經驗和這種經驗所導致的對舊信仰的重再審查之後，並且正當我們在對那些學說的結果作戰的時候，再度發現那個信仰還被堅持着，這確實是遠非

12　《舊世界與新社會：英國工黨全國執行部關於復興問題的臨時報告》(*The Old World and the New Society: An Interim Report of the National Executive of the British Labour Party on the Problems of Reconstruction*) 第 12 及 16 頁。

語言所能形容的一件可悲的事。在議會和輿論中已代替了以往各進步黨派的地位的那個大黨，它竟然委身於根據過去一切的發展看來必得認為是一個反動的運動，這乃是目前時代所發生的一個決定性的變化，是對每一個自由主義者必須加以重視的每一事物都具有致命危險的根源。過去的進步受到右翼的傳統主義者的勢力的威脅，這是歷代以來都有的現象，我們用不着為之感到驚奇。但是，如果輿論界或議會中的反對黨地位，竟長期地為一個第二個反動的黨所獨佔的話，那就確實沒有任何希望之可言了。

第十四章　物質條件和理想目標

反對政府主要目標的大多數人竟奴役自由的少數人，這是公平的或合理的嗎？無疑地，如果使用強力的話，少數人逼使多數人——保留他們的自由，這絕不會使他們受到委屈，但是卻比多數人為了滿足他們的低級興味，以最有害的方法逼使少數人與他們同為奴隸要公平些。只尋求自己的正當的自由的人，只要有權力，是隨時都有權利贏得自由的；願反對此的人，永遠不會多不勝數。

—— 密爾頓（John Milton）

我們這一代人好以對經濟方面的考慮不像他們的父母或祖父母輩那樣重視來自誇。"經濟人的末日"，很有希望成為這個時代風靡一時的神話之一。在我們接受這個說法或者認為這種變化值得稱頌之前，我們必須稍微檢查一下這種說法究竟有多少真實的成分。當我們考慮一下那些對社會改造提出的最迫切的要求的時候，情況似乎是：它們差不多完全都具有經濟的性質：我們曾經看到那些宣佈經濟人的末日的人，他們同時提出的主要的要求之一就是對以往的政治理想和自由、平等、安全的意義須用

"經濟的詞句來重新加以解釋"。也毫無多大疑問的是：人們的信仰和抱負今天比過去任何時候都更加受到經濟學說的支配，受到細心培養起來的，認為我們的經濟制度是不合理的那種信念的支配，受到關於"潛在的富裕"的虛偽斷言，關於壟斷趨勢無可避免的假理論，以及由某些大事宣傳的事件（例如消毀積存原料或取締新的發明）造成的印象的支配；人們把這些事件都歸咎於競爭，雖然它們正是在競爭制度下不可能發生的事件，而只能在壟斷之下，並且往往是在政府資助的壟斷之下才能發生的事件。[1]

　　不過，在一種不同的意義上，我們這一代人的確不像我們的祖先那樣願意聽從經濟的考慮。他們絕不願意為所謂的經濟理由而犧牲他們的任何要求；他們不能容忍加在他們迫切的願望上的一切束縛，並且也不願意向經濟的必然性低頭。我們這一代人突出的特點，並不是他們對物質福利有任何憎惡，或者甚至對它的慾望有所減低，而是，與此相反，拒絕承認可能妨礙他們慾望的滿足的任何障礙和任何與其他目標的矛盾。這種事態用"經濟恐懼症"來描述比用可以引起雙重誤解的"經濟人的末日"來描述更為正確，因為後者所提示的那種事態的變化，是在我們所沒有走向的那個方向裏從未存在過的。人們已開始憎恨並反抗他們那些非個人控制的力量了，這些力量他們在過去是不得不服從的，

1　小麥、咖啡等物的間或銷毀常被利用來作為反對競爭的理由，這就很好地說明了這種理由在知識方面說來是不誠實的說法，因為稍為思索一下就可以證明，在一個競爭的市場裏銷毀這種存貨，對任何貨主來說都是沒有好處的。至於所謂取締有用的專利的情況是比較複雜的，不能在一個附註裏加以充分的討論；但是一件為了社會利益理應使用的新的發明，反而認為把它放進冷藏庫裏去更為有利，這是很的一種情況，究竟在一個重要的場合裏發生過這樣的事情沒有，是很值得懷疑的。

雖然它們常常使他們的個人努力歸於失敗。

這種反抗乃是異常普遍的現象的一個例證，乃是人們不情願屈從於人們還不了解其基本理由的任何規律或任何必然性的一種新的現象；它是人們在許多生活領域中，特別是在道德的領域中都可以感覺得到的現象；並且它往往是一種值得稱許的事態。但在某些領域中，人們的求知慾是無法充分滿足的，同時，拒絕服從任何我們不能了解的事物一定會導致毀滅我們的文明。由於我們的環境變得愈益複雜，我們對於那些我們不了解的、經常妨礙個人的希望和計劃的力量的抗拒也不斷增長，這雖然是自然的，然而正是在這種環境裏，人們才變得越來越不可能充分地了解這種力量。像我們這樣一個複雜的文明是必須以個人去適應那些其原因和性質人們還不能了解的變化為基礎的：何以一個人應當多得些或少得些？何以他必須另調一種工作，何以他所要的某些東西，比其他東西更難得到 —— 這一切都一直是與這千變萬化的環境有聯繫的，不是單獨一個人的理智所能掌握的；或者，甚至更壞的是，那些受到影響的人將會把一切過失都歸到一個容易看見的、直接的和可以避免的原因上去，而決定這種變化的更複雜的相互關係不可避免地仍然是他們所看不到的。就連一個完全有計劃的社會的領導者，如果他想對任何人充分地解釋，他為甚麼必須被派到另一崗位上去，或者，為甚麼他的報酬必須更改，他也不能完全做到這一點，除非他解釋並證明他的全部計劃是正確的 —— 當然，這是說，只能把它對少數的人作解釋。

以往使文明能夠成長起來的正是人們對市場的非個人操控的力量的服從，沒有這種服從，文明就不可能有發展；通過這樣的服從，我們才能夠每天協助建立某種比任何人所能充分了解的還要偉大的東西。過去人們的服從是否出於現在有些人認為是迷信的那些信仰，是否出於宗教的謙卑精神，或者是否出於對早期的經濟學者的淺薄學說的過分尊重，這都無關緊要；主要的是，我們不能詳細地領會其作用的那些力量，如果要從理性上去了解服從它們的必要性，那就要比宗教甚至對各種經濟學說的尊敬心所啟發出來的卑下的敬畏心驅使我們去服從它們時還要困難得多。實際的情況可能是，縱然我們只想維持我們現有的很複雜的文明，而不需要每個人都去做那些其必要性我們還不了解的事情，也需要每個人都具有比他現在掌握的要多得沒有限度的知識才行。拒絕屈從於我們既不了解又不承認它們是一個具有睿智的人的有意識的決定的那些力量，就是一種不完全的因而也是一個錯誤的唯理主義的產物。它是不完全的因為它沒有理解到，在一個複雜的社會裏，要調整多種多樣的個人努力，必須考慮到個別的人不能完全觀察到的各種事實。它也沒有看到，除非要消滅這個複雜的社會，那麼除了服從那個非個人的和似乎是不合理的市場力量之外，唯一的另一種選擇就是服從另一些人的同樣不能控制的因而是專斷的權力。人在渴望擺脫他現在所感受的那些討厭的羈絆時，往往不會理會到必將被蓄意地用來代替這些羈絆的新的極權主義的羈絆甚至會使他們感受到更多的痛苦。

有些人論證說，我們已經學會了掌握自然勢力到驚人的程度，但可惜的是我們在成功地利用社會合作的可能性這方面是落後了。說這種話的人如果只說到這裏為止那是十分正確的。但當他們把這個對比更推進一步並且論證說，我們必須像學會掌握自然力量那樣學會掌握社會的力量，他們就錯了。這不僅僅是通向極權主義的道路，而且是通向我們文明的毀滅的道路，和一種阻礙未來進步的障礙。光是保存我們既得的成果，也得依賴非個人的力量對各人的個人努力所作的調整工作。那些提出這種要求的人，通過他們的這種要求，證明他們尚未了解這種依賴究竟要到甚麼程度。

我們現在必須回過頭來簡略地談一談這個關鍵之點 —— 個人自由是和整個社會都必須完全地、永遠地從屬於它的那個至高無上的單一目標不相容的。自由社會決不能從屬於一個單一的目標，這個規律的唯一例外就是戰爭和其他暫時性的災禍，那時差不多每一事物都得服從於眼前的和迫切的需要，這就是我們為了長期保存我們的自由所付出的代價。這也說明了何以許多時髦辭句，例如說為了和平目的，要採取為了戰爭的目的我們所學會了採取的行動這種時髦辭句，是最容易把人導入歧路的：為了使自由在將來更加穩固而暫時犧牲自由，這是可以理解的；但是要把這些措施作為一種長治久安的制度提出來，那就是另一回事了。

在和平時期決不容許一個單一的目標絕對地優先於其他一切目標，這甚至適用於現在大家公認的一個當務之急，即克服失業現象。毫無疑問，它必然是我們最大努力的目標，但即使是這樣，也並不意味着應當容許這樣一個目標來支配我們而置任何其他事物於不顧，也不意味着，像說順了口的那句話一樣，必須“不惜任何代價”來完成它。事實上，正是在這一領域裏那些像“充分就業”這一類意義含混的但很吃香的語句的魔力才容易導致極端短見的措施，並且在那裏面，鑽牛角尖的理想家所說的

"必須把它完成，任何代價在所不惜"這種不分青紅皂白的、不負責任的話可能為害最大。

最要緊的是，我們應當睜開我們的眼睛去研究在這一領域裏我們在戰後就要面臨的那個任務，並且應當清楚地體會到我們可能希望做到的是甚麼。戰後不久出現的局勢的主要特點之一將是，由於戰爭的特別需要，幾十萬的男女被吸收到專門的工作上去了，他們在戰爭期間在那些崗位上能夠採得較高的工資。在許多場合裏，將不可能再把同樣數量的人安置在這些特定的行業裏。將有一種迫切的需要，把大批的人調到旁的崗位上去，而那時其中許多人將感到他們那時能夠得到的工作的報酬不如他們戰時工作的報酬那樣優厚。即使運用那個肯定應該大規模加以準備的重新訓練的方法，也不能完全解決這個問題。仍將有許多人，如果按照他們的勞務當時對社會的價值來付酬的話，他們在任何制度之下都必須滿足於他的物質地位同別人的物質地位相比之下的相對降低。

這樣一來，如果各工會反對某些個別集團工資的降低得以成功的話，那就只有兩種出路可供選擇：或者是不得不使用強制的方法（即挑出某些個別的人來強制地把他們調到其他報酬比較差的崗位上去），或者是必須讓那些在戰時所得的工資比較高而此刻又無法繼續僱用的人失業，直到他們情願做工資較低的工作為止。這種問題就是在社會主義社會裏也會像在其他任何社會裏一樣會發生的；而且，大多數工人大概也不會願意向那些由於戰事的特殊需要而被吸收到報酬特別優厚的位置上去的人，永久地保證他們現在的工資。在社會主義社會裏，遇有這種情況是肯定會使用強制手段的。同我們有關聯的那一點，就是如果我們不惜任何代價決定不讓有人失業，同時又不願使用強制手段的話，那我們就不得不採取各種無可如何的權宜辦法，不過這些辦法的任何一種，不但不能帶來持久的效果，反而會嚴重地妨害我們資源的最有利的使用。尤其應當注意的是，對於這種困難，貨幣政策不能提供真正的救治，除非實施一種普遍的大規模的通貨膨脹，使其足以把其他一切工資和物價，提高到和那些無法降低的部分相適應的地步，而且，即使這樣做，也只能用一種隱秘地減低那些不可能直接減低的實際工資的辦法來達到我們所期望的結果。而要把其他一切工資和收入提高到足以調整有關集團的地位的那個程度，就會帶來這樣程度的通貨膨脹，它所造成的騷動、困苦和不公平將比所要救治的那些困難大得多。

將要在戰後以特別嚴峻的形式出現的這個問題，如果要使經濟制度去適應不斷發生的各種變化的話，我們就會永遠擺脫不了它。在一定時期內，就業的可能的最高限度是永遠存在的，這個最高限度可以通過如有工作，就使一切人就業來達到，也可以通過貨幣的擴張來達到。但這個最高限度不能光靠不斷的通貨膨脹來維持，從而使由於環境的改變而成為必需的勞動在各企業部門之間的再分配停止下來，只要工人可以自由選擇職業，這個最高限度總能實現，只是稍微緩慢一些，並造成某些失業：一味想用貨幣的手段來達到就業的最高限度，這是一種結果會使自己的目的歸於失敗的政策。它會降低勞動生產率，從而不斷增加工人中的只能用人為干預的方法才能保持現有工資使他們就業的那一部分人的比例。

毫無疑問，戰後在管理我們經濟事業方面所需要的智慧，甚至將比以往更為重要，並且我們的文明的命運到頭來將決定於我們如何解決我們那時面臨的一切經濟問題。英國人起碼在開頭時將是窮苦的，確實是很窮苦的 —— 並且要恢復和改善以往的標準，英國在事實上可能比其他許多國家要更為困難些。如果他們做得聰明，他們通過苦幹和把大部分的精力用到檢修和更新他們的工業裝備和工業組織上去，就會在幾年之後回復到甚至超過他們以往所達到的水平，這是不成問題的。但這首先需要他們滿足於不超過可能的日常消費，而又不妨礙復興任務，需要他們不存要求比這還要多一些的奢望，並且需要他們把最恰當地使用其資源，將其資源使用於最有助於福利的用途上去看作是比我們反正總得設法使用一切資源更為重要[2]。或許與此同樣重要的是，他們不當由於眼光短淺，想不用增加收入的辦法而用重新分配收入的辦法去救治貧困，使廣大階級的人感到沮喪，以致使它們變成現行政治制度的死敵。我們決不應當忘記，在歐洲大陸上，極權主義興起的一個決定性的因素 —— 這個因素在英國和美國尚不存在 —— 就是一個大的、最近被剝奪了財產的中等階級的存在。

要避免那個帶有威脅性的命運，我們的確在很大程度上必須把我們的希望寄託在能夠迅速恢復經濟進展的前景上，這種進

2　也許在這裏應當着重指出的是，不管人們是怎樣迫切地希望很快地恢復到自由經濟中去，這並不意味着一下子把戰時的大部分限制消除掉。使自由企業制度喪失名譽的，莫過於這種企圖將會產生的劇烈的，雖然也許是短命的，脫節和不穩定情況。問題在於在復員的過程中，我們應當以何種制度為目標，而不在於戰時制度應不應當用一種細心研究出來的逐漸放鬆管制的政策來把它轉變成為長遠性的安排，這種逐漸放鬆管制的政策，可能必須實行好多年。

展，不管我們開始時速度應當多慢，將不斷地把我們推進。而取得這種進展的主要條件是：我們大家都應當準備很快的去適應一個已起了極大變化的環境，絕對不能容許對某些集團的習慣了的標準的考慮阻撓我們去作出這種適應，並且我們應當再一次學會把我們所有的資源用到最有助於使我們大家都變成更加富裕的方面去。如果我們要想恢復並超過我們過去的標準，我們必得作出的調整，將比我們過去必須作的任何類似的調整都要大些；並且只有我們每一個人都準備服從這種調整的需要，我們才能渡過困難時期，而成為能夠選擇自己的生活方式的自由人。讓我們盡一切努力來為每個人保證一個一致的最低限度的標準，但同時我們必須承認，有了這種基本的最低限度的保證以後，某些階級對於一種特許的安全的一切要求都必須放棄，允許某些集團排斥新來者分享他們的相對的繁榮，以便維持他們自己的特殊標準的一切藉口都必須取消。

有人說，"管他甚麼經濟學，讓我們來建設一個有尊嚴的世界吧"，這種話聽起來是冠冕堂皇的 —— 但事實上它只是一種不負責任的話。以我們現在這樣一個世界，大家又都深信各處的物質條件必須加以改善，我們要建設一個合適的世界的唯一機會，就是我們能夠不斷改善一般的財富水平。使現代民主不能默默地忍受的一件事，就是在和平時期而必須大大降低生活標準，或者甚至令它的經濟狀況的停滯性持續下去。

那些承認現在的政治傾向對我們的經濟前景構成了嚴重的威脅，並且，這些傾向還通過它們在經濟方面的影響而危及更高的價值標準的人，還易於欺騙自己：我們正在作出物質的犧牲，以便達到理想的目的。然而，五十年來向集體主義的趨近是不是提高了我們的道德標準呢？或者說，這種變化是不是有些在朝着相反的方向前進呢？這些都是值得懷疑的。雖然我們習慣於以對社會正義有比較敏銳的感覺而感到自豪，但這絕不表明這已由我們個人行為的實踐證明。在否定的那一方面，我們這一代人，在對現存社會秩序的不平等感到憤懣這一點上，大概超過他們大多數的祖先。但是那個運動對我們真正的道德方面的積極標準，即個人行為的影響，和對我們維護道德原則、反對社會機構的權宜措施和應急措施的認真程度的影響則是大不相同的。

　　在這一領域裏的一切爭執之點已變得那樣的混亂不清，以致於我們有從根本問題上說起的必要。我們這一代人很可能忘記的不僅是，道德必定是個人行為的現象，而且道德只能存在於一定範圍之內，即個人有為自己作出決定的自由，而被要求自願地犧牲個人利益來遵守一個道德規則的話。在個人負責的範圍以外，就既沒有善，也沒有惡，既沒有機會獲得道德的評價，也沒有機會犧牲個人對自認為是正確的事物的慾望來表明個人的心跡。只有當我們對我們自己的利害關係負責並且有犧牲它們的自由時，我們的決定才有道德的價值。我們沒有權利以別人為犧牲來博得自己不自私的美名，而我們要是在不許可有選擇的情況之下做到了不自私，也說不上有甚麼道德價值。如果社會成員，凡是做了一件好事，都是別人使他去做的話，是沒有權利受到讚賞的。正如密爾頓所說的那樣："如果一個成年的人所做的每一件好事或壞事，都是在薄施小惠、命令和強迫之下作出的，那末美德豈不只是一個空名嗎？善行還值得甚麼讚美呢？持重、公正或自制還值得甚麼感佩呢？

　　在物質環境迫使我們要作出選擇的範圍內有安排自己行動的自由，以及有責任依照自己的良心安排自己的生活，這是道德觀念能夠成長、道德價值能在個人的自由決定中逐日得到再造的唯一氣氛。不是對上級而是對自己良心的負責，不是用強力逼出來的責任感，以及決定個人所重視的事物中哪些事物應該為旁人而犧牲的這種必要性，和對自己所作出的決定的後果的負責——這些才是名副其實的任何道德的實質。

　　在個人行為這一方面，集體主義所起的作用幾乎完全是有害的，這一點既是不可避免又是不可否認的。一個以減輕責任[3]為其主要諾言的運動，它的結果只能是反道德的，不管它所從出的那些理想是多麼的崇高。在我們個人能力許可的範圍內，個人救治不平等現象的責任感已被削弱了而不是加強了；擔當責任的意願和了解應怎樣去選擇乃是我們自己個人的責任這種自覺性都顯然已受到損害，難道這還有甚麼值得懷疑的嗎？要求由當局來創造一個想望的局面，或者，甚至甘願服從，如果所有的人都必得要這樣做的話，和不顧含有敵意的輿論，甘願犧牲個人的慾望

3　當社會主義接近極權主義的時候，這一點愈來愈清楚地被表現出來了。在英國，這一點在英國社會主義的在最近的和最具有極權主義精神的形式，即阿克蘭爵士所發起的"共同富裕"運動的綱領中，也說得最為明顯。他所預先約許的那個新秩序的主要特點，就是在那種秩序裏面，社會將"對個別的人說，'你莫要擔心得到你自己的生活那件事'"。其結果當然就是，"必須由整個社會來決定是不是必須花我們的錢來僱用一個人，以及決定他必須怎樣，何時，以何種方法工作"，並且，社會還得"在很可以過得去的條件下為那些逃避責任的人辦起集中營來"。這位作者發現希特勒"已偶然發現（或者說，有必要利用）人類終將要做的事的一小部分，或者也可以說，一個特殊的方面"，這有甚麼值得驚奇的呢？（阿克蘭男爵：《前進》〔*The Forward March*〕，1941 年版，第 127，126，135 和 32 頁。）

來做個人認為是正確的事情，在這兩者之間是有極大的差別的。有許多事情說明我們在事實上對個別弊端已更加縱容；對某些情況下的不平等已更加熟視無睹，因為我們把我們的注意力放在一個完全不同的制度上，在那個制度裏國家會把一切事情都安排得好好的。甚至會像已經説過的那樣，熱衷於集體行動，正是我們現在若無其事地、集體沉溺於那種自私的一種手段，而對於這個自私，我們作為個人倒還能稍加約束的。

誠然，那些現在少有人尊重和實踐的美德 —— 獨立，自己依靠自己，甘願擔當風險，願意違反多數的意見而堅持自己的信仰，喜歡同鄰人自願地合作 —— 都是個人主義社會據以進行工作的重要因素。集體主義並沒有甚麼東西來代替這些美德，並且，在它把它們消滅之後所留下來的這個空白，除了要求服從和強迫個人來做集體認為是好的那些事情以外，還沒有任何東西來填補。按期舉行的代表選舉，即對個人的道德選擇日趨減退的那個選舉，並不是一個考驗個人道德價值的機會，不是一個他經常得重新肯定和證明他的價值的等級的場合，也不是他用犧牲他的價值中那些他評價較低的價值來維護他評價較高的價值的方法來證明他所表白的話是誠懇的場合。

由於由個人發展起來的行為準則是集體政治行動從而得到它所具有的道德標準的來源，如果放鬆個人行為標準可以使社會行動的標準提高的話，那確是令人驚奇的事。有很大的一些變化已經發生了，這是很明顯的。當然，每一代人都有比其前人看得更高和更低的一些價值標準。然而哪些標準現在處在較低的地位呢？哪些價值標準已受到警告，如果它們和其他的價值標準發生衝突的話就得放棄呢？哪一類價值在有聲望的作家和演說家對我們提出的未來的圖景中，不像在我們祖先的幻夢和希望中那樣顯得突出呢？

被評價較低的，一定不是物質的舒適，一定不是生活水準的提高，也一定不是某種社會地位的保證。有沒有一個有聲望的作家或演說家敢於向大眾建議，他們可能必須犧牲他們的物質方面的遠景來宣揚一個理想的目標呢？事實不是和這完全相反嗎？他們越來越頻繁地要我們把它看做"十九世紀的幻影"的那些東西—— 即自由與獨立，真理與理智的誠篤，和平與民主，以及尊重個人是以他是人的資格而不僅以他是一個有組織的集團的一員的資格來尊重他 —— 不都是道德的價值標準嗎？

現在被看為是神聖不可侵犯的那些固定了的標的究竟是甚麼？由於人們把它們當成是永遠不可改變的界標，這些界標在將來的任何計劃裏都必須受到重視，因而沒有一個革新者敢去觸動它們。它們不再是個人自由，即他的行動自由，也很難是他的言論自由。它們乃是這個或那個集團的受到保護的標準，即他們排斥外人，不讓外人向他們的伙伴提供其需要的東西的這種"權利"。對各種不讓大眾參加的集團的成員與非成員的歧視，更不用說對不同國家的人民的歧視，越來越被認為是自然的現象；對為了一個集團的利益、由政府加諸個人的不公正的行動的熟視無睹，差不多是和鐵石心腸沒有區別；對於個人最起碼的權利的粗暴侵犯，類如強迫移民，連被認為是自由主義者的人們也越來越無動於衷了。

這一切確實證明了，我們的道德感已變得遲鈍了而不是銳敏了。當人們日益頻繁地提醒我們，不打碎雞蛋就不能炒雞蛋的時候，那些正在被打碎的雞蛋幾乎都是前一兩代人認為是文明生活的主要基礎的那一類東西。我們的許多所謂"自由主義者"既然對於權力自己宣佈的原則表示同情，他們對權力所犯的任何暴行怎能不是欣然寬恕的呢？

集體主義的進展所形成的道德評價的變化，其中有一個方面是現在特別值得玩味的。那就是，那些愈來愈少地受到尊重，因而就變得更稀少的美德，恰好是益格魯—薩克遜人理應引以自豪並且普遍地被認為是他們擅長的那些美德。這些民族所具有的在很大程度上勝過其他大多數民族——除了少數較小的國家，如瑞士和荷蘭的人民以外——的這些美德，就是獨立和自己倚靠自己，個人創業能力和對所在的地方負責，成功地倚靠自願的活動，不干涉鄰人的事和寬容異端，尊重風俗和傳統，以及對權勢的健全懷疑。幾乎所有的傳統和制度，即民主道德的精華在其中已得到最本質的表現，轉而形成了英美兩國的民族性和它們的整個道德精神的那些傳統和制度，目前正在被集體主義的發展和它固有的集中主義傾向不斷地毀滅着。

有時一個外國的背景能夠幫助我們更清楚地了解，一個民族的道德氣氛的特殊優點是由甚麼環境造成的。不管法律怎樣規定，像我這樣必然一個一輩子都是一個外國人的人，如果可以許可我這樣說的話，目前時代最使人沮喪的景象之一，就是看到例如英國所給予世界的那些最寶貴的東西，現在在英國本國竟被人們憎惡到了甚麼地步。英國人很少知道在下面一點上他們和其他大多數民族不同到甚麼程度，即他們，無論屬於哪個黨派，都多少持有那些，照它們的最明顯的形式看來，都可以稱為自由主義的概念。二十年前，和其他大多數民族相比，差不多所有的英國人都是自由主義者——不管他們和政黨所主張的自由主義的區別有多麼大。就是在今天，英國的保守主義者或社會主義者也同自由主義者一樣——如果他到外國去旅行，雖然他可能發現卡萊爾或者狄斯累里，韋伯夫婦或者威爾斯的概念和著作，在與他很少有共同之處的人們中間，在納粹和其他極權主義者當中極為盛行，如果他發現一個思想的孤島，在那裏麥考萊和格拉德斯通、穆勒或摩萊（John Morley）的傳統仍然活着——將會發現一些和他自己"說同一種語言"的親切的幽靈，不管他自己和他們所特別擁護的理想有多麼的不同。

最使人對英國文明的特殊價值喪失信心，並對追求我們的當前偉大目標起最大的癱瘓作用的，莫過於英國所作的大部分宣傳的笨拙無能。對外宣傳成功的第一個先決條件，是自豪地承認別的民族都知道的作宣傳的國家所具有的那些獨特的價值和出色的特點。英國的宣傳之所以無效，是因為主持宣傳的人本身對英國文明的特殊價值失掉信心，或者說，完全不了解它和其他民族不同的那些要點。其實，左派的知識分子崇拜外國的神像已經那樣的久，以致他們變得幾乎不能了解英國特有的制度和傳統的任何優點。他們中間的大部分人引以自豪的那些道德價值，多半是他們出面加以毀滅的那些制度的產物，這一點當然是這些社會主義者所不能承認的。並且，不幸的是，持這種態度的不僅限於那些公開的社會主義者。雖然人們一定希望那些說話較少而為數較多的，有教養的英國人不是那樣的，但是，如果人們是憑表現於當前的政治討論和宣傳中的概念來作出判斷的話,那些不但"說的是莎士比亞的語言",而且所抱的"也是密爾頓的信仰和道德"的英國人,似乎都已經消逝殆盡了[4]。

不過,如果相信從這種態度所產生出來的宣傳會對我們的敵人,特別是德國人有預期的效果,那是大錯特錯的。或許德國人對英美兩國的認識不深,但他們對甚麼是民主生活的特有的傳統價值,和對近兩、三代以來是甚麼東西把各國的民心更加分離開來,是有充分認識的。如果我們想要使他們相信,不但我們對他們是真誠的,而且也使他們相信我們必須向他們提供一條不同於他們已走過的真正可行的道路的話,那就絕不能依靠對他們思想體系的讓步。我們不應該用我們從他們的祖先那裏借來的思想的陳腐翻版來欺騙他們 —— 類如國家社會主義,政治上的現實主義,"科學"計劃,或社團主義等等。我們不應該用跟着他們在通向極權主義的道路上走一半路程的方法來說服他們。如果民主國家本身放棄了個人自由與幸福的最好理想,如果它們默認它們的文明不值得保留和默認它們沿着德國人所領先的道路去走是再好不過的,那末它們在實際上就沒有甚麼值得貢獻的東西。照德國人看來,所有這一切只不過是為時已晚的承認:自由主義者已完全錯誤透頂了,而他們德國人才是把人們導向一個新的更好

4　雖然在本章的主題裏不止一次地引證了密爾頓所說的話,但在這裏我經不起誘惑,不得不再一次援引他所說的、大家都很熟悉的一句話,這句話在今天除了一個外國人以外,似乎沒有人敢於引證的:"但願英國不要忘記了首先教導各民族如何生活的就是它自己。"我們這一代人已經看見了無數的誹謗密爾頓的英國人和美國人 —— 並且他們當中的第一個人,龐德(Ezra Pound)是在這次戰爭期間從意大利發表廣播演說的人,這或許是深有意義的!

的世界去的，不管那個過渡時期是怎樣的可怕。德國人知道那種他們仍然認為是英美的傳統的東西和他們自己的新理想，基本上是相反的和互不相容的人生觀。也許有可能使他們相信他們所選擇的道路是錯的，但絕對無法使他們相信，在德國人所走的道路上英國人和美國人會是更好的引導者。

對於那些因為他們的價值標準是和我們的價值標準最為接近，我們到了末了還必須指望他們幫同我們重建歐洲的那些德國人，那種形式的宣傳尤沒有打動他們的力量。因為親身的經歷已使他們成為更聰明練達：他們已經懂得了，在一個摧殘人身自由和個人責任的制度裏，無論是善意或者組織效率都不能使人得以安身立命。那些學到了這個教訓的德國人和意大利人想得到的高於一切的東西，就是保護他們免受那個殘暴政府的蹂躪 —— 不是大規模組織的一些宏偉計劃，而是平安地自由地重建他們自己的小天地的一個機會。我們之所以能夠希望從敵人的某些人當中得到支持，不是因為他們認為受英國美國人的指揮比受普魯士人的指揮要好些，而是因為他們認為在一個民主理想已經勝利了的世界裏，他們將會少受指揮，將會有時間來安靜地從事他們自己的事業。

如果我們要在思想戰爭中取得勝利，要把敵國的知禮專法的分子爭取過來，我們必須首先恢復對以往所維護的那些傳統價值的信心，必須具有道義上的勇氣來堅強地維護敵人所攻擊的那些理想。我們不是靠抬不起頭的辯解和我們會迅速革新的保證，不是靠我們正在傳統的自由主義價值標準和新的極權主義思想之間尋求某種折衷辦法的那種解釋，能夠贏得信任和支持的。重

要的東西不是我們最近在我們的社會制度裏所作出的那些改進
—— 因為它們同兩種相反的生活方式的基本區別相比是無足輕
重的 —— 而是我們對那些已使英美成為擁有自由而正直，寬容
而獨立的人民的國家的傳統的不可動搖的信心。

第十五章　國際秩序的展望

> 聯邦制是所有節制民主的方法中最有效的和最相宜的……聯邦制度是通過分割統治權和只把某種規定的權利委託給政府而限制和約束統治權力的。它是不僅抑制多數而且也抑制全體人民權力的唯一方法。
>
> —— 阿克頓勳爵

世界由於揚棄十九世紀自由主義而付出的代價，任何領域也沒有像在開始這種退卻的國際關係方面所曾經付出的代價那樣的高。但是，我們在經驗應當給予我們的教訓中，只學到了很小的一部分。也許這裏比別處還更加有這種情形，就是這裏流行的一些觀念還是那麼一種，凡是這些觀念認為是合適可行的，其結果往往會跟它們所許諾的適得其反。

在新近的經驗教訓中，現在正在緩慢地和逐步地被人們體會到的那一部分是：好多種獨立地以全國規模實行的經濟計劃，就其綜合的影響而論，即使從純經濟觀點來看，也必定是有害無利的，甚至還必定會產生國際間的嚴重不和。如果每一個國家都自由地採取從它自己目前利益看來認為必要的措施，而不考慮這些措施對於其他國家可能有何損害的話，那就很少有國際秩序或持久和平的希望之可言，這一點此刻已無需特別說明。許多種經濟計劃，只有在計劃當局能夠有效地遮斷一切外來的影響時，才真正能夠實行。因此，這種計劃的結果，不可避免地是對於人和貨物的移動加上愈來愈多的限制。

　　雖較不顯著但絕非不真實的對和平的威脅，是人為地把任何一個國家的所有人民，培養成為經濟上利害一致的整體的那種做法，和以全國規模進行計劃所產生的利害相反的新集團所引起的。國界就標誌着生活水準的明顯的差異，以及一個國家集團的成員資格，就有權享有和其他集團的成員所享有的完全不同的成果，這是既不必要也不相宜的。如果各個國家的資源，被當做整個國家的獨佔性財產來處理，如果國際經濟關係不是成為個人與個人之間的關係，而是越來越成為組成貿易整體的整個國家之間的關係，它們就不可避免地成為整個國家之間的不和和猜忌的根源。一個最有害的幻想，就是認為用國家之間或有組織的集團之間的談判方式來代替對市場和原料的競爭的方式，就可以減少國際摩擦。這不過是用強力的爭奪代替那種只在借喻時才能夠稱之為競爭的"戰鬥"、並將那種個人之間無需借助於武力便可取決勝負的競爭，轉變為沒有更高的法律予以約束的、強有力的和武裝的國家之間的競爭罷了。國家與國家之間的經濟交易，由於它們都同時是本身行為的最高判斷者，都不向更高的法律低頭，它們的代表們除了各自的本國眼前利益之外又不受任何考慮的約束，所以結果必定會發生權力的衝突[1]。

如果我們只是默許鼓勵這一方面的現有的趨勢（這種趨勢在1939 年前已十分明顯）而不好好利用勝利形勢的話，我們也許真的會發現：我們已經打敗了德國一個國家社會主義而創造了一個由許許多多國家社會主義國家組成的世界；它們雖然在細節上各不相同，但同樣是極權主義的、民族主義的，並且相互之間不斷地發生着衝突。那時，德國人之成為和平破壞者，像它已經對某些民族所做的那樣[2]，只不過是由於他們第一個走上了那條所有別的人最後也都要走的路罷了。

那些至少部分地了解到這種危險的人，常常得出這樣一個結論，即認為經濟計劃必需是國際性的，即必需由某種超國家的當局來做。不過，雖則這可能防止國家規模的計劃所引起的某些明顯的危險，但是提倡這種雄心勃勃的方案的人們，似乎並沒有想到他們的建議可以造成的甚至更大的困難和危險。有意識地管理全國規模的經濟事務所引起的各種問題，當試圖在國際上進行這樣的工作時，其範圍不可避免地還會擴大。計劃和自由之間的矛盾，當那些受一個單一計劃支配的人們所信奉的各種標準和價值的相似性日漸減少的時候，一定會變得更為嚴重。計劃一個家庭的經濟生活未必有何困難，在一個小的社會範圍裏困難也較少。但是當計劃規模增大時，對各目標的先後程序方面相互一致

1　此處只能很簡單地涉及的這些論點以及下述各點，見羅賓斯（Lionel Robbins）教授所著《經濟計劃與國際秩序》（*Economic Planning and International Order*，1937 年版）一書各章。

2　特別可以參看伯納姆（James Burnham）所著的那本有意義的著作《管理的革命》（*The Managerial Revolution*）（1941 年出版）。

的程度即趨於減少而依仗強力和強迫的必要性則隨之增長。在一個小的社會裏，在許多問題上對各主要任務何者較重要何者較次要都能取得一致的看法，也有一致的價值標準。但是我們的網撒得越寬，一致的看法就會越來越少，並且，隨着一致看法的日益減少，借助於強力和強制的必要性就日益增加起來。

任何一個國家的人民，可能很容易加以説服，使其為了促進他們認為的"他們的"製鐵工業或"他們的"農業，或者為了使他們的國家裏沒有一個人的生活，降低到某一個水平以下而作出犧牲。只要問題僅僅在於幫助那些生活習慣和思想方法我們很熟悉的人們，或者在於改善那些我們很容易想到的，或者那些對於他們的適宜的境況的看法，基本上和我們相同的人之間的收入分配或改善其工作條件的話，我們是常常甘願做出某種犧牲的。但是人們只要想像一下甚至像西歐這樣一個區域的經濟計劃所引起的問題時，必將發現這種計劃完全缺乏道義基礎。誰能想像，竟會有這種關於分配平等的共同理想，會使挪威漁民同意放棄經濟改善的前景，以便幫助其葡萄牙的夥伴或使荷蘭工人在購買他的自行車時，多付價款以便幫助考文垂的機械職工、或使法國農民付出更多的租税以援助意大利的工業化？

如果大多數人現在還不願意看到這種困難，這主要由於他們自覺地或不自覺地假定，將為別人解決這些問題的，正好就是他們，並相信自己有能力正義地和公平地做到這點。例如，英國人只要看到了在國際計劃當局中他們可能是少數，看到了英國經濟發展的主要方向可能由一個非英國的多數作決定，他們也許就

能比任何國家的人更清楚地了解這種計劃究竟意味着甚麼。一個
國際性的權力組織，不管其構成如何合乎民主，如果它有權命令
西班牙煉鐵工業的發展必須優先於南威爾士的同一工業的發展、
光學工業最好集中於德國而把英國排除在外、或只准完全精煉過
的汽油輸入英國，並且把一切與煉油有關的工業保留給產油國家
時，試問在英國究竟有多少人準備服從這個國際性權力組織的決
定呢？

　　認為包括許多不同民族的廣大地區的經濟生活，能夠通過
民主程序來加以管理或計劃，是對這種計劃將會引起的問題完全
缺乏了解的表現。國際規模的計劃只可能比全國性的計劃更加是
一個赤裸裸的強制力的統治，由一個小集團把計劃者認為適合於
其他人的那樣一種標準和運用強加在其他人之身。這一點是可以
肯定的，就是德國人曾經企圖過的那種"廣大空間經濟"，只有
由一個領袖民族無情地把自己的目的和觀念強加於他人，才能成
功地實現。把德國人所曾表現過的對弱小民族的殘暴和對他們一
切願望和理想的蔑視簡單地看作德國人的特別邪惡的表現，這是
一個錯誤。正是他們所從事的任務的性質，才使這些事情不可避
免。對理想和價值標準差異很大的人民的經濟生活進行管理，就
是承擔一種使一個人使用強制力的責任。它是僭取一種地位，處
於這種地位的人，即使是心地善良，也不能使他不被迫按照一種

對某些受影響的人説來必定是高度不道德的方法行事[3]。

縱使我們假定那種統治勢力是像我們所可能想像的那樣的理想主義的和無私的，這也仍然是對的。但是，它會是無私的這種可能性是多麼渺小，而誘惑力卻是多麼巨大！我相信英國人的正義和公道的水平，特別是在國際事務方面，跟任何國家比起來都是有過之無不及。不過，即使到現在，我們也還能聽到在英國有人説：必須利用勝利來創造條件，使英國工業能夠充分運用戰時建立起來的特種裝備；同時，歐洲的復興必須這樣來加以引導以便適合英國工業的特殊要求，並保證給國內每一個人以他自己認為最適合的職業。這些建議的令人驚奇之處，並不在於人們提出這些建議，而在於他們提出時的一片誠心和把它們視為當然的態度；提出這些建議的知情達禮的人們，完全不了解為了實現這些目的而使用強力時必然會帶來的道德上的罪行[4]。

也許產生這種信念——認為有可能通過民主手段對許多不同的民族的經濟生活實行一種單一的集中的管理——的最有力的因素，就是一種有害的幻想，認為如果把決定之權交給"人

3　英國在殖民方面的經驗也和其他任何國家的一樣，充分地證明，即使像英國人了解為殖民地開發的那種溫和形式的計劃，不管他們願意與否，也必定是把某種價值標準和理想強加於他們所要幫助的人們。正是這種經驗，使得即使是最有國際頭腦的殖民專家，也非常懷疑殖民地的"國際"共管是否可以實行。

4　如果仍然有人看不到這些困難，或認為只要有些少的善意，這些困難就都能克服，那末，如果他試着去研究一下把經濟生活的集中管理應用於國際規模時所將涉及的一切問題，將是對他有助益的。這將意味着多少是有意識的力圖確保白種人的優勢，並使所有其他民族認為這是理所當然的，難道還有甚麼疑問嗎？在我找到一個神智清明的、認真相信歐洲各民族將自願服從由一個世界性的議會決定的他們的生活標準和進展速度的人以前，我只能把這種計劃看成是荒誕的。但不幸的是，這並沒有杜絕那些特種措施（這些措施只有在國際管理原則是一種易於實現的理想的時候，才能被認為是有根據的），在被認真地倡導着。

民”，工人階級利益的一致性將很容易克服那些統治階級之間存在的分歧。完全有理由推測：在實行世界性計劃時，現在在任何一國的經濟政策上產生的經濟利害衝突，事實上將成為所有民族之間的、只有用武力才能解決的利害衝突，並以更為激烈的形式出現。在一個國際計劃當局必須加以解決的一些問題上，各個民族的工人階級之間的利益和看法將不可避免地同樣會有矛盾，甚至比任何一個國家內不同階級之間更缺乏共同接受的公平解決的基礎。對於貧困國家的工人來説，他的比較幸運的同事據説是為他的利益打算而提出的，規定最低限度工資，免受他的低工資競爭的影響的要求，往往只是一種手段，用來剝奪他按低於其他國家工人的工資進行勞動，克服天然的不利條件以改善其處境的唯一機會。對他來説，他必得拿十小時勞動的產品來換取別處擁有較好機械裝備的人的五小時勞動的產品這一事實，和資本家所實行的同樣是一種“剝削”。

相當肯定的是：在一個有計劃的國際體系中，較為富裕的因而也是最為強大的國家，比較在一個自由經濟中，在更大的程度上會成為貧困國家的仇恨和猜忌的對象，而後面一種國家全都會認為：只要他們能夠自由地做他們願做的事，就能夠很快地改善他們的處境，這種看法的是對是錯我們姑且不去説它。的確，如果把實現各民族間公平分配視為國際性當局的責任的話，那末社會主義理論的不可避免的進一步的發展就是階級鬥爭將變成各國工人階級之間的鬥爭。

現在有許多頭腦糊塗的談論，談到所謂“生活標準平均化的計劃”。稍為詳細地考察一下其中的一個建議以便看看它真正包含些甚麼，是有益的。目前，我們的計劃者特別喜歡提出來要制訂這種計劃的地區是多瑙河流域和東南歐。毫無疑問，從人道主義的和經濟的考慮，以及為了歐洲未來和平的利益，迫切需要改善這一地區的經濟情況，而這一點只有在和過去不同的政治背景之下才能達到，也是無可懷疑的。但是，這和下面的做法不是一回事，即要求這一地區的經濟生活根據一個單一的總計劃來加以管理、根據事前依照這樣方法制定的計劃來扶植各種工業的發展，使地方的創造性的發揮依賴於中央當局批准並編入它的總計劃。例如，人們不能為多瑙河流域創立一種像田納西河流域管理局之類的東西，而不因此在事前決定未來許多年中居住在這地區中的各個民族的相對發展速度，或者，不使他們個人的抱負和希望服從於這個任務。

制訂這種計劃必須從規定各種要求的優先次序入手。為了有意識地把生活標準加以平均化而計劃，意味着不同的要求必須根據價值權衡來排隊，某些要求必須比另一些要求有優先權，後者必得靜待輪到它的時候 —— 縱使那些利益這樣被擱置下來的人們，可能確信，他們不但更有權利，而且只要給予他們以自由按照他們自己的打算行事的話，他們有能力更快地達到他們的目標。我們並沒有根據去決定，貧困的羅馬尼亞農民的要求，比更貧困的阿爾巴尼亞的要求有更多的或更少的迫切性，或斯洛伐克山區牧民的需要比他的斯洛文尼亞同行更大些。但是，如果要使他們生活標準的提高必須按照一個單一的計劃來實行的話，那就必須有人有意識地去權衡所有各種要求的價值並在其間作出決定。一旦這樣一種計劃付諸執行，計劃區域的一切資源必須用於

那個計劃 —— 對那些認為他們自己能幹得更好的人們也不能有例外。一旦他們的要求被列在較低等級，他們將必得為首先滿足那些得到優先權的人們的需要而工作。

在這種情況下，每一個人將會理所當然地感覺到：如果採用某種其他計劃，他的處境也許不致於那樣的壞，感覺到正是主要強國的決定和強權才使他處於比他想像中應當得到的較為不利的地位。在一個小民族聚居區域（這些小民族中的每一個民族，都同樣熱烈地相信自己凌駕於他人的優越性）裏試行這類事情，就是進行一項只有使用武力才能完成的工作。就是說，大國將必得利用決斷和強權去解決那樣一些事情，諸如是馬其頓的還是保加利亞農民的生活標準應當提高得更快一些，是捷克的還是匈牙利的礦工應當更快地接近西方的水平等等問題。並不需要懂得多少人性就可看出，並且肯定只要有一些關於中歐民族的知識的人就可看出：不管強加的是些甚麼決定，將會有許多人，也許有大多數人，認為代他們選定的某種次序是非常不公平的，他們共同的仇恨將立刻轉向那些實際上決定他們命運的強國 —— 不管它是多麼公正無私。

無疑地有許多人是真誠地相信，如果讓他們去掌握這件事，他們能公正地和不偏不倚地解決所有這些問題，但是當他們發現人家的疑忌和仇恨都轉到他們身上來時會真正感到驚奇，而當他們看到他們打算使其受益的人們的反抗時，他們可能會是第一個使用強力的人，並在強使人民做那些據說對他們自己有利的事情時，表現出他們是十分殘酷無情的。這些危險的理想主義者沒有了解到，一個道德責任的承擔必然會通過強制力使自己的道德觀念在那些支配着其他社會的人中間佔優勢，承擔這樣一種責任會使一個人處於一種不可能按道德行事的處境。硬要戰勝國擔負這樣一種不可能的道德任務，肯定地會在道德上敗壞和損害他們。

讓我們竭盡可能協助貧困的民族，通過他們自己的努力，去建立他們的生活，和提高他們的生活水平。一個國際性的當局，如果它僅止於保持秩序並創造使人民能發展其自己生活的條件的話，它就能夠保持公平和對經濟繁榮作出巨大貢獻。但是，如果由中央當局分配原料並分派市場，如果每一個自發的行動都要由中央當局"同意"、沒有中央當局的批准就甚麼也不能做的話，它就不可能保持公正和讓人民按自己的意願過活。

在以上各章的討論之後，幾乎沒有必要再來強調說，這些困難不能用"僅僅"把某些特定的經濟權力委託給各種國際權力組織的方法來應付。認為這是一個切實可行的解決辦法的那種信念是建立在這樣一種謬見上的，即認為經濟計劃僅僅是一種技術工作，可以由專家按完全客觀的方式加以解決，而真正重要的事情卻仍然保持在政治當局的手裏。其實，任何國際經濟當局，由於它不受最高政治權力的約束，縱使嚴格限於某一領域，也能夠施展其可以想像得到的、最暴虐和不負責任的權力。對某一基本商品或事業（例如說，航空運輸）的統制實際上是能夠委託給任何當局的一種影響最深遠的權力。並且由於幾乎沒有任何事不能以"技術上的必要"的借口（這在局外人是無法有效地加以質詢的）—— 或者甚至以某些條件特別差的集團的需要，不能用任何其他方法加以幫助的這種人道主義的或可能完全是光明磊落的理由來加以辯護，—— 因此很少有可能來控制那種權力。這種處於多少自主的機構之下的世界資源組織，現時常常從最令人感覺意外的方面得到擁護，它是一種不受任何約束的、由所有國家政府承認的廣泛的壟斷系統，不可避免地將會成為一切想像得到的計策了最壞的計策——即使受託管理的人確是他所照顧的某種利益的最忠實的維護者也罷。

為了明瞭它們所產生的令人可怕的政治上的困難和道德上的危險，我們只需認真地考慮一下這類貌似無害的建議的全部內容就夠了。這種建議廣泛地被視作未來經濟秩序的主要基礎，例如有意識地控制和分配主要原料之類。控制任何一種這一類的原料，例如石油或木材，橡皮或錫的供應的人，將成為全部工業和各個國家命運的主宰。在決定是否要讓供給增加、價格或生產者收入下落時，他將決定是否允許某個國家創立某種新的工業，或禁止它這樣做。當他"保護"那些他認為是特別託付給他照顧的人民的生活標準時，他將剝奪許多處境更壞的人的最好的、也許是唯一的改善其處境的機會。如果所有基本原料都這樣被控制起來，自然將不會有新的工業，如果沒有控制者的允許的話；不會有一個國家的人民可能着手去從事的新的冒險性嘗試，不會有一種開發或改善的計劃是他們的否決權所不能破壞的。這一點在"分配"市場的國際協議方面也是如此，甚至在投資管制和自然資源開發的管制方面更是如此。

這是一種很奇怪的現象，就是那些裝作最冷靜的務實派，他們一有機會即對那些相信國際政治秩序的可能性的人的"空想主義"投以嘲笑，但對經濟計劃所帶來的、對各個民族生活的遠為直接的和不負責任的干涉，倒反而認為是比較切實可行，並且相信，一旦從未夢想過的權力賦予一個國際政府 —— 即剛才說過的，甚至不能執行一種簡單的法治的那種國際政府 —— 的話，這種較大的權力的使用，將是如此的無私和明顯的公正，足以博得普遍的同意。明顯的事實是，雖則許多國家可能信守它們所曾同意的正式條規，但它們決不會服從國際經濟計劃所帶來的管理 —— 就是說，雖則它們可能同意競技規則，但是它們決不會同意由多數投票來規定它們自己的需要的位次所佔的先後次序和容許它們前進的速度。縱使開初由於對這種建議的意義的某種錯覺，各國竟然同意把這種權力轉移給一個國際性的當局，但它們不久就會發現：它們所委託的不僅僅是一個技術性任務，而是有關它們生活本身的最為廣泛的權力。

　　贊成這種計劃的人中也有一些不見得是完全不切實際的"現實主義者"，他蘊藏在內心裏的想法顯然是：雖然大的強國將不願服從任何高級當局，但它們將能夠運用這種"國際性"機構，把它們的意志強加於他們操有霸權的區域內的小國。這裏面的"現實主義"的確很可觀，用這種手法把計劃機構加上一層"國際"的偽裝，就可以便於創造條件來實行唯一可行的國際計劃，也就是讓單獨一個佔主導地位的強國實際上大權獨攬。但是這一偽裝並不會改變這件事實：對於一切小國來說，它將意味着比喪失一部分明確規定的政治主權還要完全地從屬於一個外來的強力，對於這種強力，不可能再有真正有效的抵抗。

　　有意義的是：集中管理的歐洲經濟新秩序的最熱心的提倡者，竟也像他們的費邊社和德國的鼻祖一樣，表現出對小國的主權與獨立的完全忽視。卡爾教授在這一方面比他在國內政策問題上更能說明英國的一種向極權主義發展的趨勢，他的意見也已經引起一位他的同行的同事向他提出一個理直氣壯的問題：“如果納粹對待小的主權國家的做法，真的會成為普遍的的形式，那麼這場戰爭是為了甚麼呢？”[5] 那些留意過在像倫敦《泰晤士報》和《新政治家》雜誌這樣不同的報刊上發表的關於這些問題的某些最近的言論[6]，已經在我們小的盟國間引起多少不安和驚訝的人，將不會懷疑：這種態度現在甚至在我們最親密的朋友們中間引起多少憤慨，並且如果聽從這些建議人的話，戰時奠定和積累的善意又將多麼容易消失。

當然，那些這樣輕易去踐踏小國權利的人們，有一點是對的，就是如果不管大國小國都在經濟領域內重新取得不受限制的主權的話，我們便不能希望戰後有秩序或持久和平。但這並不是說，必須把我們甚至在一國範圍內還不曾學會善加運用的權力，賦予一個新的超級國家，和應當授權一個國際當局去指導各個國家如何使用他們的資源。這不過是說，必須有一種權力可以制止各個國家有害於鄰國的行動，必須有一套規定一個國家可以做甚麼的規章，以及一個能夠執行這種規章的權力機構。這樣一個機構所需要的權力主要是消極性的，尤其是它必須能夠對一切限制性措施說聲“不行”。

絕對不像現在普遍相信的那樣：我們需要一個國際經濟機

5　曼寧（C. A. W. Manning）教授對卡爾教授所著《和平的條件》一文（載《國際問題評論》，1942 年 6 月份附刊的書評。

6　在許多方面很為重要的是：正如一個周刊曾經說過的那樣，“人們早已開始預料到在《新政治家》的篇幅上也會像在《泰晤士報》上那樣聞到卡爾的氣味”（《四面八方》，〔“Four Winds”〕載《時與潮》1943 年 2 月 20 日）。

構，而各個國家又能同時保持其不受限制的政治主權，實際情況是正好相反。我們所需要的和能夠希望得到的，並不是掌握在專橫的國際經濟機構手裏的更多的權力，相反的，是一種更高的政治權力，它能約制各種經濟集團，並在它們之間發生的衝突的時候，由於它自己不參與經濟角逐而能夠真正保持公平。所需要的是這樣一個國際政治機構，它無權管理各個民族指揮它們必須如何行動，但必須能夠制止他們作損害別人的行動。

必須委託給國際機構的權力，不是近年來各個國家所僭取的新的權力，而是沒有它就不能維持和平關係的最低限度的權力，也就是說，基本上是那種極度自由主義的"放任主義的"國家的權力。並且，甚至比在國家範圍內更為緊要的是，國際機構的這些權力應當嚴格地由法治加以限制。當各個國家越來越成為經濟管理單位，越來越成為經濟舞台的演員而不僅是監督者，因此，任何的摩擦都不再是個人之間的而是作為經濟管理單位的國家與國家之間的摩擦時，對這種超國家的機構的需要當然也就變得更大了。

國際政府的形式（在這種形式下，某些嚴格規定的權力應轉移給一個國際機構，而在其他各方面，各個國家對其國內事務仍繼續負責）當然是聯邦制的形式。我們一定不能容許那些在"聯邦"宣傳盛極一時的時候，以全世界的聯邦組織的名義提出的許許多多考慮不周的，並且常常是其蠢無比的主張來模糊這個事實：聯邦原則是使各國民族能夠組合起來以便建立一個國際秩序，而對他們合法的獨立願望並不加以不合理的遏止的唯一形式[7]。自然，聯邦制只不過是民主政治在國際事務上的一種應用，是人類迄今發明的和平轉變的唯一方法。不過，它是具有明確規定的權力的一種民主政治。除開把各個國家融合為一個單一的集中的國家這種不易實現的理想（這種理想是否適當是很難講的）暫且不談以外，它是能夠使國際法的理想得以實現的唯一途徑。我們一定不要自己欺騙自己說，過去，在把國際性行為規則稱作國際法時，我們所做的已經超越了僅僅表示一種虔誠的希望的程度。當我們希望防止人們互相殺戮時，我們不應滿足於發表一個殺人是不合宜的宣言了事，而應給予當局一種禁止它的權力。同樣地，沒有一個行使權力的機構，就不可能有國際法。產生這樣一種國際機構的障礙，主要是這個觀念 —— 它必須握有近代國家所擁有的實際上是無限的權力。但由於在聯邦制下權力是分散的，這決不是必要的。

這種分權制不可避免地將成為同時既對於整體的權力又對於各個別國家權力的一種限制。不錯，現時流行的許多類別的計劃也許會變成完全不可能[8]。但它決不會成為對所有計劃的障礙。實際上，聯邦制的主要優點之一，便是它能夠這樣來設計，使得大多數的有害的計劃難於實現，而同時卻給需要的計劃大開方便之門。它能阻止或能使它阻止大多數種類的限制主義。它使國

7　很可惜，近年來向我們襲來的聯邦主義著作的洪流，使它們當中少數重要的有思想的著作沒有得到人們應有的注意。其中詹寧斯（W. Ivor Jennings）博士論《西歐聯邦》（A Federation for Western Europe）的小書，是建立一個歐洲新的政治機構的時機到來時，特別應當細心加以參考的一本書。

8　參看作者《國家間聯盟經濟條件》（"Economic Conditions of Inter-State Federation"）一文（載《新共和季刊》〔New Commonwealth quarterly〕第 5 卷，1939 年 9 月）中關於這一點的論述。

際計劃限於能夠取得真正一致的那些範圍——不僅在直接有關的"利益集團"之間而且也在一切影響所及的人們之間取得真正的一致。那些能夠局部地實行，而無需乎限制性措施的合理的計劃，是既不受到任何約束，而又是操在那些最適宜於從事它的人們的手中的。甚至可以希望，在一個聯邦範圍內，使各國政府盡量強大的那些理由將不再存在，過去集權的過程在某種程度內可能被顛倒過來，也有可能把國家的某些權力下放給地方當局。

值得回憶的是：世人想通過把各個國家吸收進一些大的聯邦集團，最終也許吸收進一個單一的聯邦，使世界終於獲致和平這一觀念，並不是甚麼新的東西，它實際上是十九世紀幾乎所有自由主義思想的理想。開始是常被引用的丁尼蓀的"天空之戰"，接着是人民在最後一場大戰以後組成聯邦的幻想。一直到十九世紀的末葉，這種組織的最後成功還是人們對於文明進展的下一個重大步驟所抱的不斷出現的希望。十九世紀的自由主義者可能還不充分懂得，一個由各國組成的聯邦組織對於他們的原則是一個何等不可缺少的補充[9]；但是他們當中很少有人不曾表示他們相信這是一個最後目標[10]。只是到二十世紀初葉，這些希望，由於政治上的現實主義的抬頭，才被認為是不能實現的和空想的。

我們不應該在龐大的規模上重建文明。總的來說，越能避

9　參看羅賓斯教授：《經濟計劃和國際秩序》第 240－257 頁關於這一點的論述。

10　遲至十九世紀最後數年中，賽德衛（H. Sidgwick）還認為："臆測西歐各國將來可能發生某種聯合，這並未越出一個冷靜的預測的範圍，如果這種聯合真的實現的話，那它或許會以美國作為榜樣，並且新的政治集體的形成，將以聯邦政體為基礎。"（見《歐洲國家政體的發展》（*The Development of European Polity*），〔此書係作者死後於 1903 年出版〕第 439 頁。）

免中央集權這致命的衰敗，則小國人民生活中就能有更多的美好和合理的東西，而在大國人民生活中就能得到更多的幸福和滿足，這絕不是偶然的。如果一切權力和大多數重要決定的作出，都由一個大得遠非一般人所能測度或理解的組織所獨攬，我們將絲毫不能保存民主或培植它的成長。凡是沒有足以訓練一般人民，及其未來領袖的政治能力的大量的地方自治權的地方，民主政治從來沒有很好地發生作用過。只有能夠學會並在實際上對大多數人所熟悉的事務負責時，只有依據對鄰居的了解而不是依據對別人的需求的某些理論知識來指導行動時，才能使普通人真正參與公共事務，因為那些事務涉及的是他所了解的範圍。如果政治措施的範圍弄得過大，以致對它的必要的知識幾乎只有官僚機關才能具備，則個人的創造動力一定會減弱，我相信那些小國如像荷蘭和瑞士在這方面的經驗，就連像大不列顛這一類的最幸運的大國，都能夠從中學到不少東西。如果我們能夠創造一個適合於小國生存的世界，那將是對我們大家都有好處的。

但是小國只有在一種真正的法律制度內——這種法律制度，既要保證某些規章的不變的執行，又要保證有權執行這些規章的當局不把它用於任何其他目的——，才能像在國內範圍內一樣，在國際事務方面保持他們的獨立。雖然為了完成其執行共同法律的任務，這種超國家的機構必須很有權力，但是在規定這種國際機構的體制時，必須足以防止國際當局以及國內當局不致成為暴政。如果我們不打算用有時也可能妨礙用於相宜的目的的方法來限制權力，我們將不能防止權力的濫用。在這次戰爭以後，我們將會得到的最大的機會，就是取得勝利的大國，自己首先服從他們有權力執行的一系列規定，因而同時獲得把同樣規定加於別人的道義上的權力。

一個有效地限制國家對個人的權力的國際機構，將是和平的一個最好的保障。國際的法治必須防備國家對個人的專橫，以及防止這種新的超級國家對於各個民族社群的專橫。我們的目標既不是具有無限權力的超級國家，也不是那種"自主國家"的散漫聯合，而必須是自由人民的國家的聯合體。我們長期以來，曾經辯解說，在國際事務中，要想照我們認為是合宜的那樣去做是不可能的，因為其他的國家不肯照着規矩來行事。那末，這一次戰爭結束的時候將是一個機會，證明我們是誠心誠意的，並且我們自己也同樣準備接受那些我們認為為了共同利益有必要強加於別人的行動自由的限制。

聯邦的組織原則只須善為運用，確能成為世界上某些最為困難的問題的最好解決。但是這個原則的運用是一項極為困難的任務，並且，如果因希望過大而使用過度以致超出其能力範圍時，即不易獲得成功。也許會存在一種強烈的趨勢，要使任何新的國際組織成為無所不包的和世界規模的；並且，當然也會有一種對於某種這樣的廣泛組織的迫切需要，如某種新國際聯盟之類。最大的危險在於，如果試圖單獨依靠這種國際組織，那就會把一切似乎應置諸國際組織之手的任務都交給它來負責辦理，而這些任務實際上不會被充分完成。我始終確信，這種奢望乃是國際聯盟軟弱的根源：在使它成為世界規模的這一（不成功的）嘗試中，它不得不被弄成軟弱，而一個較小的、同時比較強有力的聯盟，卻有可能成為維護和平的更好的工具。我相信這些理由現在仍然站得住，並且能夠在英帝國和西歐國家之間（也許還有美國）取得某種程度的合作，但在世界範圍卻不可能取得這樣一種程度的合作。一個聯邦所代表的比較密切的聯合，起初甚至也許不可能超越像西歐的一部分那樣狹小的一個區域，雖則有可能逐漸把它擴展。

誠然，形成這種區域性聯邦後，各個集團之間的戰爭的可能性是依然存在的，而為了盡量減少這種危險，我們還得憑藉一個更大的、但比較鬆懈的聯邦。我的看法是這樣：對某種這樣的其他組織的需要，不應當成為那些在文化上、觀點上、標準上很相似的國家緊密聯合的障礙。雖則我們的目標必須是儘可能防止未來的戰爭，但我們務必不要相信：我們能夠一舉而創造一個永久性組織，使世界任何部分的一切戰事都成為不可能。不僅我們這種企圖將不會成功，而且我們也許將因此而失去取得比較有限範圍的成功的機會。和其他大壞事同樣真確的是，為了使戰爭在將來成為完全不可能而採取的措施，甚至可能比戰爭本身還要壞得多。如果我們能夠減少容易導致戰爭的衝突的危險，這也許就是我們所能合理地希望得到的一切。

第十六章　結　論

本書目的不在於描繪出一幅合乎我們的願望的未來社會秩序的詳細方案。如果說，在國際問題方面，我們曾稍稍越出了它的主要的批判任務的話，這是因為在這一方面，我們可能立即要面臨一項任務，要求我們建立一個體制，這也許要成為今後長久歲月的生長發展的基礎。這在很大程度上將取決於我們如何利用行將到來的機會。但是不管我們做甚麼，它只能是一個新的、長期的、艱苦的過程的開始，在這個過程中，我們大家都希望能夠逐漸創造一個和過去二十五年中我們所知道的那個世界完全不同的世界。

在現階段上，一個理想的國內社會秩序的詳細藍圖是否有很大用處──或者說是否有任何人有資格提供這份藍圖，這至少是一個疑問。現在重要的事情是，我們要來商定某些原則，以及使我們從不久以前曾支配我們的某些錯誤中解脫出來。不管我們多麼不喜歡承認這一點，但我們必須承認，在這次戰爭以前，我們確曾又一次達到過一個階段，當時更重要的是清除那些因人類的愚蠢而加諸我們道路上的障礙，並解放個人的創造力，而不是設計更多的機構去"引導"和"管理"他們——也就是説要創造有利於進步的條件而不是去"計劃如何進步"。現在首要的是把我們自己從那種最壞形式的當代蒙昧主義中解放出來，這種蒙昧主義試圖使我們相信，不久以前我們所做的一切，不是做得對的，就是非做不可的。在還沒有了解到我們過去所做的許多是愚蠢的這一點以前，我們將不會變得更聰明一些。

如果我們要建立一個更好的社會，我們必須有從頭做起的勇氣——即使這意味着欲進先退。表現出這種勇氣的，並不是那些信仰不可避免的趨勢的人，也不是那些宣揚一種只不過是過去四十年趨勢的反映的"新秩序"的人，以及那些除了效法希特勒就甚麼也想不到的人。其實那些高聲要求新秩序的人，也正是那些完全接受造成這次戰爭和造成我們所遭受的大多數禍害的那種觀念的支配的人。年青的一代，如果他們對那些曾統治過大多數老一輩人的觀念沒有甚麼信心的話，那是對的。但是如果他們認為這些依舊是十九世紀的自由主義的觀念（實際上年青一代對它很少了解）的話，他們就錯了或誤解了。雖然我們既不能希望，也無此力量回復到十九世紀的現實中去，但我們卻有機會去實現它的理想——這些理想並不是鄙不足取的。我們沒有理由在這方面感到比我們的祖父輩優越；我們決不應忘記：把事情弄成一團糟的，並不是他們而是我們自己，是這個二十世紀。如果他們還不曾充分了解為了創造他們所希望的世界究竟需要甚麼的話，那末，那時以後我們所取得的經驗，應當已經使我們具有完成這項任務所必需的更多的知識了。如果在創造一個自由人的世界的首次嘗試中我們失敗了，我們必需再來嘗試。個人自由政策是唯一真正進步的政策這一指導原則，在今天依然像它在十九世紀那樣是正確的。